JN450907

유아과학교육

김현자 · 박근주 · 박경난 · 이지영

창지사

머리말

현대 사회는 4차 산업혁명 시대를 맞아 어떤 사업도, 어떤 교육도 독립적이어서는 발전할 수 없는 세상이 되었음을 실감하고 있다. 과학과 문학이 만나고 과학과 음악 또는 미술이 만나서 종합 예술로서의 가치가 더욱 상승하고 있다. 우리의 일상생활에서 편리함과 신속함, 안전함 등을 누릴 수 있는 것 또한 과학의 발전으로 얻은 성과라고 하겠다. 이렇듯 우리는 가정과 교육 기관을 포함해서 모든 일상 가운데 과학에 기초하여 삶의 질을 향상시키고 있다 해도 과언이 아닐 것이다. 따라서 과학교육은 단순히 교과 영역 중 하나가 아니다.

이러한 측면에서 어린 시기부터 과학교육은 매우 중요하다고 하겠다. 따라서 유아기부터 발달에 적합한 과학 활동 또는 놀이를 제공하여 급속도로 변화하는 사회에 유아들이 대비하고 적응할 수 있도록 돕는 중추적인 역할을 유아교육 기관이 해야 한다. 이를 위해서는 영아기부터 자유롭게 탐색할 수 있는 안전한 환경과 다양한 물체와 물질, 생명체와 자연환경, 간단한 도구와 기계를 탐색하고 활용할 수 있는 충분한 경험이 연령과 발달 단계에 맞춰서 제공되어야 한다. 이와 더불어 발전하는 과학기술이 자연과 인간이 더불어 건강하고 즐겁게 사는 데 기여하도록 윤리 의식과 인성교육을 과학교육에 자연스럽게 녹여 내야 할 것이다.

본 교재는 유아에 초점을 맞추어 3~5세 누리과정을 중심으로 전체적인 내용을 구성하였으나, 영아와의 연계도 고려하여 표준보육과정의 0세, 1세, 2세의 과정도 포함하였다.

1부에는 유아과학교육의 개념과 이론, 교수학습 방법, 교육 환경 구성, 교사의 자질과 역할에 대해 살펴보았다. 2부에는 유아과학교육의 내용 및 실제 접근 방법, 평가에 대해 소개하였다.

그중에서 1장과 12장은 박경난 교수가, 2장과 4장, 11장은 박근주 교수가, 7장과 8장, 9장은 이지영 교수가, 3장과 5장, 6장, 10장은 김현자 교수가 집필을 담당하였다.

집필진 모두는 예비 유아 교사들이 과학교육을 즐겁고 쉽게 생각하여 유아들에게 다양한 놀이 경험을 충분히 제공할 수 있도록 하고, 나아가 도전하고 연구하고 즐기는 모습을 갖춰 나갈 수 있기를 기대하며 내용에 보다 쉽게 집근하고사 노력하였다. 그럼에도 부족한 부분이 있을 것으로 생각된다. 이는 추후 개정되는 누리과정과 더불어 수정해 나갈 것이며 교사들에게 도움이 되는 교재가 될 수 있도록 하겠다.

끝으로 교재를 완성하기까지 현장의 정보를 아낌없이 주신 참사랑 유치원, 꿈그린 어린이집과 이영숙 교수님, 제자 이지영, 정윤경과 좋은 교재가 되도록 끝까지 애써 주신 창지사 편집부에 감사의 마음을 전한다.

2019년 8월

저자 일동

차 례

2부 – 유아과학교육의 내용 및 실제

1부

유아과학교육의 이론

1장

유아과학교육의 개념과 중요성

유아들은 과학적 자아를 지니고 있다(Koch, 1999). 유아의 주변 환경에 호기심이 많아 궁금한 것을 질문하기도 하고, 유아 자신이 직접 관찰하거나 오감을 활용하여 탐색하면서 자신이 궁금해 했던 문제를 해결해 나간다. 유아들은 과학교육을 받을 준비가 되어 있는 것이다. 또한 첨단 과학의 발달은 4차 산업혁명을 이끌었고, 이는 우리의 삶을 급속도로 변화시키고 있다. 과학은 우리의 삶에 깊숙이 자리 잡아 미래에는 과학을 활용하지 않고 일상생활을 하는 것은 거의 불가능해질지도 모른다. 이제 과학은 과학자만 하는 것이 아니라 일반 대중들도 과학을 활용하며 과학적 소양을 키워야 하는 것이다. 따라서 유아의 발달에 적합한 과학교육을 실시할 필요가 있다. 유아과학교육에 대한 이해를 돕기 위해 이 장에서는 먼저 '과학'과 '과학교육'의 의미를 살펴보고, 유아과학교육의 개념에 대해 고찰해 보았다. 그리고 유아과학교육의 중요성을 유아의 발달과 사회적 적응이라는 측면으로 나누어 제시하였다.

1. 유아과학교육의 개념

'사물 인터넷', '무인 자동차', '인공 지능 로봇', '3D 프린팅'이라는 용어들이 낯설지가 않다. 과학기술이 발달하면서 우리의 삶이 바뀌고 있다고 한다. 과학이라는 용어도 점차 세분화되어 '첨단기술과학', '나노과학', '응용과학', '환경과학', '뇌과학' 등 다양하게 사용되고 있다. 이런 용어들을 보면 과학 공학자들이 기계를 활용하여 고도의 기술을 활용하거나, 실험실에서 과학자들이 다양한 실험 장비를 갖추고 행하는 실험이 과학이라는 생각을 하게 된다. 그러나 '인문과학', '사회과학', '정신과학'이라는 말을 들으면 다시 '과학'이라는 말은 어떤 의미인지 혼란스럽기만 하다.

오늘날 우리가 과학이라고 하는 것은 원래 철학이라고 불리어 왔다. 철학이라는 말은 그리스어인 'philos(사랑)'와 'sophia(지혜)'라는 두 단어의 합성어이다. 즉 철학이라는 용어는 지혜에 대한 사랑을 의미한다. 과학이라는 용어는 'scientia(아는 것)'라는 라틴어에서 유래한 것이다(Martin, 1997). 즉 과학은 '지식을 갖는 것', '지식을 알아 가는 것'을 의미하며, 우리가 살고 있는 세계에 대해 의문을 느끼고 그러한 의문을 해결하기 위해 끊임없이 탐구하고 시도해 보는 긴 과정이라고 할 수 있다(신은수 외, 1995).

과학을 가르치는 '과학교육'은 과학적 지식과 방법론의 이해를 목적으로 행하는 교육으로 자연 현상을 과학적으로 관찰 처리하여 얻은 원리와 법칙을 이해함으로써 일상생활 행동에서 바람직한 방향으로의 변화를 기대하는 교육이며(서울대학교 교육연구소, 1995), '유아과학교육'은 이러한 과학교육을 유아들을 대상으로 한 것이라고 볼 수 있다.

유아과학교육은 유아를 대상으로 하기 때문에 교육을 실행할 때 유아의 발달적 특성을 반영하여 유아가 과학적 지식과 방법론을 이해할 수 있도록 도와야 한다. 그리고 교육의 본질은 인간이 사회에 잘 적응하며 자아실현을 할 수 있도록 인간의 삶을 긍정적으로 변화시키는 것이므로 현 시대적 흐름 또한 고려해야 한다. 유아과학교육의 개념을 이해하기 위해 다음과 같은 요소들을 살펴보고자 한다.

1) 과학적 태도

과학적 태도에는 호기심, 적극성, 끈기, 열정, 개방성, 융통성, 협력 등과 같은 요소들이 있다. 유아는 타고난 호기심을 지니고 있어 끊임없이 주변을 관찰하고 적극적으로 탐색하는 열정을 지니고 있으며, 궁금한 것을 알기 위해 '왜?'라는 질문을 하기도 하고, 다양한 시도를 통해 과학적 원리를 이해한다. 이러한 태도는 유아들에게 발견에 대한 기쁨과 자연 세계에 대한 호기심을 갖게 하며, 과학 활동에 몰입하게 한다(Koch, 1999). 따라서 유아과학교육은 유아의 호기심과 알고자 하는 욕구에서 출발하여 유아가 지속적으로 열정을 가지고 또래와 협력할 수 있도록 구성되어야 한다.

2) 과학적 지식

유아과학교육에서 다루어야 할 지식은 크게 생명과학, 물리과학, 지구과학으로 나뉜다. 생명과학은 생명체(동물과 식물)의 특성, 생명체의 일생, 생명체와 환경 등의 지식을 다루고, 물리과학은 물체와 물질(빛, 열, 전기, 자석, 바퀴, 에너지, 힘, 기계, 도구)의 속성, 물체의 위치와 움직임 등의 지식을 다룬다. 그리고 지구과학은 지구 구성 물질의 속성(흙, 모래, 돌 등), 하늘에 있는 것들(태양, 구름, 무지개, 우주 등), 지구와 하늘에서의 변화(날씨, 계절, 빛과 그림자, 공전과 자전 등) 등의 내용을 교육하게 된다.

3) 과학적 과정 기술

유아들은 과학적 지식을 습득하기 위해 질문 구성하기, 관찰하기, 측정하기, 정보 수집하기, 자료 해석하기, 어떤 현상의 결과 예측하기, 가설 검증하기, 실험하기, 관찰한 것의 원인 추론하기, 다른 아이들과 자신의 의견 나누기 등의 과학적 과정 기술들을 사용한다. 과학은 개념을 배우는 것도 의미 있지만, 과정의 기술을 배우는 것이 훨씬 더 중요하다(Martin, 1997). 그러므로 유아들이 직접 참여하며 과학적 과정 기술을 활용할 수 있는 과학 활동을 제공해야 한다.

4) 과학적 소양

21세기 사회에서는 일상생활 속에서 과학을 이해하고 활용할 수 있는 능력을 요구하고, 과학의 발달이 가져온 문제점에 대해 과학적 지식과 이해에 기초해서 의사를 결정할 수 있는 능력, 즉 과학적 소양(scientific literacy)을 갖춘 과학적 교양인이 되는 것을 요구한다(조형숙 외, 2014). 과거에 비해 현대 사회는 과학을 활용하지 않고 생활할 수 없게 되었다. 유아가 이러한 사회에 적응하여 유능하게 삶을 살아가기 위해서는 어린 시절부터 과학적 소양을 기를 수 있도록 적절한 과학적 경험을 제공해야 한다.

5) 통합 능력

4차 산업혁명의 시대가 시작되었다고 한다. 4차 산업혁명은 엄청난 진행 속도로 수많은 분야와 발견이 끊임없이 융합하고 조화를 이루는 독특한 습성을 지니고 있다. 우리의 삶을 완전히 뒤바꾸어 놓을 새로운 시대는 인간에게 인지한 것을 잘 이해하고 적응하는 능력, 문제를 총체적 관점과 유연한 사로고 접근하는 능력, 영역의 벽을 허물고 다양한 이해관계와 이해관계를 통합하기 위한 능력을 요구한다고 한다(Klaus Schwab, 2016). 따라서 유아과학교육을 할 때 과학 영역 내에서의 통합과 영역의 벽을 넘어 타 교과와의 통합을 함으로써 유아가 융통성 있고 창조적인 사고로 문제를 해결할 수 있도록 도와야 한다.

이를 종합해 볼 때 유아과학교육이란 유아가 긍정적인 과학적 태도를 지니고 과학적 과정 기술을 활용하여 과학적 지식을 습득할 수 있도록 유아의 발달을 고려하여 적절한 과학적 활동을 제시함으로써 궁극적으로는 과학적 소양과 통합 능력을 기를 수 있도록 돕는 것이다.

2. 유아과학교육의 중요성

유아과학교육은 유아의 발달을 증진시키고, 유아가 현재와 미래의 삶을 살아가는 데 필수적이므로 중요하다. 각 내용을 좀 더 자세하게 살펴보고자 한다.

1) 유아의 발달 증진

(1) 인지 발달

과학 활동에 참여하는 것은 유아가 비판적이고 합리적인 사고, 문제 해결, 의사 결정을 하는 데 도움이 된다(Koch, 1999). 예를 들어 유아들은 자석에 붙는 것과 붙지 않는 물체를 탐색하면서 자석에 붙는 물체들은 어떤 공통점과 차이점이 있는지 비교하고, 새로운 물체를 접했을 때 그것이 자석에 붙을 것인지 예측할 수 있으며, 자석에 붙는다고 예측했는데 붙지 않았다면 왜 그런 결과가 나왔는지 그 원인을 추론하고 분석할 수 있다. 유아들은 이러한 문제를 해결하면서 과학적 사고력과 인지 능력을 발달시킨다.

(2) 언어 발달

유아들은 과학 활동을 하면서 새로운 어휘를 익히며, 의사소통 능력을 기를 수 있다. 가령 과일 화채 만들기 요리 활동을 할 때 유아들은 다양한 과일의 이름을 알게 되고, '자르다', '담는다' 등의 어휘도 배울 수 있게 된다. 그리고 수박의 껍질을 관찰하며 검은색 줄무늬가 다르게 생겼다는 것을 발견한 유아가 선생님과 또래에게 자신이 발견한 것을 말할 수 있고, 또 왜 수박의 줄무늬는 모양이 다른지 궁금한 점에 대해 질문하고 그 원인에 대해 또래와 함께 이야기를 나누며 의사소통 능력을 증진시킬 수 있다.

(3) 정서 발달

자연물놀이와 숲 체험과 같은 과학 활동은 유아의 사회·정서 발달을 향상시킨다(서영민, 2014). 자연물 놀잇감은 상업화된 것에 비해 창의적으로 활용할 수 있다. 가령 돌멩이는 소꿉놀이를 할 때에는 음식이 될 수 있고, 집짓기놀이를 할 때에는 벽돌이 될 수도 있다. 자연물 놀이를 통해 유아들은 좀 더 자유롭게 상상력을 발휘하여 놀이를 하며 정서적 만족감을 느낄 수 있다. 그리고 숲은 맑은 공기 속에서 짙은 녹색의 나무들과 꽃들, 신기하고 다양한 곤충들을 체험할 수 있는 곳으로, 성인들처럼 유아들도 숲에서 휴식을 취하고 자연의 신비함을 체험하면서 정서적 안정감을 발달시킬 수 있다.

(4) 사회성 발달

유아들은 과학 활동에 참여하며 지도성, 도움 주기, 배려하기 등과 같은 사회성을 향상시킨다(엄애란, 2016). 그룹으로 과학적 문제를 함께 해결하기 위해 유아들은 의견을 제시하며 리더의 역할을 할 수도 있고, 실험을 하는 데 어려움을 겪고 있는 또래를 기다리거나 도와줄 수 있다. 예를 들어 '정전기를 만들려면 어떻게 해야 할까?'라는 과학적 문제를 해결하기 위해 어떤 유아는 플라스틱 판을 옷이나 머리카락에 비벼 보자고 제안하고 또래들을 독려할 수 있다. 그리고 플라스틱 판으로 정전기를 만드는 데 어려움을 겪고 있는 또래가 있다면 또래끼리 서로 도와서 정전기를 만들 수 있을 것이다. 이러한 과정을 통해 유아들은 서로 돕고 배려하며 함께하는 즐거움과 성취감을 느끼며 사회성을 발달시키게 된다.

(5) 신체 발달

유아의 과학 활동은 탐색을 중심으로 이루어지기 때문에 유아가 직접 조작하거나 참여할 기회가 많다. 실험 활동 중에는 측정을 해야 하는 경우가 있다. 가령 물과 기름이 섞이는지 실험을 할 때 물과 기름을 비커에 담아 같은 양을 측정하고, 두 물질을 혼합하여 그 결과를 확인한다. 유아들은 정교한 측정을 하며 소근육을 발달시킬 수 있다. 또한 유아들은 실외에서 다양한 크기의 그림자를 만들기 위해 공간을 활용하여 신체의 대근육을 이용한 활동을 하며, 그림자의 크기가 어떻게 변하는지 관찰한다. 이처럼 유아들은 과학 활동에 직접 참여하면서 신체적으로 소근육과 대근육이 발달하게 된다.

2) 유아의 미래 삶에 필수

21세기를 살아가는 우리는 첨단 과학의 문명 속에서 생활하기 때문에 일상에서 부딪치는 모든 문제들을 과학적인 사고와 지식, 그리고 과학적 방법으로 해결하는 능력이 중요하게 되었다(이경민, 2013). 우리가 앞으로 살아가야 할 사회에서는 많은 직업들이 과학적 지식을 요하며, 우리의 일상생활에서 의사 결정을 하는 매 순간마다 과학에 대한 이해가 필요하게 될 것이다(Koch, 1999).

특히 2016년 다보스에서 열린 세계경제포럼의 주제가 '제4차 산업혁명의 이해'로 정해지면서 4차 산업혁명이 무엇이며 이로 인한 미래의 변화에 대해 많은 관심을 갖게 되었다. 4차 산업혁명은 디지털 혁명을 기반으로 다양한 과학기술을 융합해 개개인뿐 아니라 경제, 기업, 사회의 유례없는 패러다임 전환을 유도하며, 유비쿼터스 모바일 인터넷, 더 저렴하면서 작고 강력해진 센서, 인공 지능과 기계 학습이 4차 산업혁명의 특징이다(Klaus Schwab, 2016). 4차 산업혁명은 과거의 산업혁명과는 비교할 수 없을 만큼 변화의 속도가 빠르고 우리의 삶을 질적으로 바꾸어 놓을 것이므로 이러한 사회에 적응할 수 있도록 유아교육을 해야 하는데, 4차 산업혁명 자체가 과학기술의 발달을 기반으로 하고 있으므로 과학교육의 중요성이 더욱 커지고 있는 것이다.

이제 과학교육은 단순히 교과 영역 중 하나이기보다는 현재와 미래의 삶을 살아가는 데 필수적이라고 할 수 있으므로 유아기부터 발달에 적합한 과학 활동을 제공하여 급속도로 변화하는 사회에서 유아들이 대비하고 적응할 수 있도록 도와야 할 것이다.

2장

유아과학교육의 이론적 기초

유아기 과학교육을 위한 이론적 배경의 고찰은 교육 현장의 실제적 적용으로 이끌어 내는 원리와 실제와의 조화, 즉 '앎'과 '삶'의 균형을 이룬다는 점에서 매우 의미 있는 과정이다. 이는 다차원적 접근 방법과 통합적인 교수 방법을 위한 출발점이 되기 때문이다. 또한 알고 있는 지식과 참여적 행동은 유아의 과학 지도가 일상생활 속에서 유아의 하루 일과에 자연스럽게 포함되어 이후 변화와 도전에 대한 창의적인 확장의 기회로 이끌기 위함이다. 뿐만 아니라 이해력, 사고력 등의 기능적 성장으로의 방향성을 가질 수 있도록 삶을 기능적으로 살아가는 앎의 방법을 배우는 중요한 계기를 마련하고자 함이다. 이 장에서는 유아과학교육을 통한 앎을 위해 그 기초가 되는 이론들을 살펴보고자 한다.

1. 행동주의 이론

행동주의(behaviorism)는 인간 발달에 있어 탐구의 대상을 행동에 두는 입장이다. 행동주의의 자극-반응 이론(stimulus-response theory; S-R 이론)에서는 인간을 자극에 의해 반응하는 존재로 본다. 이에 행동주의에서 학습은 적절한 자극을 통해 인간의 행동을 바람직한 방향으로 전환시키는 것으로 학습자의 행동 변화를 학습으로 정의할 뿐 아니라 훈련과 반복을 통해 나타난 행동의 변화와 관찰하고 측정 가능한 유기체의 행동을 연구의 대상으로 삼는다.

행동주의에는 파블로프(Pavlov)의 고전적 조건화 이론, 손다이크(Thorndike)의 시행착오 이론, 스키너(Skinner)의 강화 이론, 가네(Gagné)의 위계학습 이론 등이 포함된다. 여기서는 파블로프와 스키너의 이론에 대해 살펴보겠다.

1) 행동주의 이론의 관점

(1) 파블로프(Pavlov)의 고전적 조건화 이론

파블로프(Pavlov)는 인간의 학습에 대한 연구에 있어 개의 타액 실험을 통해 고전적 조건화를 설명하였다. 초기엔 비록 무관심하던 자극이라 할지라도 기대하는 강화가 포함된 지속적인 자극이라면 의미 있는 행동을 이끌어 내는 반응을 보이게 될 뿐 아니라 적극적인 행동으로 학습되어진다는 관찰된 행동이 바로 그것이다. 결과적으로 인간의 학습은 단지 생각만으로 행동을 변화시키는 것이 아니라 자극과 관련되어 있다는 관점이다.

(2) 스키너(Skinner)의 강화 이론

스키너(Skinner)의 강화 이론은 강화에 따른 행동의 변화를 중심으로 인간의 행동을 관찰하는 이론이다. 이에 강화 이론의 주요 관점은 학습자가 기대되는 행동을 할 때 주어지는 강화는 빠르면 빠를수록 학습의 효과가 크다는 것이다. 따라서 교수 자극과 학습 결과와의 관계를 형성하는 강화를 인간 행동의 변화를 위한 중요한 방법으로 본다.

2) 행동주의 이론이 유아과학교육에 주는 시사점

행동주의 이론이 유아과학교육에 주는 시사점이라면 탐구학습의 방법이라 할 수 있다. 그리고 학습의 방법은 자극과 반응의 관계이며, 자극과 반응을 통한 학습은 강화를 통해 형성된다는 것이다.

행동주의 이론이 유아과학교육에 시사하는 바는 다음과 같다.

(1) 탐구는 생각에서 나아가 적극적으로 참여하는 것이다.
(2) 적합한 강화는 능동적인 탐구 활동을 촉진한다.
(3) 훈련과 반복은 기능적인 학습을 기대한다.
(4) 학습을 통해 나타난 행동의 변화는 관찰 가능하다.
(5) 긍정적 행동 변화의 교수 방법을 구성하여야 한다.

2. 인지주의 이론

인지주의(cognitivism)는 인간의 지식이 어떻게 형성되고 발달하는지에 대해 연구하므로 인간을 사고하는 존재로 보고 환경과 상호 작용하면서 지식을 구성해 나간다고 보는 이론이다. 인간 내부의 인지 구조를 중요시하기에 환경으로부터의 자극을 경험에 따라 해석하고 이를 재구성하며 점차 발전된 이해의 틀(frame)을 형성해 나가는 능동적 사고 과정을 중요시하였다.

인지주의에는 피아제(Piaget)의 인지 발달 이론 외에도 브루너(Bruner)의 발견학습 이론, 오스벨(Ausubel)의 유의미학습 이론 등이 포함된다. 여기서는 피아제의 이론을 중심으로 살펴보겠다.

1) 인지주의 이론의 관점

피아제(Piaget) 이론의 주된 관점은 유아의 논리적·수학적 지식의 구성을 위한 유아의 자율적 지식의 형성 과정이다. 환경과의 상호 작용을 통한 유아의 능동적 조작이 논리적·수학적 관계에 관한 지식의 형성에 중요한 역할을 한다는 데 이론적 핵심을 두고 있다(Kamii, 1982; Kamii & DeClark, 1985; 이경우 외, 1997, 재인용). 피아제는 지식의 형태를 크게 물리적 지식, 논리적·수학적 지식, 사회적 지식의 세 가지로 구분하였으며, 지식은 이 세 가지 지식 간의 긴밀한 관계를 통해 비로소 만들어진다고 보았다.

(1) 지식의 형태

① 물리적 지식(physical knowledge)

물리적 지식은 유아들이 감각 기관을 통해 느낄 수 있는 물체들에 관한 지식으로 외관상으로 나타난 사물의 물리적 특성을 말한다.

② 논리적·수학적 지식(logic-mathematical knowledge)

논리적·수학적 지식은 물체를 다루어 보는 경험을 통해 새롭게 알게 된 것과 이미 알고 있는 지식과의 관계를 스스로 만들어 내는 지식이다.

③ 사회적 지식(social knowledge)

사회적 지식은 사회 구성원들에 의해 만들어진 규칙 및 약속에 대한 지식으로 사회생활을 해 나가는 데 필요한 지식이라 할 수 있다.

2) 인지주의 이론의 중심 개념

(1) 도식

피아제(Piaget)의 인지 발달 이론에서 말하는 인지 구조는 동화(assimilation)와 조절(accommodation)의 평형(equilibrium)을 통해 도식(scheme)으로 성립되어 감으로써 새롭게 발달해 나가는 주요 개념들이다. 도식(scheme)이란 사물이나 사건을 이해하는 방법으로서 환경으로부터 들어오는 적응 기제로, 도식의 활용으로 인해 유아의 지식 구소는 새로워지며 나아가 인간 또한 도식의 과정을 반복해 나가면서 새로운 환경에 적응하고 발달해 나간다.

(2) 인지 발달 단계

인간의 발달은 감각 운동기(출생~2세), 전조작기(2~6세), 구체적 조작기(6~12세), 형식적 조작기(12세 이상)의 단계를 거치는데, 각 발달 단계를 서로 다른 질적인 성장의 과정으로 구분한다. 물론 연령의 증가와 함께 발달의 주요 능력 또한 보다 높은 수준의 능력으로 변화되어 가며 단계를 거치면서 논리적 사고의 비약적 발전을 이루어 간다.

3) 인지주의 이론이 유아과학교육에 주는 시사점

인간은 환경과 상호 작용하며 지식을 구조화하는 능동적인 존재이기에 유아 또한 환경과 상호 작용하면서 능동적으로 지식을 재구성해 나가는 인지 발달의 과정을 이해하는 것에서부터 출발하여야 한다. 그러므로 피아제(Piaget)의 세 가지 지식관과 동화와 조절을 통한 평형화는 지식의 형성 과정과 탐구 능력에 있어 매우 핵심적인 논리들이기에 과학교육에 미치는 영향 또한 다양하다.

인지주의 이론이 유아과학교육에 시사하는 바는 다음과 같다.

(1) 발달 단계에 따라 순차적으로 능력이 향상되어 간다.
(2) 민감기에 따른 발달 과업의 수행일 때 가장 적합하다.
(3) 유아의 개별적 준비도를 고려하여야 한다.
(4) 유아의 평형화를 위한 동화와 조절의 기회를 제공하여야 한다.
(5) 주변 환경에서의 탐구 정신이 자연스럽게 발현되어야 한다.

3. 구성주의 이론

1) 구성주의 이론의 관점

비고츠키(Vygotsky)는 영유아가 타인과의 상호 작용을 통해 세상에 대한 이해를 공동 구성해 나간다는 사회적 관점을 가지고 있다. 이에 수동적이지 않은 학습을 위해 환경을 받아들이는 적극적이고 능동적인 노력을 강조하였다(이순형 외, 2015; Bonrova & Leong, 1988). 피아제(Piaget)와 비고츠키(Vygotsky)는 모두 아동의 지식과 그들 주변 세계에 대한 이해의 성장에 초점을 두었다. 그러나 피아제가 유아의 내면적인 지적 과정을 더 강조하였다면, 비고츠키는 과학 개념과 다른 지식의 발달 속에서 교수와 사회적인 상호 작용의 역할을 더 강조하였으며, 지적 발달에 있어서 중심적인 역할은 언어이고 발달이란 생물학적(선천적, 유전적) 힘과 사회적(문화적, 환경적) 힘에 의존한다고 보았다(권영례, 2011; Vygotsky, 1926).

(1) 지적 기능

구성주의 학습의 본질은 학습자의 정신 속에 이미 무엇이 있는가에 대한 생각(idea)이다. 학습자가 각각의 학습 경험을 통해 습득한 이전의 지식들은 학습자가 무엇을 배울 것이고 어떻게 배울 것인가에 영향을 준다. 구성주의 학습을 경험하며 유아들은 미리 기존의 생각을 인식할 수 있는 기회를 갖게 되는데, 여기서 자료와 상호 작용하고 관찰하며 현상에 대한 기존의 설명을 언어화하는 활동을 하게 된다. 그런 다음 그들은 설명에 대해 실험하고 자세히 조사하게 되는데, 이때 설명에서 멀어지면 수정을 한다(권영례, 2006).

(2) 사회적 상호 작용

구성주의는 유아 자신과 경험과의 상호 작용을 통하여 자신만의 사고 방법으로 어떤 개념들을 능동적으로 구성해 나간다고 하는 학습 이론에 근거하고 있다(Molenda, 1991; 김철주, 1998). 즉 지식이나 도덕적 가치가 외부로부터의 내면화에 의하여 학습되는 것이 아니고, 환경과의 상호 작용 속에서 내부로부터 구조화됨으로써 학습된다는 입장을 강조한다(장혜순 외, 2005). 따라서 교실 내에서 유아와 교사, 유아와 유아의 능동적이고 적극적인 상호 작용이 이루어질 수 있는 환경 구성 및 활동과 상황을 만들어 유아들의 지식 구성을 독려해야 한다.

2) 구성주의 이론의 중심 개념

(1) 근접발달영역

비고츠키(Vygotsky, 1978)는 인간의 지식과 정신 과정은 사회적 상호 작용을 통해서 형성되기 때문에 학습이나 정신 과정을 이해하기 위해서는 전체적인 상호 작용 상황을 탐구해야만 한다고 하였다. 이러한 내면화에 있어 보다 앞선 또래나 성인의 지원적인 도움이 필요하며, 이런 도움을 받고 발달할 수 있는 잠재적 역량이 바로 근접발달영역(zone of proximal development; ZPD)이다. 따라서 ZPD는 교수와 연결지어서 아주 유용한 개념으로 교수를 통해 ZPD를 증진시킬 수 있음을 알 수 있다(서울대학교 교육연구소, 1998). 이는 영유아가 그 문화권 내에서 보다 유능한 구성원과 함께 상호 작용하고 문제를 해결해 봄으로써 자신의 현재 수준보다 높은 수준으로 발달할 수 있게 되는 인지 발달의 역동적인 장을 의미한다(홍용희, 1999).

(2) 상호 교수

상호 교수(reciprocal teaching)는 교사와 유아들이 한 집단이 되어 내용에 대한 대화를 나누면서 학습하는 방법이다. 상호 교수는 질문(questions), 요약

(summarizing), 명료화(clarification), 예측(prediction)의 네 가지 인지 전략이 사용된다(조복희, 1999). 유아의 독특한 생각이나 행동을 격려하며 유아들로 하여금 개인의 관심 분야 및 선호도에 따른 능력의 차이가 있기 때문에 그 차이를 인식하고 수용하기 위해 서로 상호 작용하며 조절해 나간다.

(3) 협동 학습

유아들은 흥미 영역에서 또래와 놀이를 하거나 주어진 과제를 해 나감에 있어 문제에 당면하거나 다른 사람의 도움을 필요로 할 수 있다. 이때 유아들은 협동해 가는 과정을 통해 함께하기도 하지만 언어적, 비언어적 상호 작용 등 또래 간에 근접발달영역 내에서 서로 이끌어 주는 경험을 하게 되는데, 이것이 협동 학습(cooperative learning)이다.

3) 구성주의 이론이 유아과학교육에 주는 시사점

구성주의 이론은 유아를 적극적이고 인지적인 능력의 주체자로 보면서 능동적인 성장의 존재로 보았다. 이에 유아의 주관성을 돕는 상호 작용을 통해 근접발달영역, 비계 설정 등 일상의 지식을 내면화하는 과정 속에서 유아과학교육의 방법을 모색한다.

구성주의 이론이 유아과학교육에 시사하는 바는 다음과 같다.

(1) 사회 문화적 환경에 적합한 교육 내용과 교육 방법이 활용되도록 한다.
(2) 영유아가 근접발달영역 안에서 능력을 충분히 발현하도록 기회를 제공한다.
(3) 유아의 현재 수행 수준보다 다소 우위 수준에 도전할 기회를 제공한다.
(4) 유아 간 또래 교수 상황을 통해 협력 학습의 기회를 제공한다.
(5) 또래 교수와 협력 학습을 통해 충분하고 다양한 과학적 의사 표현, 즉 호기심이나 탐색, 질문 등을 촉진한다.

4. 정보처리 이론

1) 정보처리 이론의 관점

정보처리 이론(information-processing theory)은 인간의 정신 구조에는 정보를 상징적으로 조작하는 시스템인 정보처리 과정이 있다고 보는 이론이다. 유아의 사고 과정을 마치 컴퓨터처럼 이해하여 유아가 정보를 획득하고 저장하고 인출하고 처리하는 과정으로 이해하는 관점이다(김형재 외, 2016; Klahr, 1992; Seifert, 1993). 정보처리 이론에서는 인간의 내재적인 정신 작용의 변화를 발달의 주요 과제로 보는 것뿐만 아니라 감각 기관을 통해 들어온 현상을 수용하는 순간과 가시적 반응이 나타나는 순간 사이에서 일어나는 기능들을 구조화하는 것이다. 이를 기반으로 볼 때 유아의 경험으로부터 구성되는 정보를 표상하고, 저장하며, 시간의 흐름에 따라 저장된 표상이 현재의 경험과 연합하여 구조화되며, 또한 효율적으로 인출하는 정보처리의 과정을 거치며 구조화되고 있음을 설명한다.

2) 정보처리 이론의 중심 개념

정보처리 이론에서는 유아의 문제 해결이나 과제 수행을 하는 데 5단계의 과정이 있다고 본다. 유아에게 어떤 상황 또는 자극이 주어지게 되면, 주의를 집중하고 지각한 뒤 기억하고 사고하여 상황에 대한 문제 해결을 하는 과정을 거치게 된다는 이론이다.

[그림 2-1] 유아의 문제 해결 및 과제 수행 과정

(1) 주의

자극이 주어졌을 때 주변의 사건에 대해 집중하는 것을 뜻한다. 유아는 연령이 증가하면서 주의 집중력에 대한 변화가 두드러진다. 즉 영아보다는 유아가, 유아보다는 아동이 사물에 집중하는 시간이 길어진다.

(2) 지각

지각은 오감을 통해 정보를 얻고 지식을 해석하는 것을 뜻한다. 유아에 따라 하나의 사물을 보고 인식하는 방법 및 판단이 다르게 나타난다. 즉 동시에 한 물체를 바라볼 때 한 유아는 색을 먼저 인식하고 다른 유아는 모양이나 크기를 먼저 인식하여 구분할 수 있다는 것이다.

(3) 기억

어떤 정보를 지각하게 되면 단기 기억으로 들어간다. 하지만 단기 기억의 정보는 반복 시연하지 않으면 쉽게 상실될 수 있으며, 유아가 갖는 정보의 의미에 따라 장기 기억으로 옮겨 갈 수 있다.

(4) 사고

자신이 갖고 있는 경험이나 기억을 끄집어내어 동일하지 않은 사물이나 사건과의 관련성을 찾아보는 것을 뜻한다. 유아는 또래와 게임을 하는 가운데, 이전의 경험을 되살려서 게임의 규칙을 변형하는 것이 가능하다.

(5) 문제 해결

단순한 자극이 유아로 하여금 주의를 끌어 지각하게 하고, 그것을 장기 기억으로 저장함으로써 새로운 상황에 당면했을 때 이전의 경험을 토대로 문제를 해결하는 것을 말한다.

3) 정보처리 이론이 유아과학교육에 주는 시사점

정보처리 이론을 기반으로 볼 때 유아는 환경으로부터 정보를 받아들이고, 기억한 정보를 파악하여 구성하고, 이를 다시 상황에 활용함으로써 문제를 해결해 나갈 수 있다.

정보처리 이론이 유아과학교육에 시사하는 바는 다음과 같다.

(1) 자발적으로 과학 활동에 관심을 가지고 참여할 수 있도록 흥미로운 환경을 구성한다.
(2) 과학 교구에 호기심을 가지고 충분히 탐색할 수 있도록 기회를 마련한다.
(3) 친숙하고 익숙한 상황에서의 과학 활동으로 정보를 재구성하며 기억을 촉진한다.
(4) 일상생활이나 자연환경 속에서 과학적 개념을 스스로 형성하도록 돕는다.
(5) 감각적 활동을 통한 정보의 습득과 활용이 되도록 구체적인 활동을 모색한다.

5. 탐구학습 이론

1) 탐구학습 이론의 관점

브루너(Bruner)는 경험 중심 교육 과정에서 학문 중심 교육 과정으로의 변화를 주도한 대표적인 학자이다. 브루너는 학습에 있어 학습자가 지닌 특성보다는 가르치려는 지식의 구조를 파악하여 내용을 어떻게 조직하느냐가 더 중요하다고 보고(이순형 외, 2011), 학문을 중심으로 한 교육에 몰두하였으며 지식의 구조를 파악하고 그 내용을 조직하는 방법의 중요성을 설명하였다. 따라서 유아의 발달 과업을 중심으로 발달에 적합한 수준과 올바른 형식으로 학습 내용이 제공된다면 어떠한 발달 단계에 있는 유아라 할지라도 효과적으로 가르칠 수 있다고 보았다.

2) 탐구학습 이론의 중심 개념

(1) 발견학습

발견학습이란 교사가 설명한 학습 내용을 그대로 수용하는 것이 아니라 유아 스스로 학습 내용을 탐구해 나가는 상황에서 일어나는 학습이다(Bruner, 1961). 즉 유아가 새로운 학습 상황에 직면했을 때 그들의 이전 경험에 따라 구성된 지식 구조를 기반으로 현재의 발달 수준과 연계하여 또 다른 학습의 형태를 형성하거나 향상하거나 연장하는 등의 학습 형태를 발견하는 것을 의미한다.

(2) 표상 양식

브루너(Bruner)는 사물이나 현상의 구조를 파악하는 방식에서 질적인 차이를 보이는 표상 양식(modes of representation)의 개념을 발전시켰다. 이 관점에 따라 사물이나 현상에 대한 모든 지식은 간단한 것에서 복잡한 것으로, 구체적인 것에서 추상적인 것으로 나아가기 때문에 누구에게나 발달 과업에 따른 적합한 교수 활동이 주어진다면 어떠한 지식도 가르칠 수 있다고 보았다(Bruner, 1966).

(3) 나선형 교육 과정

나선형 교육 과정(spiral curriculum)은 유아의 활동과 활동 사이의 연속성을 강조하였다(서울대교육연구소, 2011). 이는 효과적인 교수의 경우 연속성을 유지하는 데 필요한 논리적 조건을 의미하며 이에 따른 교수 활동 또한 동일한 성격의 내용이 발달 수준이 높아짐에 따라 더 폭넓고 더 깊어져야 한다. 새로운 학습은 이미 배운 지식 위에 계속해서 더해지므로 하나의 학습 주제는 그전에 학습한 것을 반영하면서 동시에 그 이상으로 발전할 수 있도록 계획되어져야 한다(이순형 외, 2015).

3) 탐구학습 이론이 유아과학교육에 주는 시사점

브루너(Bruner)의 현실적이고 구체적인 교육은 유아의 일상생활 속에서 지식의 재구성에 따른 변화를 기대하고 이에 따른 문제 해결력을 강조하였다. 그러므로 유아의 일상생활에서 발견학습, 탐구, 표상 등 학습의 가능성을 바탕으로 교수 방법의 토대를 제시하였다.

탐구학습 이론이 유아과학교육에 시사하는 바는 다음과 같다.

(1) 발달 단계에 적합한 교육 내용을 구성하고 제시하여야 한다.
(2) 스스로 발달에 적합한 활동을 탐구하고 발견하도록 개입한다.
(3) 표상 수준을 고려한 환경으로 교수를 촉진하는 활동을 구성한다.
(4) 능동적으로 터득한 표상으로 인해 새로운 발견의 기회를 제공한다.
(5) 현 활동은 전후 학습의 연계성을 고려하여 학습에 반영하여야 한다.

6. 다중지능 이론

1) 다중지능 이론의 관점

가드너(Gardner)의 다중지능 이론(multiple intelligence theory)은 지능을 단일 능력이나 불변의 능력으로 보지 않고 개인이 속한 문화권 또는 여러 문화권에서 가치 있게 인정되는 문제를 해결하거나 새로운 산물을 창조해 내는 능력이라는 관점으로, 지능의 다면성을 강조하고 있다. 다중지능 이론은 여덟 가지의 지능 즉, 언어 지능, 음악 지능, 시각·공간 지능, 신체·운동 지능, 논리·수학 지능, 자연 지능, 대인 관계 지능, 개인 이해 지능 등을 인간이 갖는 지능으로 보고 있다. 이는 여러 지능이 독립적이기는 하나 상호 관련성을 가지고 있기에 연합적이고 통합적이라고 보는 이론이다. 이때 일부의 지능을 두드러지게 활성화시키기 위함이라거나 과학교육의 효율성을 극대화하기 위함이라고 할지라도 하나의 지능만이 필요한 것이 아니라 타인(또래)과의 관계 경험, 사물과 자연에 대한 탐색 및 활발한 신체의 움직임, 놀이를 통한 시각·공간적 경험과 함께 수학 및 과학 활동을 위한 문자나 의사소통의 경험 등 또한 충분히 제공되어야 한다고 보았다.

2) 다중지능 이론의 중심 개념

(1) 다면적 지능

가드너(Gardner)의 다중지능 이론은 여덟 가지의 서로 다른 능력의 조합으로 이해되어야 하며, 이러한 조합의 결과가 개인의 개별성으로 형성된다. 그러므로 각각의 개인은 서로 다른 능력을 가지고 태어나기 때문에 발달의 방향은 동일하다 할지라도 영역 간의 차이로 인해 서로 다른 발달을 보인다. 뿐만 아니라 영역 간의 조합으로 인해 서로 다른 지능으로 구성된다.

(2) 사회 문화적 지능

각각의 지능들은 문화적인 것이기에 사회와 시대에 따라 가장 중요한 또는 필요로 하는 주요 지능의 영역은 달라질 수 있다. 그러므로 실생활에서 직면하는 문제를 해결하고 사회에서 요구하는 새로운 문제를 도출함으로써 자신이 속한 문화 속에서 가치로운 것을 만들어 낸다. 이에 어떤 지능에서의 강점은 고정된 것이 아니라 풍부한 환경과 조건, 교육에 의해 변화될 수 있다.

3) 다중지능 이론이 유아과학교육에 주는 시사점

인간의 지능은 다면적이고 문화적이며 개인적이기에 풍부한 환경과 다양한 자극 속에서 확장되고 향상될 수 있다.

다중지능 이론이 유아과학교육에 시사하는 바는 다음과 같다.

(1) 유아의 일상생활 속에서 자연스럽게 과학 활동을 수행한다.
(2) 유아의 과학 활동은 통합적으로 접근하는 것이 바람직하다.
(3) 다른 발달 영역과 연계한 영역 간 통합으로 총체적인 발달을 도모한다.
(4) 과학과 기술의 시대에 필요한 과학교육이 기반이 되도록 한다.
(5) 개인적인 강점 영역으로 과학적 능력 향상의 동기를 촉진한다.

7. 뇌 과학 이론

1) 뇌 과학 이론의 관점

4차 산업혁명 시대가 과학기술 발달의 시대라 할지라도 인간 발달을 위한 모든 정보는 뇌를 기반으로 진행된다. 뇌는 많은 경험을 통해 지식을 축적하지만 정보를 계속해서 모으기만 하는 것이 아니라 충분히 만든 후 불필요한 것의 손을 놓는 가지치기의 방법으로 중요한 회로를 구성하고 유지해 나간다. 그러므로 뇌 기능은 영역별 그리고 영역 간 끊임없는 상호 작용을 통해 정보들을 선별하며 활성화될 뿐 아니라 영역별 기능의 향상에까지 지대한 영향을 미친다.

2) 뇌 과학 이론의 중심 개념

(1) 시냅스

시냅스(synapse)는 뉴런과 뉴런 사이의 작은 간격으로 연접 부위를 지칭하는데, 이는 뇌 속의 정보 회로이기 때문에 신경 세포 사이의 시냅스 회로에 새겨지는 경험들을 기억이라 칭한다. 신경 과학자들은 유년기에 시냅스의 형성이 시냅스 제거를 앞지른다는 것을 알게 되었다. 이에 따라 어린 영유아기가 뇌 발달의 결정적 시기이며, 이 결정적 시기 동안 가장 쉽고 효율적으로 배운다는 것이다(Battro et al., 2009). 그러므로 시냅스의 밀도가 높은 시기가 학습의 최적기이며, 시냅스는 경험을 토대로 증가하기에 조기 감각 자극이 평생에 걸쳐 뇌 회로와 기능에 미치는 영향을 이해하려면 시지각 능력이 최고의 모델이 된다.

(2) 가소성

가소성(plasticity)은 외부의 힘에 의해 형태가 변한 물체라 할지라도 이후 원래대로 돌아오지 않고 새로운 틀을 구성하는 물질의 변화 성질을 말한다. 이러한 가소성이 뇌 발달에서는 뉴런의 집합체로서 경험을 통해 신경 회로의 체계를 갖추어 감을 의미한다. 따라서 가소성은 영아기에서 유아기로 성장하면서 점차 복잡하고 치밀한 시냅스가 형성되어 가고 그 결과 가소성에 따라 새로운 능력의 틀(flame)을 구성해 나가며 그 기능이 향상되어 간다.

3) 뇌 과학 이론이 유아과학교육에 주는 시사점

유아기는 전두엽의 발달이 활발히 진행되는 시기이므로 유아기의 경험들 또한 뇌의 뉴런과 뉴런 사이에서 서로 간에 정보를 전달함으로 인해 호기심에 따른 탐색과 문제 해결을 위한 최적의 시기라 할 수 있다.

뇌 과학 이론이 유아과학교육에 시사하는 바는 다음과 같다.

(1) 감각을 통한 자율적인 직접 경험의 학습이어야 한다.
(2) 동기에 따른 즐거움의 과학 참여 활동일 때 효과적이다.
(3) 실현 가능한 내용으로 자발적인 참여 기회가 주어져야 한다.
(4) 다양하고 풍요로운 환경으로 종합적 발달을 도모하여야 한다.
(5) 발달에 적합한 전뇌 자극의 총체적 접근이어야 한다.

3장

누리과정과 유아과학교육

유아를 대상으로 하는 과학교육은 국가수준의 교육 과정을 기본으로 해야 한다. 그렇다고 해서 제시된 내용만을 해당 연령에게 적용해야 된다는 것은 아니며, 유아들이 느끼며 학습하고 깨달아 가는 과정을 통해 과학의 기본적인 개념을 습득하여 생활 속에서 발견하고 적용할 수 있도록 한다는 데 그 목적이 있다. 자연탐구 영역은 유아들이 독립적인 존재로 세상을 살아가는 데 필요한 탐구와 문제해결 능력이 발달하도록 돕는 영역으로 표준보육과정과 누리과정에서는 '탐구하는 태도 기르기', '수학적 탐구하기', '과학적 탐구하기'의 세 가지 내용 범주로 구성되어 있다.

이 장에서는 과학교육 내용을 '3~5세 연령별 누리과정'의 자연탐구 영역을 중심으로 살펴보고자 한다.

1. 자연탐구 영역의 성격 및 목표

1) 자연탐구 영역의 성격

자연탐구 영역은 유아가 자신이 생활하는 주변 환경에 대해 호기심을 가지고 탐색하며, 일상생활 속에서 새롭게 경험하는 다양한 상황과 현상에서 문제 해결을 통해 수학적·과학적으로 생각하는 기초 능력과 태도를 기르기 위한 영역이다.

사물과 현상에 대한 호기심은 영아기부터 생겨나며 유아기에는 지적 호기심과 탐구심이 왕성해진다. 이러한 시기에 제공하는 수학적·과학적인 탐구 과정은 논리적인 사고력을 기르며, 새롭게 경험하는 현상에 대한 창의적인 문제 해결력을 발달시킨다.

2) 자연탐구 영역의 목표

자연탐구 영역은 유아가 호기심을 가지고 주변 세계를 탐구하며, 일상생활에서 논리적이며 수학적·과학적으로 사고하는 능력과 태도를 기르도록 하는 데 목표를 두고 있다. 즉 호기심이 있는 사물과 상황에 대해서 끊임없이 알아 가고자 하는 마음과 구체적인 경험 및 조작 활동을 통해 수학 능력을 기르며, 다양한 관찰 및 활동을 통해 과학의 기초 능력을 기르도록 하는 것이다.

자연탐구 영역의 구체적인 목표를 정리하면 다음과 같다(교육과학기술부·보건복지부, 2012).

(1) 주변의 사물과 자연 세계에 대해 알고자 하는 호기심을 가지고 탐구하는 태도를 기른다. 유아기부터 주변 세계를 주의 깊게 탐구하는 태도를 형성함으로써 지적 자율성을 신장할 수 있으며, 관찰, 분류, 측정, 예측, 추론 등의 탐구 기술을 활용하는 능력을 기르도록 한다.

(2) 생활 속의 여러 상황과 문제를 논리적·수학적으로 이해하고 해결하기 위한 기초 능력을 기른다. 유아가 놀이, 게임, 생활 속의 문제 해결과 같은 구체적인 경험을 통해 수량 관계, 공간과 도형, 측정, 규칙성, 자료 수집과 정리 등에 관한 기초 지식을 구성하고 논리적·수학적으로 사고하는 능력을 기르도록 한다.

(3) 주변의 관심 있는 사물과 생명체 및 자연 현상을 탐구하기 위한 기초 능력을 기른다. 유아는 주변의 다양한 물체와 물질을 탐색하고, 생명체와 자연환경을 알아보며, 간단한 도구와 기계를 활용하는 능력을 기르도록 한다.

2. 자연탐구 영역의 연령별 목표 및 내용 구성

자연탐구 영역의 구체적인 목표를 달성하기 위해서는 연령별 목표와 내용에 대한 숙지를 한 후에 이에 따른 교육 계획안을 작성하고 실행하여야 한다.

자연탐구 영역을 표준보육과정과 누리과정을 연계하여 살펴봄으로써 연령과 발달을 고려한 과학교육의 기본 방향을 모색할 수 있다. 0~2세의 표준보육과정과 3~5세 누리과정에서는 자연탐구 영역의 내용 범주가 '탐구하는 태도 기르기', '수학적 탐구하기', '과학적 탐구하기'로 동일하다. 하지만 연령에 따른 발달의 차이가 있기 때문에 세부 내용은 〈표 3-1〉과 같이 다를 수밖에 없다.

특히 내용 범주 '탐구하는 태도 기르기'에서 탐구 기술 활용하기는 4세, 5세에만 적용되는 내용으로 제시되고 있는데, 이것이 그 예라고 하겠다.

〈표 3-1〉 자연탐구 영역의 연령별 내용 범주 및 내용

내용 범주	0~1세 내용	2세 내용	3~5세 내용
탐구하는 태도 기르기	사물에 관심 가지기	호기심 가지기	호기심을 유지하고 확장하기
	탐색 시도하기	반복적 탐색 즐기기	탐구 과정 즐기기
	–	–	탐구 기술 활용하기
수학적 탐구하기	수량 지각하기	수량 인식하기	수와 연산의 기초 개념 알아보기
	주변 공간 탐색하기	공간과 도형에 관심 가지기	공간과 도형의 기초 개념 알아보기
	차이를 지각하기	차이에 관심 가지기	기초적인 측정하기
	간단한 규칙성 지각하기	단순한 규칙성에 관심 가지기	규칙성 이해하기
	–	구분하기	기초적인 자료 수집과 결과 나타내기
과학적 탐구하기	물체와 물질 탐색하기	물체와 물질 탐색하기	물체와 물질 알아보기
	주변 동식물에 관심 가지기	주변 동식물에 관심 가지기	생명체와 자연환경 알아보기
	주변 자연에 관심 가지기	자연을 탐색하기	자연 현상 알아보기
	생활 도구 탐색하기	생활 도구 사용하기	간단한 도구와 기계 활용하기

한편 유아과학교육 학자들이 유아들에게 적합하다고 제안하는 과학교육의 내용을 정리하면 다음과 같다.

〈표 3-2〉 유아에게 적합한 과학교육 내용

학자	내용
Spodek et al.(1987)	물리, 동물, 식물, 영양
Forman & Kaden(1987)	열, 지렛대 무게, 길이, 땅, 하늘, 시간, 기아, 삶과 죽음
Harlan & Rivkin(2004)	동물, 식물, 사람의 몸, 공기, 물, 날씨, 계절, 돌, 자석, 중력, 기계, 소리, 빛, 전기

이러한 학자들이 제안한 유아과학교육의 내용과 표준보육과정 및 누리과정의 자연탐구 영역의 내용이 어떠한 관련성을 갖는지 살펴볼 필요가 있다. '과학적 탐구하기' 내용 범주의 내용과 비교해 볼 때, 영양, 기아, 삶과 죽음 등은 거의 다루고 있지 않다. 이 세 가지 내용은 신체운동·건강 영역이나 사회관계 영역에서도 다룰 수 있는 소재이기도 하지만, 과학 영역에서 다루게 된다면 어떻게 접근할 수 있는지 생각해 볼 수 있다.

Activity

- '영양', '기아', '삶과 죽음'이란 주제를 과학교육의 측면에서 접근한다면 어떠한 방법과 내용으로 계획하고 실행할 수 있는지 그룹별로 이야기를 나눠 보자.

영양	기아	삶과 죽음

1) 영아기의 자연탐구 내용

(1) 0~1세 자연탐구 영역

① 목표

이 시기의 영아들은 주 양육자와 애착 형성이 가장 중요한 시기이며, 오감을 통해 사물을 탐색하고 차츰 의도적인 행동을 시도하면서 행동의 결과를 관찰하기도 한다. 또한 간단한 사회적 놀이를 즐기게 되며, 대상영속성이 발달한다. 따라서 주변의 사물과 자연 현상에 관심을 갖는 것과 단순하고 반복적인 탐색의 놀이가 이루어진다.

● 목표 : 보고, 듣고, 만지면서 주변 환경에 관심을 갖는다.

- 주변의 사물에 대한 탐색을 시도한다.
- 주변에서 일어나는 수학적 상황을 지각한다.
- 감각과 조작을 통하여 주변 사물과 자연환경에 대해 지각한다.

② 내용 범주 및 내용

0~1세 보육 과정의 자연탐구 영역에서 과학교육과 직접적인 관련성이 있는 두 내용 범주를 살펴보면 다음과 같다.

〈표 3-3〉 0~1세 자연탐구 영역

<table>
<tr><th>내용 범주</th><th>내용</th><th>1수준</th><th>2수준</th><th>3수준</th><th>4수준</th></tr>
<tr><td rowspan="2">탐구하는 태도 기르기</td><td>사물에 관심 가지기</td><td></td><td colspan="3">주변 사물에 관심을 가진다.</td></tr>
<tr><td>탐색 시도하기</td><td>나와 주변 사물을 감각으로 탐색한다.</td><td colspan="3">주변 사물에 대해 의도적인 탐색을 시도한다.</td></tr>
<tr><td rowspan="5">과학적 탐구하기</td><td>물체와 물질 탐색하기</td><td colspan="4">일상생활 주변의 몇 가지 친숙한 것들을 양육자와 함께 탐색한다.</td></tr>
<tr><td>주변 동식물에 관심 가지기</td><td colspan="2"></td><td colspan="2">주변 동식물의 모양, 소리, 움직임에 관심을 가진다.</td></tr>
<tr><td rowspan="2">주변 자연에 관심 가지기</td><td rowspan="2"></td><td colspan="3">생활 주변의 자연물을 감각으로 느껴 본다.</td></tr>
<tr><td colspan="3">바람, 햇빛, 비 등을 감각으로 느껴 본다.</td></tr>
<tr><td>생활 도구 탐색하기</td><td colspan="2"></td><td colspan="2">도움을 받아 생활 도구를 탐색한다.</td></tr>
</table>

0~1세 영아는 주변의 사물에 대해 반복하여 탐색하고자 시도하므로 교사는 영아가 주변 사물과 자연 세계에 관심을 보일 때 주의를 기울여서 관심을 공유하도록 한다. 또한 영아가 반복적으로 탐색을 시도할 수 있도록 시간을 충분히 제공한다(보건복지부·중앙보육정보센터, 2013). 또한 영아가 실내나 실외에서 발견한 물고기나 곤충 등의 생명체에 대해서 관심이 생겼을 경우에는 교사가 상황을 말해 주며 반응을 해 준다.

(2) 2세 자연탐구 영역

① 목표

이 시기의 영아들은 운동 기능이 발달하고 신체 움직임이 유연해지며, 주변 환경에 대한 호기심이 많아지며 이를 위해 관찰, 질문, 조작, 분류, 측정 등을 사용하기도 한다. 따라서 탐색의 폭이 넓어진다.

- 목표 : 주변 환경에 호기심을 갖고 탐색하기를 즐긴다.
  - 호기심을 가지고 주변 세계에 대해 다양하게 탐색한다.
  - 주변에서 경험하는 수학적 상황을 인식한다.
  - 다양한 탐색을 통하여 주변 사물과 자연환경을 인식한다.

② 내용 범주 및 내용

2세 보육 과정의 자연탐구 영역에서 과학교육과 직접적인 관련성이 있는 두 내용 범주를 살펴보면 다음과 같다.

〈표 3-4〉 2세 자연탐구 영역

내용 범주	내용	1수준	2수준
탐구하는 태도 기르기	호기심 가지기	주변 사물과 자연 세계에 호기심을 가진다.	
	반복적 탐색 즐기기	관심 있는 사물을 반복하여 주도적으로 탐색하기를 즐긴다.	
과학적 탐구하기	물체와 물질 탐색하기	친숙한 물체와 물질을 능동적으로 탐색한다.	
	주변 동식물에 관심 가지기	주변 동식물의 모양, 소리, 움직임에 관심을 가진다.	
	자연을 탐색하기	돌, 물, 모래 등의 자연물을 탐색한다.	
		날씨를 감각으로 느낀다.	
	생활 도구 사용하기	생활 속에서 간단한 도구에 관심을 가진다.	
		간단한 도구를 사용한다.	

2세 영아에게는 일상생활의 여러 가지 경험을 통하여 호기심을 갖고 탐구할 수 있도록 다양한 사물과 현상을 탐색할 기회를 제공해 주도록 한다. 영아가 궁금한 것을 알고자 할 때에는 영아의 질문을 존중하여 성실하게 상호 작용해서 영아의 호기심을 유지하도록 지원한다(보건복지부·중앙보육정보센터, 2013). 이 시기에는 주변 생명체에 관심을 보이다가 점차 생명체의 외적 특성까지 아는 즐거움을 느끼게 된다. 따라서 주변에서 쉽게 볼 수 있는 애완동물과 작은 곤충의 소리나 생김새, 움직임 등의 특성에 관심을 보이면 점차 알아갈 수 있도록 교사는 적극적인 반응과 적절한 정보를 제공해 주어야 한다.

2) 유아기의 자연탐구 내용

(1) 목표

3~5세의 유아들은 기본적인 운동 능력이 확립되며, 주변 환경에 대해 지속적인 호기심을 갖고 탐구하는 능력이 확장되어 친구와 함께하는 자발적인 관찰, 탐색 및 표상 활동이 점차 활발해진다. 또한 알고자 하는 것들에 대한 적극적인 질문과 해결하려는 탐구력이 증가한다.

- 목표 : 호기심을 가지고 주변 세계를 탐구하여 일상생활에서 수학적·과학적으로 생각하는 능력과 태도를 기른다.

- 주변의 사물과 자연 현상에 호기심을 가지고 지속적으로 탐구하는 태도를 기른다.
- 논리적·수학적으로 사고하고 문제를 해결하기 위한 기초 능력을 기른다.
- 주변의 관심 있는 사물과 생명체 및 자연 현상을 탐구하기 위한 기초 능력을 기른다.

(2) 내용 체계

자연탐구 영역은 '탐구하는 태도 기르기', '수학적 탐구하기', '과학적 탐구하기'의 범주로 구분되었지만 이 장에서는 과학교육의 중심이 되는 두 내용 범주를 중심으로 살펴보고자 한다.

① 내용 범주: 탐구하는 태도 기르기

〈표 3-5〉 '탐구하는 태도 기르기' 내용 범주

내용	3~5세 연령별 누리과정 세부 내용			5세 누리과정 ('11. 9. 5)
	3세	4세	5세	
호기심을 유지하고 확장하기	주변 사물과 자연 세계에 대해 호기심을 갖는다.	주변 사물과 자연 세계에 대해 지속적으로 호기심을 갖는다.	주변 사물과 자연 세계에 대해 지속적으로 호기심을 갖고 알고자 한다.	주변 사물과 자연 세계에 대해 지속적으로 관심을 갖고 궁금해 한다.
탐구 과정 즐기기	궁금한 점을 알아보는 과정에 흥미를 갖는다.	궁금한 점을 알아보는 탐구 과정에 관심을 가지고 참여한다.	궁금한 점을 알아보는 탐구 과정에 참여하고 즐긴다.	궁금한 점을 알기 위해 비교하기, 예측하기 등 다양한 방법을 활용한다.
			탐구 과정에서 서로 다른 생각에 관심을 갖는다.	
탐구 기술 활용하기		일상생활의 문제를 해결하는 과정에서 탐색, 관찰 등의 방법을 활용해 본다.	일상생활의 문제를 해결하는 과정에서 탐색, 관찰, 비교, 예측 등의 탐구 기술을 활용해 본다.	
				나타난 결과에 기초하여 예측하고 적용한다.

출처: 교육과학기술부·보건복지부(2012). 3~5세 연령별 누리과정 운영을 위한 교사 연수 자료집.

가. 호기심을 유지하고 확장하기

5세 누리과정에서는 주변 사물과 자연 세계에 대해 지속적으로 관심을 갖고 궁금해 하는 데 그쳤던 반면, 3~5세 누리과정에서는 호기심을 갖도록 하며 지속적으로 알기 위한 확장의 과정으로 변경되었다.

'호기심을 유지하고 확장하기'는 유아가 탐구하는 태도를 기르는 데 필요한 가장 기초적인 성향을 갖추도록 하는 내용이다. 자신이 경험한 사물이나 현상에 대하여 단순히 호기심을 갖는 것에서 시작하여 끊임없이 궁금한 것을 찾아내고 지속적으로 호기심을 유지하면서 자신의 궁금증을 해결하기 위해 구체적으로 알고

자 하는 태도를 갖는 것이다. 유아가 자신과 주변 세계에 대하여 호기심을 나타내고 유지하고 확장하는 것은 탐구하는 태도 형성의 중요한 부분이다(교육과학기술부·보건복지부, 2012).

나. 탐구 과정 즐기기

5세 누리과정에서는 궁금한 점을 알기 위해 비교하기, 예측하기 등 다양한 방법을 활용하는 데 그쳤던 반면, 3~5세 누리과정에서는 '참여한다', '즐긴다', '관심을 갖는다'로 변경되었다. 이는 정해진 구체적인 방법보다는 유아가 호기심을 갖고 조사하여 찾아내는 탐구 과정을 즐기는 데 중점을 두기 때문이다.

'탐구 과정 즐기기'는 유아가 호기심을 느끼거나 궁금한 점을 알아보기 위해 탐색하고 탐구하여 발견해 가는 과정을 즐기도록 하는 내용이다. 유아는 또래 및 교사와 함께 여러 가지 방법을 사용하여 탐구하는 과정에 관심을 가지고 참여한다. 유아는 탐구하는 과정을 즐기면서 서로 다른 생각에 관심을 가지고 자신이 관찰한 사건이나 상황에 대해 점차 깊이 있게 받아들이고, 이를 올바르게 인식할 수 있는 능력과 태도를 갖게 된다(교육과학기술부·보건복지부, 2012).

다. 탐구 기술 활용하기

5세 누리과정에서는 나타난 결과에 기초하여 예측하고 적용하고자 하였으나, 3~5세 누리과정에서는 결과보다는 과정을 중요시하며 그 가운데 다양한 탐구적 기술을 활용하는 것으로 내용이 변경되었다.

'탐구 기술 활용하기'는 유아로 하여금 주변의 사물과 자연환경을 지각하고 반복적으로 탐색하는 과정을 통해 문제를 탐구하는 방법을 익힐 수 있도록 하는 내용이다. 유아는 일상생활에서 접하는 문제 해결 과정에서 처음에는 탐색, 관찰, 비교 등의 기본적인 탐구 기술을 활용하여 궁금한 것을 알아 가지만, 연령이 증가하면서 점차적으로 궁금한 문제를 해결하기 위해 기본적인 탐구 기술뿐만 아니라 예측, 실험, 의사소통 등의 좀 더 복잡한 탐구 기술을 활용해 보는 내용을 다룰 수 있다(교육과학기술부·보건복지부, 2012).

② 내용 범주: 과학적 탐구하기

〈표 3-6〉 '과학적 탐구하기' 내용 범주

<table>
<tr><th rowspan="2">내용</th><th colspan="3">3~5세 연령별 누리과정 세부 내용</th><th rowspan="2">5세 누리과정
('11. 9. 5)</th></tr>
<tr><th>3세</th><th>4세</th><th>5세</th></tr>
<tr><td rowspan="2">물체와 물질 알아보기</td><td>친숙한 물체와 물질의 특성에 관심을 갖는다.</td><td>친숙한 물체와 물질의 특성을 알아본다.</td><td>주변의 여러 가지 물체와 물질의 기본 특성을 알아본다.</td><td>주변의 여러 가지 물체와 물질의 기본 특성을 알아본다.</td></tr>
<tr><td></td><td colspan="2">물체와 물질을 여러 가지 방법으로 변화시켜 본다.</td><td>물체와 물질을 여러 가지 방법으로 변화시켜 본다.</td></tr>
<tr><td rowspan="4">생명체와 자연 환경 알아 보기</td><td colspan="2">나의 출생과 성장에 대해 관심을 갖는다.</td><td>나와 다른 사람의 출생과 성장에 대해 알아본다.</td><td>관심 있는 동식물의 특성과 성장 과정을 알아본다.</td></tr>
<tr><td>주변의 동식물에 관심을 가진다.</td><td>관심 있는 동식물의 특성을 알아본다.</td><td>관심 있는 동식물의 특성과 성장 과정을 알아본다.</td><td>나와 다른 사람의 출생과 성장에 대해 알아본다.</td></tr>
<tr><td colspan="3">생명체를 소중히 여기는 마음을 갖는다.</td><td rowspan="2">생명체의 소중함을 알고, 생명체가 살아가기에 좋은 환경에 대해 알아본다.</td></tr>
<tr><td></td><td>생명체가 살기 좋은 환경에 대해 관심을 갖는다.</td><td>생명체가 살기 좋은 환경과 녹색 환경에 대해 알아본다.</td></tr>
<tr><td rowspan="3">자연 현상 알아 보기</td><td>돌, 물, 흙 등 자연물에 관심을 갖는다.</td><td colspan="2">돌, 물, 흙 등 자연물의 특성과 변화를 알아본다.</td><td>돌,물,흙등 자연물의 특성과 변화를 알아본다.</td></tr>
<tr><td></td><td></td><td>낮과 밤, 계절의 변화와 규칙성을 알아본다.</td><td>낮과 밤, 계절의 변화와 규칙성을 알아본다.</td></tr>
<tr><td>날씨에 관심을 갖는다.</td><td>날씨와 기후 변화에 관심을 갖는다.</td><td>날씨와 기후 변화 등 자연 현상에 대해 관심을 갖는다.</td><td></td></tr>
<tr><td rowspan="3">간단한 도구와 기계 활용 하기</td><td>생활 속에서 간단한 도구와 기계에 관심을 갖는다.</td><td colspan="2">생활 속에서 간단한 도구와 기계를 활용한다.</td><td>생활 속에서 간단한 도구와 기계를 활용한다.</td></tr>
<tr><td colspan="2">도구와 기계의 편리함에 관심을 갖는다.</td><td>변화하는 새로운 도구와 기계에 관심을 갖고 장단점을 안다.</td><td>변화하는 새로운 도구와 기계에 관심을 가진다.</td></tr>
<tr><td></td><td></td><td></td><td>편리한 물건이 때로는 해가 될 수 있음을 안다.</td></tr>
</table>

출처: 교육과학기술부·보건복지부(2012). 3~5세 연령별 누리과정 운영을 위한 교사 연수 자료집.

가. 물체와 물질 알아보기

5세 누리과정에서는 주변의 여러 가지 물체와 물질의 기본 특성을 알아보는 내용이 3~5세 누리과정에서는 친숙한 물체와 물질의 특성에 관심을 갖고 알아보는 경험을 통해 점차 유아가 생활하는 주변의 여러 가지 물체와 물질의 특성을 알아보는 내용으로 변경되었다.

'물체와 물질 알아보기'는 유아가 일상생활 속에서 접하는 친숙한 물체와 물질에 관심을 가지고 기본적인 특성을 알아보며, 점차 여러 가지 방법으로 물체와 물질을 변화시켜 보는 것에 대한 내용이다. 유아가 주변의 물체와 물질에 관심을 갖고 오감을 통해 그 특성을 알아보는 것을 다루며, 여러 가지 방법으로 물체를 움직여 보고 물질을 변화시켜 기본적 속성을 적극적으로 알아가는 내용을 포함하고 있다(교육과학기술부·보건복지부, 2012).

나. 생명체와 자연환경 알아보기

5세 누리과정에서는 생명체의 소중함을 알고, 생명체가 살아가기에 좋은 환경에 대해 알아보는 내용이었으나, 3~5세 누리과정에서는 좋은 환경뿐 아니라 녹색환경에 대해 알아보는 내용이 추가되었다. 이는 자연과 인간이 더불어 살아가는 것이 중요함을 경험하도록 하는 목적이 반영되었다고 볼 수 있다.

'생명체와 자연환경 알아보기'는 유아가 자신의 출생과 성장 과정뿐만 아니라 주변의 동식물에 관심을 갖고, 생명체에 직접적인 영향을 미치는 자연환경을 알아봄으로써 생명체와 자연환경을 존중하고, 녹색 환경을 소중히 여기도록 하는 내용이다. 또한 유아가 인간과 동식물, 자연환경 간의 밀접한 연관성을 이해하고, 인간과 동식물이 함께 살기 좋은 녹색 환경과 생태계를 파괴할 수 있는 온실가스와 환경 오염을 줄이는 방법에 대해 알아보는 내용도 다룬다(교육과학기술부·보건복지부, 2012).

다. 자연 현상 알아보기

3~5세 누리과정에서는 날씨와 기후 변화에 관심을 갖는 등 자연 현상에 대해 관심을 갖는 내용이 추가되었다. 이는 산업과 기계 문명의 발달로 인해 발생되는 대기 오염 등에 깊은 관심을 갖고 문제의 해결을 위해 실천할 수 있는 방법에 관심을 갖도록 하는 데 매우 의미 있는 내용이 될 수 있다. 또한 발전하는 과학기술이 자연과 인간이 더불어 건강하고 즐겁게 사는 데 기여해야 한다는 윤리 의식과 인성교육이 자연스럽게 이루어지는 기회가 될 수 있다.

'자연 현상 알아보기'는 유아가 생활 속에서 쉽게 접할 수 있는 자연물이나 자연 현상에 대해 관심을 갖고 탐구 과정을 통하여 '변화와 규칙성'이라는 자연의 본질에 대한 이해를 도모하는 내용이다(교육과학기술부·보건복지부, 2012).

라. 간단한 도구와 기계 활용하기

5세 누리과정에서는 '편리한 물건이 때로는 해가 될 수 있음을 안다.'의 내용이었으나 3~5세 누리과정에서는 '변화하는 새로운 도구와 기계에 관심을 갖고 장단점을 안다.'로 변경되었다. 이는 위험이라는 부정적인 측면을 강조하기보다는 유아 스스로가 경험하고 분석하여 장점과 단점을 분별할 수 있도록 유아를 존중하는 측면이 포함되었다고 볼 수 있다.

'간단한 도구와 기계 활용하기'는 유아가 생활 속에서 사용하는 다양한 도구와 기계에 관심을 가지고 활용하면서 도구와 기계의 발전으로 인한 편리성뿐 아니라 역기능에 대해서도 관심을 가지게 하는 내용이다. 유아가 일상생활을 통해 도구와 기계의 종류와 기능을 알고 바르게 활용할 수 있도록 하는 내용을 다루며 우리 생활에 변화를 가져다 주는 새로운 도구와 기계에도 관심을 갖고 장단점을 알아보는 내용으로 구성되어 있다(교육과학기술부·보건복지부, 2012).

이 장에서 간단히 살펴본 누리과정 내용은 7장, 8장, 9장, 10장에서 내용 범주별로 보다 구체적으로 설명하고, 예시를 통해 적용해 볼 수 있도록 하였다.

4장

유아과학교육의 교수학습 방법

1. 과학교육 과정을 위한 교수학습 방법

유아의 과학 학습은 과학 교구나 과학 활동이라고 규정한 의도적인 활동으로 구성되는 것만을 의미하지는 않는다. 오히려 놀이 속에서 자연스럽게 과학적 활동에 참여하고 이를 통해 스스로 개념을 이해함으로써 자신의 놀이를 통해 자신도 모르게 개념을 경험하고 이해하는 과정을 거치는 것이 중요하다. 즉 교사의 계획된 수업에 의해서 습득되는 과학적 개념도 있지만 유아 스스로 관찰하고 탐색하는 것만으로도 획득될 수 있음을 의미한다. 예를 들면 이것과 저것을 만져 보며 각각의 속성을 이해하게 되는 것이고, 놀이 과정 속에서 들거나 옮기면서 무게를 느껴 알게 되는 것처럼 일상생활 속에서의 자연스러운 경험으로 습득되는 경우가 그것이다.

1) 탐구 교수학습

(1) 탐구 교수학습의 특징

탐구적 교수법은 학습자가 선행 연구자의 연구 과정을 밟아 가는 교수 모형이다. 즉 선행 연구자나 과학자를 모델로 하여 스스로 문제를 제기하고, 자료를 수집하여 결과를 나타내는 교수-학습 모형이다. 그리하여 학습자는 모델을 통해 과학의 과정을 경험함으로써 과학적 방법으로 문제를 해결하는 능력을 습득할 뿐 아니라 실제적인 과학 지식들을 획득하게 된다.

(2) 탐구 교수학습의 수업 모형

탐구 교수학습의 수업 모형은 일반적으로 1단계 문제를 제기하고, 2단계 가설을 설정하고, 3단계 실험을 설계하고, 4단계 자료를 수집하고, 5단계 가설을 검증하고, 6단계 적용하는 등 6단계로 구분된다(김승희, 2015).

(3) 탐구 교수학습이 유아의 과학 지도에 미치는 영향

탐구 교수학습으로의 유아 과학 지도는, 유아가 교사의 과학적 교수 방법을 모방하여 스스로 탐구하고자 하는 것을 결정하고 이에 따라 어떻게 할 것인지 계획하고 이를 위해 자료를 수집하여 결과를 만들어 내는 학습 방법이라고 설명할 수 있다. 이때 문제를 제기하기 위해 사전적 지식을 재인식하는 데서 출발하여 해결을 위한 가설을 설정하고, 실제로 실험에 참여하며, 이를 해결하기 위한 관찰이나 측정, 분류 등과 같은 방법을 통해 자료를 수집하는가 하면, 가설의 성취 여부를 확인하여 적용 단계에 있어 유용성을 확인함으로써 활용 방안을 모색하는 등 학습 모형의 순서화에 따라 이후 새로운 문제를 제기할 수 있는 능력을 기르게 된다. 이에 교사는 탐구라 하여 유아가 단지 실험을 하는 것만으로 만족해 하기보다는 흥미와 관심을 가질 수 있는 주제를 선정함으로써 다양한 활동에 참여할 수 있도록 연계 또는 융합의 기회를 제공하는 것이 필요하다.

2) 발견 교수학습

(1) 발견 교수학습의 특징

발견적 교수법은 스스로 문제를 해결해 나가는 방법이기에, 활동을 수행함에 있어 계획과 준비를 통해 학습자 스스로 자료 속에 내재되어 있는 규칙성을 발견하거나 개념을 형성하도록 하는 학습 모형이다. 즉 학습자 스스로 여러 번의 경험을 통해 원리를 발견하고 학습 목표에 도달할 수 있도록 학습 환경을 조성해 가는 것을 말한다. 이로 인해 학습자가 문제를 해결하기 위해서 정보를 스스로 발견하는 학습 방법이다.

(2) 발견 교수학습의 수업 모형

발견 교수학습의 수업 모형은 1단계 문제를 파악하고, 2단계 자료를 관찰하고, 3단계 추가 자료를 탐색하고, 4단계 규칙성을 발현하고, 마지막 5단계에서 적용하는 과정으로 구분된다(권용주 외, 2013).

(3) 발견 교수학습이 유아의 과학 지도에 미치는 영향

발견 교수학습으로의 유아 과학 지도는, 유아가 능동적이고 자발적인 참여의 기회를 가지도록 하는 데 영향을 미친다.

유아의 능동적인 참여는 교사와의 상호 작용을 통해 가장 잘 이루어진다. 이에 유아가 어떠한 제안이라도 표현할 수 있다는 것을 알고 새로운 발견이나 변화의 발견이 이루어지도록 활동에 적극적으로 참여하는 데 무엇보다도 의미로운 영향을 미친다. 이를 위해서 교사는 유아의 발견에 대해 반응하고 소통함으로써 유아가 다양한 측면에서의 능력을 발휘하도록 활동을 확장하는 교육적 접근이 필요하다. 교사는 유아가 충분히 생각하고 시도할 수 있도록 기다려 주는 안정감의 관계를 유지하여야 하며, 확산적 사고를 촉진하는 질문을 통해 유아가 자연스럽게 과학적 개념을 발견할 수 있는 기회의 장(field)을 제공하여야 한다.

3) 순환 교수학습

(1) 순환 교수학습의 특징

순환적 교수법은 학습자가 이미 경험한 것을 중심으로 활동함으로써 새로운 지식을 구성해 나가는 수업 모형이다. 즉 학습자 스스로 자신이 이전에 경험한 것을 토대로 하여 또 다른 새로운 지식을 구성해 나가는 순환적 모형으로, 경험과 지식의 연속적 과정은 학습자의 능동적 참여로 인해 다양한 형태로 변형되고 확장된다.

(2) 순환 교수학습의 수업 모형

순환 교수학습의 수업 모형은 경험을 기반으로 한 환경과 상호 작용함으로써 문제를 해결하고자 하는 시행착오 과정에 의한 지식의 발견 과정이다.

여러 순환 학습 모형 중에서 가장 대표적인 모형은 5E 모형으로 BSCS (Biological Sciences Curriculum Study)에서 학습자의 개념 변화를 촉진하기 위해 고안하였다(BSCS, 2011; 김승희, 2015). 5E 모형은 참여(engage), 탐색(explore), 설명(explan), 확장(extend), 평가(evaluate)의 과정이다.

(3) 순환 교수학습이 유아의 과학 지도에 미치는 영향

순환 교수학습으로의 유아 과학 지도는, 과학 활동에 있어 유아의 능동적 참여기회를 확대하는 것에서부터 출발하는데, 유아 자신의 이전 개념과 연계되거나 대립되는 지식들을 접하면서 인지적 갈등이 유발됨으로써 호기심을 가지는 데 의의가 있다. 유아는 호기심과 질문이 많고 자유롭게 적극적으로 환경을 탐색하는 특성이 있기 때문에 주변에 대한 탐구가 자연스럽게 이루어진다. 이에 따라 탐색이라는 실제적 활동이 이루어져 자신의 개념을 재정리하는 데 의미를 둔다. 이때 개념의 재정리에는 이전 경험을 기반으로 한 능동적인 참여로 인해 지식을 확고히 하거나 지식을 보다 더 새로운 개념으로 내면화하거나 또는 오개념을 수정하고 올바른 방법이나 과학적 개념을 형성하는 데 의의를 둔다. 그러므로 자유로운 탐구는 이후 새로운 과학적 발견은 물론 과학적 태도를 형성하는 데에도 긍정적인 영향을 미친다. 이에 교사는 유아의 이전 경험과 선행 지식을 파악하여, 도전적 과제로서의 인지적 갈등의 기회를 제공하여야 한다.

4) 과정 교수학습

(1) 과정 교수학습의 특징

과정적 교수법은 문제 해결로 인한 결과나 평가에 의의를 두기보다는 문제를 해결해 나가는 과정에 의의를 두는 교수 방법이다. 즉 유아가 관찰, 토론, 분류, 예측, 가설 설정, 실험 등의 과학적 방법을 적용하여 과학적 탐구 능력을 적극적으로 익힐 때 과학 학습이 이루어진다고 보는 관점의 교수 방법이다(조형숙 외, 2010; Atkinson & Fleer, 1995).

(2) 과정 교수학습의 수업 모형

과정 교수학습의 수업 모형에 있어 가장 우선이 되는 1단계는 호기심이다. 이를 기반으로 2단계는 탐색, 3단계는 문제 해결의 과정을 거친다. 하지만 이때 중요한 것은 3단계의 문제 해결 과정이라고 하여 맞고 틀림, 해결되거나 미결, 완성이나 미완성 등의 양분화된 결과가 아니라 틀림, 미결, 미완성이라 할지라도 문제를 해결해 나가는 과정에 보다 큰 의미를 둔다는 점이다.

(3) 과정 교수학습이 유아의 과학 지도에 미치는 영향

과정 교수학습으로의 유아 과학 지도는, 결과보다는 문제를 해결해 나가는 과정에 의의를 두는 교수 방법이므로 유아의 탐색, 시도, 참여 등 과학적 기술의 사용 변화에 영향을 미친다. 또한 유아 스스로 과학적으로 탐구하는 과정을 통해 과학에 대한 흥미와 탐구하는 태도를 갖고 사물과 현상을 이해하고 활용하는 능력을 기르는 데 큰 영향을 미친다. 이에 교사는 과학적 탐구를 위한 과정적 교수학습을 위해 과학적 탐구에 필요한 활동과 자료를 다양하게 제공하여야 하며, 일상적 환경에서 적극적으로 호기심과 탐색의 욕구가 발현되도록 개방적이고 허용적인 환경의 제공이 계획되어야 한다.

5) 상호 교수학습

(1) 상호 교수학습의 특징

상호적 교수법은 과학 활동에 있어 적극적이고 능동적으로 참여할 수 있도록 격려하고 지지함으로써 지속적으로 교육 과정에 참여함을 목적으로 하는 교수 방법이다. 뿐만 아니라 확산적 사고와 수렴적 사고의 질문을 통해 유아가 단계적으로 변화를 가져올 수 있도록 지원하는 점진적인 교수 방법이다. 유아의 활동을 지켜보거나 결과에 대해 평가하기보다는 함께 참여함으로써 동반자적 역할로서 과학 활동이 이어지도록 하는 데 의의가 있다.

(2) 상호 교수학습의 수업 모형

상호 교수학습의 수업 모형은 6단계로 이루어지는데, 1단계는 주제 선정, 2단계는 주제에 대한 선 개념 파악, 3단계는 질문 선정, 4단계는 활동 계획 및 실기, 5단계는 토론, 6단계는 사후 개념 파악 및 평가의 단계로 구성된다. 이때 6단계 모두 유아가 활동의 주체가 되어 직접 참여함을 목적으로 하며, 유아-교사, 유아-유아, 유아-환경과의 적극적인 상호 작용을 중요시한다(조형숙 외, 2010).

(3) 상호 교수학습이 유아의 과학 지도에 미치는 영향

상호 교수학습으로의 유아 과학 지도는, 유아가 자신의 현재 지식수준과 정도를 인식하여 출발점으로 삼을 수 있다는 점에서 보다 효과적이다. 왜냐하면 유아가 스스로 접근 가능한 방법을 찾아 탐색하고 활동하게 되며, 이는 동기 부여 및 수행의 자발성에 큰 영향을 미치기 때문이다. 뿐만 아니라 유아가 문제를 해결해 나갈 수 있도록 적극적으로 다차원적인 접근으로서의 전략을 상호 작용할 것이기 때문에 유아가 단계적으로 성취하고 문제를 해결해 나가는 데 긍정적인 영향을 준다. 이에 교사는 유아의 발달 수준과 이전 경험, 선지식 등을 파악하여 상호 작용하는 것이 무엇보다 중요하다. 또한 유아의 사고와 질문을 자극할 수 있는 환경의 제공과 함께 질문에 대해 공동으로 참여하여 조사하고, 정보를 제공하고, 실험이나 조사 등 과학적 활동이 가능한 질문을 함으로써 참여의 기회를 높이는 교사의 기술이 요구된다(이경민, 2004).

2. 과학 지도를 위한 교수학습 방법

과학 지도를 위한 접근 방법은 활동의 특성에 따라 적절히 활용될 때 최대의 교육적 효과를 기대할 수 있다. 이에 각각의 다양한 교수학습 방법들은 유아의 교육 장면, 즉 놀이 환경에서 실제로 적용될 수 있는 방안을 모색하는 것이 매우 중요하다. 이때 효율적인 교사라면 이들 접근 방법 중 가장 올바른 것 또는 가장 우수한 것을 찾으려 하기보다는, 여러 교수 방법들은 각각 강점과 제한점을 가지고 있다는 것을 알고 이를 현재의 활동에 가장 적합하게 적용할 수 있어야 한다는 것이다.

1) 과학기술을 위한 교수학습

(1) 관찰

'관찰'은 과학적 탐구의 가장 기본적인 방법으로 유아가 주변 환경을 이해하는 데 있어 가장 우선적으로 실행하는 방법이다. 유아는 사물에 대해 직접적으로 오감을 이용하거나 오감각 기관 중 한 가지 이상의 다감각적 자극 또는 도구를 사용하여 주변 세계에 대한 정보를 탐색하고 물체의 특징과 변화를 주의 깊게 살펴 지적 구성으로 받아들이는 과정을 거치는데, 사물에 주의를 기울이기, 집중하여 특성을 파악하기, 하나 이상의 감각 사용하기, 모든 적절한 감각 이용하기, 특성을 정확하게 묘사하기, 도구 사용하기 등이 포함된다(김현자 외, 2008; Martin, 1997).

'관찰'은 관찰 대상물을 있는 그대로 받아들이는 것을 원칙으로 하며 주의 집중을 통해 세밀하게 몰입하여 보는 방법으로, 관찰력이 증가함에 따라 사물의 특성은 물론 물체끼리의 상호 작용까지도 습득하게 된다.

(2) 분류

'분류'란 사물을 공통된 속성에 따라 나누거나 모으는 과정을 말한다. 그러므로 유아가 사물을 분류하기 위해서는 하나의 사물이 다른 사물과의 공통성을 보이는 어떤 특성을 가지고 있는지를 판별할 수 있어야 한다. 이러한 분류 능력은 한 사물이 다양한 속성을 가지고 있다는 것을 인식해야 될 뿐만 아니라 사물 간 속성의 공통성이나 관계성을 연관 지어 이해하는 능력을 전제로 하는 것이므로, 논리적·수학적 사고의 기초가 될 뿐만 아니라 과학적 방법이 필요한 과정이다. 또한 분류 능력은 많은 정보나 자료들을 체계적으로 정리하고 처리하고 관리하는 능력이 요구되는 정보화 사회에서 활용적 가치가 큰 능력이라 하겠다.

'분류'는 유아들이 규칙성, 수, 그래프, 도형 및 측정 활동을 할 때 사용하는 기초적인 기술이며, 유사점을 기초로 우리 주변 세계를 간편하고 효율적이 되도록 단순화시켜 주는 역할을 한다. 일상생활 속에서 매일 경험하는 '분류하기'는 같은 종류의 장난감끼리 분류하여 정리하기, 같은 옷 입은 친구끼리 모여 앉는 활동, 슈퍼마켓의 진열장 분류, 가족 구성원에 따라 정리된 옷장의 옷 등을 예로 들 수 있다. 이처럼 분류란 물체, 현상, 사건에 다양한 기준을 정하여 여러 가지 방법으로 적용할 수 있으므로 생활과 과학의 연계로서 충분하다.

(3) 측정

'측정'이란 수학에서 가장 넓게 사용되는 개념 중 하나로 수와 양, 공간과 기하에 대한 개념을 의미 있게 해 줄 수 있는 방법이다. 즉 단위를 사용하여 사물의 크기나 길이를 재거나 공간에서의 거리를 측정하거나 사물의 연속적인 수와 양이 얼마나 되는가를 정하는 과정이다. '관찰하기' 활동이 단순히 감각에 의하여 이루어질 때는 부정확한 결과를 가져올 수도 있다면, '측정하기' 활동은 관찰의 연장으로 보다 객관적인 또는 정량적인 관찰의 결과를 얻는 활동이다. 측정을 하고 난 후 측정한 것을 기록하는 방법도 매우 다양하다. '비교'와 같은 포괄적인 과학적 과정을 알 수 있는 스티커 붙이기를 이용한 측정 판, 자료 분석을 목적으로 영유아의 시지각적 사고를 도울 수 있고 관계를 묘사할 수 있는 선 그래프나 막대그래프, 분류의 형태로 정보를 정리해 보는 벤 다이어그램 등 다양한 방법이 사용된다.

측정 활동을 통해서는 비교하기, 순서 정하기, 수 세기, 문제 해결을 위해 수학적 개념 적용하기 등을 학습할 수 있는 기회를 경험하게 된다. 그러므로 유아는 측정 활동의 경험을 통하여 수학적 가치를 알게 될 뿐 아니라 그 과정을 통하여 문제 해결 능력, 의사소통, 추론 능력이 향상되며 나아가 자신의 수학적 능력에 대한 확신을 갖게 됨으로써 자신에 대해 유능감을 느끼게 된다.

(4) 예측

과학적 탐구 방법 중 하나인 '예측'은 유아가 탐색하고 실험하는 과정에서 또는 어떤 자연적 원인으로 작용하는 현상에 대해서 이미 알고 있는 지식을 이용하여 앞으로 일어날 일을 예상하는 사고 과정이다.

'관찰하기'가 시각적 경험을 통해 얻게 되는 지식이라면, '예측하기'는 자신만의 맥락적 경험을 통해 얻게 되는 지식이다. 즉 '예측하기'는 관찰하여 습득한 지식에서 유발되는 사고 활동의 결과로서 이미 알고 있는 지식적 정보를 통해서만이 아니라 유아가 직접 경험한 것이나 관찰을 근거로 하여 증명된다. 또한 '예측하기'는 생활 주변에서 일어난 과거 경험에 의해 결정되는 의견이며 이는 관찰이나 실험을 통하여 그 옳고 그름이 결정되므로 유아들이 자신의 경험을 어떻게 해석하고 알고 있는가에 따라 예측의 정확성이 드러나게 된다.

'예측하기'는 결과나 증명이 가능한 과학적 원리를 근거로 진행되며, 즉각적 반응을 보이는 활동이 효과적이다. '예측하기'에는 '알고 있는 지식에 기초하여 예측하기'와 '새로 얻은 지식에 기초하여 예측하기' 등이 포함된다. '예측하기' 활동을 할 때 특히 주의해야 할 점은 주의 깊은 관찰을 통해 자료를 수집해야 한다는 것, 사건의 패턴을 조사하는 것, 원인과 결과의 관계를 조사하는 것, 예측에 대한 신뢰도를 실험하는 것 등이다(김현자 외, 2008; Kandall & Hunt, 1995).

(5) 추론

'추론'은 주어진 문제를 해결하려고 할 때 자신이 가지고 있는 모든 정보와 지식을 활용하여 두 사물이나 정보 간의 관계성이나 규칙성을 찾아내고 이를 자신의 문제 해결에 응용하고 활용하는 사고 과정이다. 일반적으로 추론 능력에는 귀납, 연역, 유추가 포함되는데, 이 중 유아과학교육에서 가장 많이 활용되고 사용되는 추론 방법은 유추 능력이 요구되는 분류 활동과 패턴 활동이다.

'추론'은 단순히 새로운 것을 구상하는 창안 활동에 그치지 않고 상상력과 창의력을 바탕으로 새로운 물체나 상황을 만들어 과정을 예측해 보는 과학 활동이다. 예를 들면 새로운 생각으로 이후 결과 도출해 내기, 새로운 생각으로 상황 전환 예측하기 등을 들 수 있다. 이처럼 유아는 새로운 것을 창안해 내기 위해 자신이 갖고 있는 모든 지식을 종합하기도 하고 분석하기도 하지만 나아가 창안을 기반으로 이후 과정을 예측해 보는 상위 인지 활동을 통해 새로운 생각을 이끌어 내고 이끌어 가는 참여적 과학 활동을 한다. 이것은 곧 발견과 발명의 시초가 되는 것이다.

과학적 창의성이 있는 유아는 대개 과학 분야에서의 창의적 문제 해결력이 뛰어날 가능성이 큰 사람으로서, 일반적 지식 기반, 과학 영역에서의 지식 기반, 과제 집착력, 확산적 사고, 논리적 사고를 역동적이며 효율적으로 발휘하여 문제 해결 과정 및 산출물에서 창의성을 나타내는 자로 정의된다(한국교육개발원, 1993). 사고의 전환을 바탕으로 하는 '추론'은 개인뿐 아니라 학문과 기술의 급속한 발전을 이루고 있는 현대 사회와 미래 사회에까지 유용하고 필수적인 영역이라는 것을 생각할 때, 호기심과 탐색을 통해 일상생활에서 자연스럽게 지속적으로 진행되어야 하는 과학탐구의 방법이라 할 수 있다.

2) 융합교육을 위한 교수학습

(1) 융합인재교육(STEAM)을 위한 교수 목표

융합인재교육(STEAM)은 Science(과학), Technology(기술), Engineering(공학), Arts(예술), Mathematics(수학)의 첫 글자를 이용하여 만든 용어로, 과학, 기술, 공학, 수학의 교육과 급속히 변해 가는 실생활의 문제 해결을 돕기 위해, 기존의 STEM 교육 과정에 예술(Arts)을 추가하여 새롭게 융합을 시도한 교육 방안이다. 우리나라에서는 창의적인 인재 양성을 위한 '과학(S)', '기술(T)', '공학(E)', '수학(M)', '예술(A)'이 융합된 형태의 교육을 의미하며, 이전의 과학기술 교육의 문제를 해결하기 위해 도입되었다.

야크만(Yakman, 2010)은 STEM이라는 용어를 최초로 제시하여 폭넓은 형태의 융합교육을 주장하였다. 하지만 STEAM은 Art를 더하여 예술 분야를 통해 창의적인 요소에 더 초점을 맞출 수 있으므로, STEM 교육과 예술 교과의 영역을 분리하지 않고 함께 학습해야 한다는 것이다. STEAM의 목표는 기존의 주입식·암기식 교육에서 벗어나 학생들이 즐겁게 배울 수 있도록 체험, 탐구, 실험 중심으로 전환하여 초·중등학교 학생들의 과학기술에 대한 흥미와 이해 잠재력을 높이고, 이를 바탕으로 미래 과학기술 사회의 변화를 선도하여 국가 경쟁력을 강화하는 것이다(조향숙, 2012). STEAM은 다양한 분야의 융합적 지식, 과정, 본성에 대한 흥미와 이해를 높여 창의적이고 종합적으로 문제를 해결할 수 있는 융합적 소양(STEAM Literacy)을 갖춘 인재 양성을 최우선으로 한다. 즉 과학, 기술, 공학, 예술, 수학 등 다양한 분야의 융합적 지식을 기반으로 새로운 가치를 창출하고, 종합적인 문제 해결력을 갖춤과 동시에 타인과 더불어 살아갈 줄 아는 인재를 양성하는 것이다.

교육과학기술부에서 발표한 융합인재교육(STEAM)의 세부적인 목표를 살펴보면 다음과 같다(교육과학기술부, 2012).

첫째, 과학, 기술, 공학, 예술, 수학 분야의 융합적 지식과 개념을 이해하고, 실생활 문제 및 문제 해결에 활용한다.

둘째, 종합적인 문제 해결과 창의적 사고 설계 방법을 학습하고 다양한 가치 창출에 기여한다.

셋째, 과학, 기술, 공학 등에 대한 흥미와 호기심을 기르고 긍정적 태도를 함양한다.

넷째, 배려, 의사소통, 개방성, 다양성, 협동심 등과 같은 사회적 감성 및 인성을 기른다.

(2) 융합인재교육(STEAM)을 기반으로 한 유아 과학 지도

융합인재교육(STEAM)의 목적은 학습자가 학습과 자신을 연결하여 주도적인 학습을 유도하며, 과학 교과와 다른 교과가 연결을 맺는 데 있다(한국과학창의재단, 2012). 즉 STEAM에 기반한 과학교육은 과학기술에 대한 흥미와 이해, 융합적 사고, 문제 해결력 증진을 통해 '실생활에서의 문제 해결력을 배양한다.'는 점에서 기존의 과학교육과 차별성을 가진다(교육과학기술부, 2010). 이때 유아기의 과학교육에 있어 STEAM이 가지는 가치로움은 매우 의미로울 뿐 아니라 필수적이다. 왜냐하면 과학에 대한 동기 유발을 시작으로 미래 사회에 필수적인 기술 소양을 기반으로 하되(Yakman, 2010), '즐겁고 행복한 활동 참여'를 통해 다양한 문제 상황에서 유아 스스로가 효율적인 해결책과 새로운 필요성을 주도적으로 찾아내기 위한 '융합적 소양'을 기르는 것을 핵심 목적으로 하기 때문이며, 이는 어린 연령일수록 교육적 효과가 높음을 시사하기 때문이다(박은성, 2013). 이를 종합해 보면 STEAM 기반의 유아 과학 프로그램 및 활동은 유아의 창의성, 과학에 대한 흥미, 자기효능감, 과학과 관련된 태도의 영역 등에 긍정적인 영향을 증진시킨다는 것을 알 수 있다.

5장

유아과학교육을 위한 환경 구성

과학 영역은 사물을 주의 깊게 관찰하고 실험 또는 탐색의 과정을 통해 과학적인 사고력을 향상시킬 수 있도록 다양한 물건과 자연물을 제공한다. 과학 영역은 계절의 변화 및 동식물의 성장, 기후 변화, 환경 등 폭넓게 자료를 제공할 수 있기 때문에 실내와 실외 공간에서 의미 있는 경험을 할 수 있다.

과학을 교육함에 있어 통합교육 방식을 일찍부터 채택하여 시행해 왔지만 최근 학문 간 융합이 강조되어 유아과학교육에도 통합과 융합이 더욱더 활성화되고 있다. 이는 최근 유아교육 학계에서 과학과 타 교과목의 융합을 통한 유아과학교육에 대한 연구가 활발히 이루어지고 있는 것을 통해 알 수 있다(김남연·조형숙, 2012; 주현정·남기원, 2017). 이러한 측면에서 볼 때 과학교육이 과학 영역에서만 운영되어서는 안 되며 다양한 영역 간에 통합적 접근이 이루어져야 함을 시사한다고 하겠다. 이 장에서는 과학교육에 기초가 되는 과학 영역에 대해 살펴보고자 한다.

1. 과학 영역의 구성 원리

유아의 발달에 적합한 체계적인 과학교육이 이루어지기 위해서는 유아 스스로의 힘으로 무언가를 탐색하고 발견해 낼 수 있는 도전과 기쁨을 느낄 수 있는 기회가 필요하다. 이를 위해서는 물리적·사회적 환경과의 상호 작용을 통해 흥미 있는 교구를 선택할 수 있도록 의미 있는 환경을 제공해 주어야 한다. 또한 영역 구성에 있어서 유아들의 의견을 반영한 흔적이 있는 것이 바람직하다. 자신들의 의견과 노력이 반영된 공간에서는 집중력과 탐구심이 향상될 수 있기 때문이다.

과학 영역은 사물을 주의 집중하여 관찰하고, 관찰을 통해 새로운 것을 발견하며, 과학적인 사고력을 향상시킬 수 있도록 준비된 영역이다. 따라서 과학 영역은 조용한 위치에 배치하여 실험 또는 탐색의 경험을 제공해 주는 것이 필요하다. 즉 관찰할 수 있는 생물이나 계절의 변화를 나타내는 자연물, 사물의 관계를 파악할 수 있는 물건들, 몸의 구조에 관련된 사진 자료 등을 제공할 수 있다. 자료를 제시할 때에는 안전성을 고려하여 종류별로 바구니 또는 쟁반에 정리한 후 제시해 주어야 한다.

무엇보다 유아의 발달 수준에 적합한 다양한 자료를 제공할 때 유아의 흥미와 과학적 기초 능력을 형성하는 데에 도움이 될 수 있다. 영아반의 경우에는 감각·탐색 영역으로 구성하며, 유아반의 경우에는 과학 영역으로 구성한다. 영역 구성에 낮은 책상이나 교구장을 활용하면 안전감이 있으며, 탐색과 관찰, 실험이 가능한 공간으로 식물, 곤충, 자연물 등의 다양한 자료를 제공해 준다. 실외에서는 지속적으로 관찰하고 직접 조작하며 참여할 수 있는 텃밭 가꾸기나 동물 기르기 등도 좋은 물리적 환경이 될 수 있다.

무엇보다 중요한 것은 과학 영역을 구성하는 기본적인 원리는 표준보육과정과 누리과정의 내용 범주 중에 '탐구하는 태도 기르기'와 '과학적 탐구하기'에서 제시하는 내용 및 세부 내용에 근거하여 연령 및 발달에 맞는 물리적 환경을 제공해야 한다는 점이다. 따라서 교사는 유아들이 탐구하는 태도를 기르며 과학적 탐구를 할 수 있는 물리적 환경을 제공해야 하며, 효과적인 상호 작용을 하고 있는지에 대한 반성적 사고가 언제나 수반되어야 할 것이다.

과학 영역의 구성 원리를 정리하면 다음과 같다.

① 교구의 수준이 영유아들에게 적합한 것이어야 한다.
② 물체와 물질의 특성, 생명체와 자연환경의 관계, 자연 현상, 간단한 도구와 기계 등에 관련된 자료가 골고루 제시되어야 한다.
③ 과학 영역에서 놀이하는 유아들에게 적절한 수량의 교구를 제공해야 한다.
④ 교구는 매력적이고 영유아가 사용하기에 편리하며 흥미로워야 한다.
⑤ 교구는 영아들이 탐색하고 조작하기에 충분히 안전해야 한다.
⑥ 동식물을 관찰하고 기를 수 있도록 실내외 환경에 적합한 자료가 제시되어야 한다.

이러한 구성 원리에 근거한 과학 영역에서의 놀이는 다음과 같은 교육적 가치를 포함한다(김현자 외, 2018).

① 인지 발달

유아들의 물활론적 사고는 다양한 생물에 관심을 갖고 관찰을 하게 하며, 서서히 생명이 있는 것과 없는 것을 구별하도록 한다. 생물 외에도 자연 현상과 인체,

지구과학에도 관심을 갖게 되면서 그에 따른 기초 개념과 지식을 습득하며 기존에 알고 있던 개념을 재개념화한다.

② 사회·정서 발달

유아들은 호기심을 갖고 사물과 생물을 탐색하는 과정에서 또래와 함께 도구를 조작하여 실험하면서 성취감과 즐거움을 경험한다. 또래와 함께 놀이 전에 예측해 보고 놀이 후에 그 결과를 확인하는 과정에서 공감대가 형성된다.

③ 언어 발달

자발적인 탐구 활동과 집중력을 필요로 하는 놀이 과정에서 끊임없는 상호 작용을 통해 새로운 어휘와 현상에 대한 표현 어휘가 증가한다. 특히 다양한 탐색 도구와 과학적 개념과 관련된 다양한 어휘에 관심을 갖게 되며, 이해 어휘와 표현 어휘가 증가하게 된다.

2. 과학 영역의 구성

과학 영역은 유아들이 호기심과 궁금증을 갖고 문제를 해결하는 도전적인 장소가 되어야 하며(Koch, 2005), 과학 관련 자료들은 유아들의 흥미와 적극적이고 자발적인 탐구 활동을 끌어낼 수 있어야 한다(Howe & Jones, 1998). 그러나 이러한 환경의 구성은 기관의 재정적 지원, 관련 자료의 보급과 관련되므로 교사가 개인 차원에서 해결하고 개선하기보다는 효과적인 과학교육을 위한 실용성 있는 국가수준의 과학 교재 개발, 유아의 발달 수준과 흥미를 고려한 교수 또는 과학 키트의 보급을 통해 개선할 수 있을 것이다(조형숙·박혜훈·유효인, 2017). 이러한 현실적인 당면 과제에도 불구하고, 이 절에서는 최적은 아니어도 최소한으로 제공해야 하는 과학교육을 위한 과학 영역의 환경 구성에 대해 살펴보고자 한다.

1) 실내 환경 구성

영아와 유아의 연계적인 측면을 고려하여 연령별 자료와 주의점을 살펴보면 다음과 같다(김현자 외, 2008).

〈표 5-1〉 연령별 자료와 주의점

연령	교구 및 자료	주의점
2세	작은 어항, 화분, 자연물(조개껍질, 나뭇잎 등), 돋보기, 색돋보기 등	한 번에 모든 자료를 제시하지 않고 한 가지씩 제시하며, 영유아와 충분한 상호 작용을 한다.
3세	거울, 색안경, 잠망경, 촉감 상자, 소리 상자, 작은 어항, 화분 등	유아에게 친숙하고 단순한 것을 교재·교구로 활용한다. 다양한 감각 경험을 할 수 있는 교재·교구를 제공하며, 안전성을 수시로 점검한다.
4세	자석, 스포이트, 프리즘, 너트와 볼트, 열쇠와 자물쇠, 관찰 가능한 곤충 등	도구를 이용한 다양한 탐색 활동이 이루어지도록 격려한다. 관찰 기록 용지를 준비하며, 과학 활동 시 수시로 평가한다.
5세	여러 모양의 자, 온도계, 백과사전, 양팔 저울, 자석, 관찰 가능한 곤충과 식물 등	다양한 측정 도구를 제공하여 탐색 및 기록 활동이 활발히 이루어지도록 격려한다. 과학 활동에 대한 적절한 개입과 영역 구성 시 유아가 참여할 수 있도록 한다.

(1) 영아반 감각·탐색 영역

영아반은 과학놀이가 감각·탐색 영역에 배치되며, 물체와 물질의 탐색과 자연의 탐색, 생활 도구의 탐색을 고려하여 제공한다. 영아기에는 만지고, 보고, 냄새 맡는 감각적 탐색이 주로 이루어지므로 안전한 교구와 자료를 제공해야 하며, 한꺼번에 너무 많은 교구와 자료를 제시하지 않도록 해야 한다.

영아는 오감을 활용한 탐색을 통해 인지 능력이 발달하므로 풍부하고 다양한 감각·탐색 놀잇감이 준비되어 있어야 하며, 위험한 요소가 없어야 하고 영아의 발달 수준에 부합해야 한다(김혜금·임양미·김혜경, 2016).

영아반 감각·탐색 영역

(2) 유아반 과학 영역

유아반의 과학 영역은 다양한 발견학습에 참여하여 여러 가지 자연 현상을 관찰하고 탐구하면서 과학적 사고와 개념이 형성되도록 과학적 탐구를 도와줄 수 있는 교구 및 자료를 제공한다. 즉 호기심을 유발할 수 있는 교구와 자료를 통해 확장된 사고를 하고, 물체와 물질, 생명체와 자연환경, 자연 현상, 간단한 도구와 기계 등에 관한 과학적인 지식을 점진적으로 학습해 가는 데 도움이 되어야 한다.

한 책상에 너무 많은 자료를 놓기보다는 교구장 및 낮은 책상을 이용하여 종류별로 구분하여 제시하는 것이 좋다. 또한 유아들은 개인이 관찰한 것을 그리기나 쓰기 활동으로 기록할 수 있으므로 활동지를 별도로 준비해 놓는다. 이외에도 과학 활동에 관한 동화책을 제공할 수 있다(예: 『물이야기』(1996), 『아기 물방울의 여행』(2000) 등).

유아반 과학 영역

과학 영역은 여러 가지 다양한 자료, 탐색 활동 자료, 교구 등을 골고루 갖춘 환경을 제공해 유아들이 과학적 흥미를 갖도록 하여야 한다. 과학적 탐구 활동을 위해 구비할 수 있는 자료와 도구는 다양할 수 있으나 교실 상황과 교육 주제 및 활동 내용에 따라 선택해서 제공하기도 하고 유아들의 요구에 따라 제공할 수도 있다.

이외에도 과학 영역에는 지구본이나 백과사전, 동식물 표본, 과학 도서 등을 배치한다. 과학 활동은 실내나 실외에서 과학 영역 외의 다른 공간에서도 얼마든지 진행될 수 있다. 예를 들어 미술 영역에서는 자연물을 이용하여 구성해 보기를 하고, 언어 영역에서는 자연물의 이름을 알 수 있도록 관련 사진 및 이름 카드를 붙여 놓을 수 있다.

언어 영역의 자연물 사진과 이름 카드

〈표 5-2〉 과학탐구 활동을 위한 자료와 도구

구분	자료와 도구
일반적인 자료	• 돋보기, 졸보기, 컴퍼스, 프리즘, 집게, 블록 • 장도리, 에어 펌프, 주방 기구, 컵, 가위, 건전지 • 거울(소, 대), 자석(말굽, 막대, 원), 나사, 여러 종류의 플라스틱 용기, 꼬마전구, 전선, 스위치, 플라스틱 비커 • 종이, 연필, 색연필, 견출지, 신문, 옷핀, 클립, 스프링, 노란색 고무줄, 면봉, 스펀지 • 가방(플라스틱, 종이), 물병 닦는 솔, 비닐 앞치마, 기름걸레, 솜, 모래, 물, 양동이, 드라이버, 모래종이, 거름종이, 왁스, 왁스종이, 하드보드지, 박스, 분무기, 깔때기, 호스 등
측정 도구	• 온도계, 막대자, 저울, 줄자, 타이머, 요리용 시계 등
특수 도구	• 현미경, 망원경, 카메라, 녹음기, 라디오, 필름, 팝콘 기계, 폴라로이드 카메라, 컴퓨터, 프로젝터, 색안경 등
소모품	• 나무 – 팩 보드, 압축한 목재, 표면이 플라스틱처럼 처리된 것, 톱밥 등 • 주방 용품 – 설탕, 식용유, 소금, 젤라틴, 소다, 식초 등 • 세제류 – 암모니아, 표백제 등

2) 실외 환경 구성

실외 환경은 유아가 다양한 색, 냄새, 소리, 모양, 크기, 재질, 날씨, 시간, 공간 등을 경험할 수 있도록 구성되어야 하며, 놀이 기구, 화단, 텃밭, 물, 모래, 그늘, 벤치 등을 마련하여 유아가 과학 활동을 자연스럽게 경험하고 과학적 개념을 발달시키는 데 도움이 되도록 해야 한다(김혜금 외, 2016).

실외 환경의 경우에는 다양한 게임을 하거나 놀이 기구를 통해 과학교육이 이루어지기도 하며, 물·모래놀이, 목공놀이, 동식물 기르기 등을 통해 수학적·과학적 탐구 능력이 길러진다. 따라서 이를 위한 다양한 자료가 제공되고 있다. 특히 자연 친화적인 실외 환경은 유아들의 과학적 사고 및 탐구 능력뿐 아니라 인성을 기르는 데 매우 긍정적인 영향을 미친다.

자연 친화적 환경은 식물과 동물을 포함하는 생명과학과 운동, 무게, 균형, 중력, 부력, 온도 등과 관계가 깊은 물리과학, 그리고 날씨, 지질, 부식, 오염 등과 연계된 지구과학을 포함하여 자연과학에 관한 풍부한 활동 자료를 제공하기 때문에 유아들에게 대단히 중요한 학습 지원이 된다(Robinson & Schwartz, 1982). 물론 이러한 환경적 경험이 유아교육 기관에서 충족될 수는 없지만 가정과의 연계나 자연 학습장을 견학하는 과정을 통해 경험할 수 있다. 실외에서의 경험은 실내에서 놓칠 수 있는 유아들의 무한한 가능성과 창의성을 재발견하게 될 것이기에 뛰어노는 곳으로만 생각하기보다는 미래 사회가 요구하는 창의적인 인재를 양성하는 교육의 장, 안심하고 머물 수 있는 그런 공간이 되도록 해야 할 것이다.

(1) 물·모래놀이 영역

물·모래놀이 영역은 그늘이 생기는 공간으로 채광과 통풍이 잘되며 하수 처리가 용이한 곳에 설치하게 된다. 영유아가 맨발로도 놀이가 가능한 곳이므로 안전을 위해 유리 조각이나 뾰족한 돌멩이 등이 있는지를 잘 살펴서 제거해 준다.

영아들을 위해서는 다양한 감각 운동적 놀이가 이루어지도록 인형, 수건, 플라스틱 통과 같은 간단한 물놀이와 모래놀이 용품을 제공해 준다.

유아들을 위해서는 깔때기, 분무기, 스펀지 등과 가정에서 사용하지 않는 다양한 형태의 모양 틀, 계량컵 등을 제공할 수 있으며, 점차 측정과 탐색이 가능한 도구를 제공해 준다.

모래놀이 영역

물놀이 영역

(2) 목공놀이 영역

목공놀이 영역은 실내외에서 모두 가능하지만 소음이 나고 주변이 더러워지기 때문에 주로 실외에 배치하며, 영아들보다는 유아들이 사용할 수 있도록 제공한다. 여기에는 플라스틱이나 나무로 만들어진 목공놀이 세트, 나뭇결 다듬는 모래종이, 다양한 크기와 재질의 나무토막 등을 상자나 바구니에 분류하여 제시한다.

목공놀이 영역

출처: 경기도유아체험교육원.

(3) 동식물 기르기 영역

영유아에게 친숙하고 무해한 동식물을 제공하여 영유아가 관심을 갖고 관찰하며 잘 기르도록 한다. 동물의 경우는 사육장을 만들어서 유아들이 성장 과정을 관찰하고 먹이를 줄 수 있도록 하며, 식물의 경우 계절별로 피는 꽃과 과일 열매를 관찰할 수 있도록 하는 것이 좋다. 이를 위해서는 먹이 주는 날 체크 판, 확대경, 온도계, 모종삽, 팻말 등을 준비해 놓고 스스로 관리하도록 할 수 있다.

메추리알 탐색

(4) 텃밭 가꾸기 영역

텃밭이나 정원 가꾸기 영역은 식물에 대해 관심을 갖고 관찰할 수 있는 곳으로, 생명체를 소중히 다루고 존중하는 마음을 기를 수 있는 인성교육의 공간이자 과학적 탐구의 공간이 된다. 유아들은 이러한 공간에서 씨를 뿌리고 채소를 재배하기도 하고, 여러 종류의 나무와 꽃, 곤충 등을 발견하기도 하며, 흙과 잔디를 직접 만져 보고 밟아 보기도 한다.

잔디밭은 영유아에게 땅 표면의 다양성을 경험하게 하고 푹신한 촉감과 초록색의 심미감을 증진시킬 뿐 아니라 과학적 경험도 가능하게 해 준다(교육부, 2002). 또한 꽃과 채소의 변화를 관찰하면서 성취감과 기대감을 갖게 되며 가정에서도 식물에 관심을 가지고 식사 시간에 먹는 많은 채소에 관해 가족과 이야기를 나누며 재배에 대한 관심과 경험을 지속시킬 수 있다. 이러한 과정을 통해 단순히 식물의 특성과 성장 과정을 아는 것뿐 아니라 자연을 소중히 여기는 마음을 갖고 아름다움을 감상하고 감사할 줄 아는 성품을 갖게 된다.

정원 가꾸기

6장

유아과학교육을 위한 교사의 역할

유아과학교육의 효과를 얻기 위해서는 교사부터 자신감과 열정을 갖도록 노력해야 하며, 과학교육에 필요한 지식과 반성적 사고, 교수 방법의 순환적 노력이 요구된다. 또한 교사는 관찰자, 동기 부여자, 환경 제공자, 상호 작용자, 연구자로서의 역할을 충분히 감당할 수 있는 의지가 필요하다. 따라서 이 장에서는 유아과학교육을 위해 필요한 교사의 자질 및 역할에 대해 살펴보고자 한다.

1. 과학교육을 위한 교사의 자질

1) 열정과 자신감

교사가 교육을 하기 위해서는 인성과 지도할 수 있는 능력을 갖추어야 한다. 특히 과학교육을 위해서는 인성은 물론이고 정보력과 논리적 사고력, 호기심과 경험적 도전 정신을 갖춘 적극적인 태도를 갖추어야 한다. 왜냐하면, 현대의 과학은 교실이나 연구실에서만 이루어지지 않으며, 일상생활과 자연환경에서의 경험을 통해 많은 의구심과 실천적 노력에 의해 세계적이고 우주적인 차원에서 발달하고 있기 때문이다.

① 교사의 열정

교사의 열정은 유아에게 이어지므로 교사는 과학을 가르칠 때 열정을 나타내는 것이 좋다(한유미, 2013; Gallenstein, 2003). 이제는 과학이 더 이상 학문의 영역으로만 존재하지 않는다. 따라서 과학은 발견과 발전을 통해 삶의 질을 향상시킬 수 있는 학문으로서 반드시 인문학과 사회과학과도 연결되어야 하는 그런 영역이 되었다. 따라서 과학교육을 위해서는 교사에게 열정이 있어야 한다.

열정적으로 가르친다는 것은 열정을 표현할 뿐만 아니라 가르침에 있어 태도가 명확하고, 가치 지향적이고, 적절한 교수-학습 방법을 활용한다는 것이다. 열정은 열중, 배려, 헌신, 희망과 밀접한 관련이 있으며, 이것들이 바로 유능한 가르침의 중요한 특성이다. 배려를 하는 교사에게 있어 학생들을 한 인간으로 인식하는 것은 그들을 단지 학습자로 인식하는 것만큼 중요하다. 바로 이러한 '인간됨'에 대한 존중이 학생들에게 높은 학습 동기를 가지도록 한다. 따라서 배려 지향적인 교사는 자신이 가르치는 학생들에게 관심을 가지며, 이를 통해 학생들의 학습 과정을 강화시켜 나간다(Christopher Day, 2004; Stronge, 2002).

② 교사의 자신감

크리스토퍼 데이(Christopher Day, 2004)가 인용한 글에서도 알 수 있듯이 열정은 인성과 무관한 것이 아니며, 또한 학습의 성취와도 관련성을 갖고 있음을 알 수 있다. 특히 학생에 대한 배려가 학습 동기를 높일 수 있다는 측면에서 보자면 결국 교사의 열정이 학생을 변화시킬 수 있으며, 그러한 교사 자신의 열정을 통한 노력은 자신감을 향상시키며 결국 교육의 효과를 가져온다는 것이다. 하지만 유아 교사들은 이와 같은 유아과학교육의 중요성과 가치를 인식하면서도 다른 영역에 비해 과학 영역의 활동에 부담을 느끼고 있으며(강경희, 2016), 다른 영역보다 과학 영역을 어렵게 생각하여 교수 실행에 소극적이고 적절한 유아과학교육 과정의 계획과 구성에 어려움을 느끼고 있다(전명남·정정희, 2002). 이러한 문제가 아직까지도 계속되는 교육 현장의 어려움이라 할 수 있다.

유아 교사는 과학을 가르치는 자신의 능력에 대하여 자신감을 가질 필요가 있다. 교사가 과학을 가르치는 것을 기피하거나 자신 없어 한다는 것을 유아가 알아차린다면, 과학 학습이 성공적으로 이루어지기 어렵기 때문이다. 교사가 과학을 가르치는 데에 자신감을 갖고 있어야 유아도 과학에 대해 긍정적인 태도를 갖고 적극적으로 학습에 임할 수 있다(한유미, 2013).

교육이 일상생활에서 본 대로 들은 대로 자연스럽게 영향을 받아서 이루어지듯이 평상시에 과학에 대한 교사의 노력은 유아들에게 학습 성과로 나타날 수 있기 때문에 교사는 열정을 통한 과정에서 자신감을 얻으며 자신감을 통해 더 열정적인 학습의 모델이 될 수 있다. 이러한 측면에서 과학교육에서 교사의 자질로서 열정과 자신감은 매우 중요하다고 하겠다.

교사는 일상생활 속에서 호기심을 갖고 소소한 문제들을 해결해 나가는 과정에서 즐거움을 느끼며, 유아들과 생활하는 가운데 발생되는 크고 작은 문제들을 대담하게 해결해 나가는 경험은 전문가로의 열정과 자신감을 갖도록 하는 데 크게 기여할 것이다.

Activity

– 아래의 두 그림과 같은 상황에서 교사의 적절한 행동 대처가 영유아의 논리적 사고 발달과 과학적 탐구심을 기르는 데 어떠한 도움이 되는지 이야기를 나누어 보자.

유아의 옷에 껌이 붙은 것을 발견한 모습

영아가 대변 실수한 카펫을 발견한 모습

2) 과학적 지식의 구성 능력

과학교육이 효과를 얻기 위해서는 교사가 자신감과 열정을 가지고 노력하는 것은 물론 과학적 지식을 얻기 위한 노력이 필요하다. 즉 과학에 대한 개념과 내용 범주 등에 대한 기초 지식이 있을 때 이를 구성할 수 있는 능력이 생성될 수 있기 때문이다. 과학적 지식의 구성 능력은 과학적 지식을 단편적으로 아는 것에 그치지 않고, 알게 된 지식과 일상생활과의 관련 요소를 찾고 다양한 생활 주제와 연결 지어 응용할 수 있는 창의적 사고를 끌어낼 수 있는 교수법까지 가능한 정도를 말한다.

효과적인 과학교육의 학습이 이루어지기 위해서는 교사가 유아들에게 필요한 지식과 그에 따른 발달 단계를 기본적으로 알고 있어야 하며, 이를 얼마나 통합적으로 접근시킬 수 있는가 하는 것이 중요하다. 또한 상황에 따라 유아 주도적인 경험에 초점을 두거나 교사 주도적인 경험에 초점을 두어 접근할 수 있는지 등은 과학적 지식을 토대로 한 구성 능력에서 시작된다.

과학적 지식의 구성 능력은 지식에 국한하지 않고 지식과 사고 그리고 교수법이라는 측면에서도 생각해 볼 수 있다. 즉 교사가 터득한 지식은 끊임없는 사고의 과정을 통해 교수법으로 발현되며, 교수법의 적용을 통해 더 많은 지식에 대한 욕구가 생겨나고 이는 사고의 과정을 통해 교수법으로 순환된다. 이러한 과정은 교사에게 자신감과 열정을 발견할 수 있는 기회가 될 수 있다.

구성주의 이론에 기초한 유아과학 교사가 갖추어야 할 자질에 관해서 이기현(2013)은 교사의 과학적 지식, 과학 활동에 대한 반성적 사고, 과학 교수 방법의 세 가지 측면에 대해 설명하였다. 이를 간략히 정리하면 다음과 같다.

(1) 과학적 지식

레이놀드(Reynold, 1992)의 사례 연구에서는 교과에 대해 지식이 빈약한 교사들은 교과서에만 의존하고 그대로 따르는 데 비해, 풍부한 지식을 가지고 있는 교사들은 교과서뿐만 아니라 자신들의 지식과 신념에 기초하여 내용을 결정한다는 사실을 밝히고 있다. 이것은 과학교육의 내용에 관해 결정을 할 때 교사의 과학적 지식이 중요한 변수라는 것을 말해 주고 있다.

(2) 반성적 사고

유아 교사들에게 반성적 사고가 강조되는 이유는 교사의 사고 과정과 신념 체계가 교수 활동에 큰 영향을 미치면서도 교수 행위는 매우 불확실한 실천 행위이기 때문이다. 따라서 유아 교사가 지녀야 하는 지식은 이론을 현장에 적용하는 실천적 지식이라는 특수성을 가지고 있다(박은혜, 1996). 즉 반성적 사고는 학습자가 지식을 능동적으로 통합하고 그들의 경험과 환경의 탐색으로부터 필요한 정보를 선택적으로 획득한다는 것에 대한 믿음이다.

(3) 과학 교수 방법

유아 중심의 학습이 될 수 있도록 유아 스스로 의미 있는 지식 형성을 위한 기회를 제공해야 하며, 유아의 현재 인지 수준에서 도전할 수 있는 경험 및 활동을 제공해 주는 등의 교수 방법이 효과적이다. 뿐만 아니라 결과 위주의 접근보다 과정적 접근이 효과적인데, 이는 교사에게나 유아에게 흥미를 유발하며, 학습의 방향이 교사에 의해 결정되기보다는 유아에 의해 결정되도록 해 주기 때문이다.

이기현(2013)은 유아과학 교사의 자질에 대해 세 가지 측면에서 설명을 하였지만, 그 세 가지의 자질을 어떻게 갖추어 가느냐 하는 것은 반성적 사고에 의해 좌우될 수 있다고 할 수 있다. 교사가 과학적 지식을 구성할 수 있는 능력을 위한 기초는 반성적 사고의 훈련이라고 해도 과언이 아닐 것이다. 과학적 지식의 구성 능력 계발을 위한 순환 과정을 그림으로 나타내면 다음과 같다.

[그림 6-1] 과학적 지식 구성의 순환 과정

교사의 반성적 사고는 유아의 학습과 자신의 교수 행위에 대해 주의 깊게 고찰하고 의사 결정의 과정을 통해 유아의 능동적 학습이 이루어지도록 하는 구성주의 교수의 실천으로, 의도적이고 사려 깊은 교육을 가능하게 한다(Henderson & Hawthrone, 2000). 따라서 반성적 사고의 훈련이 지속적으로 이루어질 때 교사는 전문가로서 자신감을 갖게 되고 과학과 타 영역과의 통합이 가능하게 되며, 유아에게 과학적 사고를 촉진시킬 수 있는 동기 부여자가 될 수 있다.

Activity

- 자석을 활용한 교통기관놀이를 통해 과학적 지식 구성의 순환 과정이 어떻게 적용될 수 있는지 이야기를 나누어 보자.

자석 교통기관놀이

- 어디로 가야 할까요?

2. 과학교육을 위한 교사의 역할

모든 영역에서와 마찬가지로 과학교육을 위한 계획과 진행 그리고 평가 등은 교사가 기본적으로 수행해야 하는 역할이다. 이러한 구체적인 교사의 역할에 대해 프라이버그와 오스본(Freyberg & Osborn, 1985)은 동기 부여자, 진단자, 안내자, 개혁자, 실험자, 연구자로 구분하였으며(권영례, 2011), 한유미(2013)는 제시자, 관찰자, 질문자, 촉진자, 환경 구성자, 참여자, 이론 정립가로 구분하였다. 또한 신은수 등(2008)은 환경 제공자, 안내자 및 평가자, 상호 작용자, 전문가로서의 교사로 구분하였다.

이 절에서는 일반적인 교사의 역할과 과학교육의 교사의 역할로 구분하여 살펴보고자 한다.

1) 일반적인 교사의 역할

교사는 유아의 발달 수준과 흥미, 주제에 따른 계획을 한다. 이를 위해 교육목표를 설정하고 표준보육과정 또는 누리과정의 관련 요소를 제시하고 사전 경험을 고려하여 도입과 전개와 마무리 그리고 평가의 절차를 계획한다. 그리고 평가 후에는 결과를 계획에 반영한다. 물론 이러한 절차를 통해 교육을 하기 위해서는 주제와 관련되어 충분히 경험할 수 있는 흥미 영역을 구성하고, 시청각적 매체를 준비하여 제공해야 한다.

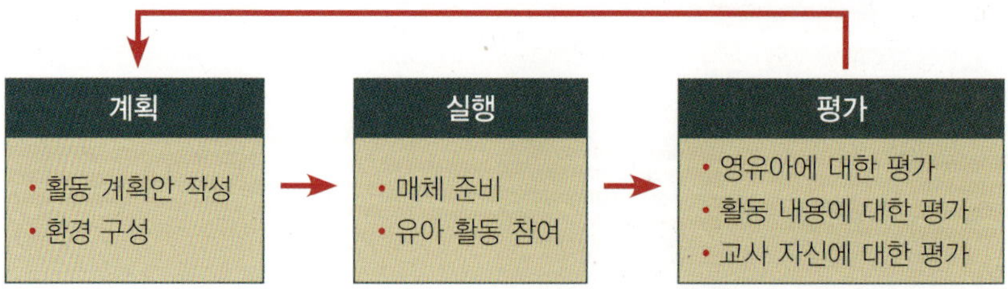

[그림 6-2] 일반적인 교사의 역할

2) 과학교육 교사의 역할

교사가 일련의 교육 과정을 순조롭게 진행한다고 하여도 과학에 대한 부정적인 태도를 지니고 있다면 과학 활동보다 다른 영역의 활동을 더 많이 진행할 수 있다. 따라서 의도적으로 과학에 더 많은 관심을 갖고 긍정적인 태도를 지닐 수 있도록 노력해야 한다. 일상생활 속에서 과학은 어떻게 활용해야 되는 것이며, 그것이 삶의 질을 어떻게 변화시키는지에 대해서 교사는 행동과 말을 통해 영유아들이 느낄 수 있도록 해야 한다(김현자 외, 2009). 전문가로서 깊이 있는 성찰과 노력의 과정이 없다면, 전공자로서의 자부심을 갖기 어렵기 때문이다.

유아를 교육하는 교사로서 관찰자, 동기 부여자, 환경 제공자, 상호 작용자로서의 역할은 당연한 것이며, 여기에 연구자로서의 역할을 포함하여 과학교육을 위한 교사의 역할을 정리해 보면 다음과 같다.

(1) 관찰자로서의 교사

유아의 발달과 흥미를 알기 위한 과정이 관찰이며, 관찰을 통해 다양한 상황과 문제 해결의 방법을 발견하기도 한다. 관찰은 자유선택 활동 시간이나 실내 대소집단 활동을 통해서만 이루어지는 것이 아니다. 실외 활동과 유치원 외의 자연 학습 활동을 통해서도 이루어진다.

교사는 유아를 관찰함으로써 교사 자신이 개입할 필요가 있는지 그리고 필요하다면 어떻게 개입해야 하는지 등을 결정할 수 있으며(Chaille & Britain, 1997), 구조화된 상황과 비구조화된 상황에서 유아들이 흥미롭게 반응하고 참여하는 모습과 새로운 것을 발견해 내는 과정을 관찰할 수 있다. 이러한 과정을 통해 교사는 유아들의 과학적 지식의 구성 능력을 발견하게 되며, 교사 자신의 과학적 지식의 구성 능력을 계속해서 발전시키게 된다.

(2) 동기 부여자로서의 교사

프라이버그와 오스본(Freyberg & Osborn, 1985)은 아동의 지식 구성을 강조하였으며, 이를 위한 교사의 역할에 동기 부여자로서의 교사를 포함시켰다. 그들은 유아가 흥미가 있는 것일수록 더 잘 집중한다는 관점에서 다음의 다섯 가지를 제안하였다.

- 주제나 활동의 의도를 명백하게 설명해 주어야 한다.
- 유아들이 서로 질문하도록 격려하고 주의를 기울이며, 구성 학습으로 이끌어 갈 수 있게 격려한다.
- 유아 스스로 학습에 책임을 갖고 방향을 잡아 나가도록 격려한다.
- 가능한 한 유아들에게 보여 줄 수 있는 흥미로운 상황을 만들어 준다.
- 유아 자신의 생각이나 다른 사람의 생각을 성찰해 보도록 격려한다.

(3) 환경 제공자로서의 교사

유아교육 기관에서 유아에게 환경이라 함은 물리적 환경과 인적 환경을 포함한다. 인적 환경은 유아가 편안하게 질문하고 안정된 상태에서 탐색하며 실험할 수 있는 수용적인 분위기를 제공해 주는 교사를 말한다. 과학적 탐색 및 실험을 위한 환경은 교사 주도적으로 구성하기도 하지만 유아가 주도적으로 참여할 수 있도록 할 수도 있다.

물리적 환경 제공자로서의 교사의 역할은 다음과 같다(신은수 외, 2008).

- 영유아의 활동을 촉진시킬 수 있는 과학 영역을 구성한다.
  - 과학 영역은 영유아의 과학적인 흥미를 증진시킬 수 있도록 구성하고 물 영역, 실외놀이 영역 등으로 구분하여 과학 활동을 준비한다.

- 과학 활동에 필요한 자료들은 활동 주제별로 선별, 수집하여 교실 내외에 배치한다.
- 과학 영역에 영유아의 흥미와 발달 단계에 맞는 도구와 자료들을 제공하여 교실 내외에서 자유롭게 사용할 수 있도록 한다.

(4) 상호 작용자로서의 교사

유아의 과학적 경험을 촉진시키고 유아의 과학 활동을 도울 수 있는 상호 작용자로서 교사 역할을 정리해 보면 다음과 같다.

① 질문을 통한 상호 작용

질문자(question asker)로서 적절한 시기에 적절한 질문은 유아로 하여금 현재 다루고 있는 과학 개념을 인식하게 하며, 과학 용어를 익숙하게 사용할 수 있도록 해 준다(한유미, 2013; Forston & Reiff, 1995). 질문은 잘 알고 있는지를 파악하고자 하는 의도도 있지만 문제점을 찾도록 하며 주의 집중하여 더욱 자세히 탐색하고 깊이 생각해 볼 수 있는 기회를 제공하기도 한다.

② 토의를 통한 상호 작용

유아들이 직접 경험해 보았거나 공통적으로 관심이 있는 주제를 진행할 때에는 흥미를 갖고 지속적으로 확장시켜 가며 진행할 수 있다. 이러한 과정에서 교사는 유아들이 자신의 생각과 느낌을 이야기해 보고, 타인의 이야기를 귀 기울여 들여주는 경청의 모습을 보여 주면서 촉진자와 중재자, 상호 작용자로서의 역할을 해 준다.

(5) 연구자로서의 교사

교육은 교사의 수준을 넘을 수 없다는 말이 진리처럼 전해지고 있다. 그렇기 때문에 열정을 가지고 노력하고 연구하는 교사를 뛰어넘을 실력 있는 교사는 없다. 이와 같이 연구자로서의 교사는 다음의 두 가지 측면으로 역할의 의미를 정리할 수 있다.

① 역량 강화와 열정·자신감 고양

유아교육 기관에서는 동료 장학이나 외부 장학을 통해 교사로서의 역량을 강화시키고 있다. 심지어는 자기 장학을 위해 셀프 카메라로 촬영을 하고 자기 분석을 하는 경우도 늘어 가고 있다. 그 외에 관심 있는 분야에 참여하는 연수는 교사들의 열정과 자신감을 더욱 고양시킨다.

② 연수를 통한 교수법의 변화

안부금(2002)의 연구에서는 구성주의 이론에 기초한 유아과학교육 교사 연수에 참여한 교사들의 과학적 지식은 질적, 양적으로 증가되었으며, 특히 지식의 구체성, 복잡성, 분화성에서 뚜렷한 변화를 나타냈다. 이러한 과학적 지식의 변화는 과학 교수의 실제에도 영향을 미치는 것으로 나타났다. 즉 막연히 지식을 전달하는 차원이 아니라 유아들에게 개방적인 질문을 하며, 유아 주도의 적극적인 과학 활동이 될 수 있도록 상호 작용을 하여 유아들이 스스로 문제를 해결하려는 시도를 보여 주는 등 과학 활동이 자신에게 의미 있는 시간임을 느낄 수 있도록 했다는 것이다.

▶ 추천 도서 : 『꼴찌 박사』 (조명환 지음, 두란노 서원, 2017)

에이즈(AIDS) 분야에서 아시아 최고 전문가인 조명환 교수는 미생물·면역학 전공자로서 생물학 교수이지만 정치학을 공부하였다. 그는 에이즈와의 전쟁은 과학과 의학만으론 한계가 있다는 것을 밝히면서 사회과학과 인문학의 통섭적인 전략으로 진행되어야 함을 주장하고 있다.

3) 과학교육의 내용 범주별 교사의 역할

1) 탐구적 태도를 위한 교사의 역할

① 0~1세

- 표정, 몸짓, 의성어와 의태어가 섞인 언어 표현을 써서 영아와 감각적, 조작적 경험을 공유한다.
- 영아의 기질과 성향에 따라 조용하고 미세한 탐색을 주로 하는 영아도 있고, 반경이 크고 행동 강도가 높은 탐색을 즐기는 영아도 있다는 점을 고려한다.
- 반복적으로 탐색하는 것은 지속적으로 탐구하는 태도를 갖게 하기 위한 기초 요소로서 매우 중요하다는 것을 염두에 둔다.
- 빨기를 이용한 탐색 욕구가 강한 시기이므로 영아가 작은 물건을 삼키거나 비위생적인 물건을 빨지 않도록 주변을 세심하게 정리한다.
- "이게 뭐야?"라는 질문에 성실하게 대답하여 영아들의 탐구심을 격려한다.

② 2세

- 일상생활의 여러 가지 경험을 통하여 탐구심을 가질 수 있도록 다양한 사물과 현상을 탐색할 기회를 충분히 제공한다.
- "이게 뭐야?"라는 질문에 성실하게 대답하여 영아들의 호기심을 자극한다.
- 관심을 다른 곳으로 돌리기보다는 한 가지에 지속적으로 관심을 가질 수 있도록 한다.
- 영아가 관심을 가지는 문제에 대해 적극적으로 반응함으로써 호기심과 문제해결 의지를 북돋운다.
- 영아에게 직접적으로 지식을 전달하려고 하기보다는 사고 발달과 문제 해결력 발달에 중점을 두고 지도한다.
- 반복적인 탐색은 지속적으로 탐구하는 태도를 기를 수 있는 기초 요소로서 매우 중요함을 이해한다.

③ 3~5세

- 유아기에는 탐구적 태도가 과학적 지식보다 중요시되어야 함을 이해한다.
- 유아들이 활동을 하는 과정에서 능동적이고 적극적인 태도를 가지고 참여할 수 있도록 지원한다.
- 주제를 여러 가지로 바꾸기보다는 관심 있는 한 가지 주제를 지속적으로 탐구하도록 한다.
- 과학 활동을 하는 과정에서 탐구심을 갖고 궁금한 점을 해결할 수 있도록 교육적으로 풍부한 자료와 충분한 시간을 제공한다.
- 혼자서 뿐만 아니라 친구들과 함께 탐구하는 기회를 갖도록 한다.
- 자신의 생각을 주장함과 동시에 다른 사람의 생각을 받아들이는 태도를 격려한다.

2) 과학적 탐구를 위한 교사의 역할

① 0~1세

- 영아들도 움직이는 곤충이나 떨어지는 나뭇잎, 열매 등에 관심을 보이는 경우가 많은데, 이때 세밀히 관찰할 수 있는 기회를 제공하여 생명체에 대한 관심을 격려한다.
- 산책할 수 있는 기회를 충분히 줌으로써 자연의 변화를 느끼고 즐길 수 있게 한다.
- 빗소리나 바람 소리 등 자연의 소리를 직접 경험하게 하거나 녹음테이프를 들려주는 것도 적절하다.
- 일상생활 속에서 영아들이 다양한 감각적 경험을 할 수 있도록 시각, 청각, 촉각, 후각, 미각 등의 감각적 자극을 제공한다.

② 2세

- 자기 의지가 형성되는 시기로서 사물과 자연에 관한 특별한 흥미와 집중력이 발달하는 적기임을 고려한다.
- 욕구가 다양해지고 대소 근육의 움직임이 더욱 용이해짐에 따라 호기심을 가지고 의도적인 탐구를 시작하는 시기임을 인식한다.
- 탐색의 반경이 커지고 때때로 위험한 탐구를 시도할 수 있으므로 안전에 유의한다.
- 다양한 사회적 상호 작용을 시도하고 즐기기 시작하는 시기이므로 친구나 형들과 함께 탐구에 참여하도록 격려한다.
- 주변에서 동식물을 접할 수 있는 기회를 충분히 줌으로써 다양한 생명체가 있음을 인식하게 한다.
- 생활 기기, 가구, 놀잇감 등 일상생활 속의 도구 탐색에 관심이 많아지므로 이를 적극 격려하고 여러 가지 기구를 활용해 볼 수 있도록 한다.

③ 3~5세

가. 물체와 물질 알아보기

- 물체와 물질을 탐색하기 위해서는 충분한 시간이 필요하므로 교사의 섣부른 언어적 개입은 탐구를 제한할 수 있음에 유의한다.
- 유아들은 동시에 여러 가지 속성을 고려할 수 없으므로 탐구하고자 하는 하나의 속성으로 변인이 통제된 자료를 제시하여야 한다.

나. 생명체와 자연환경 알아보기

- 유아들의 "왜 그래요?"라는 질문은 인과적인 답보다는 어떻게 그러한 결과가 나타났는지에 대한 현상적, 지각적 수준의 답을 요구하는 경우가 대부분임을 염두에 두고 답변한다.

- 유아들은 직접적인 행동을 통해 일어나는 변화에 많은 관심을 보이므로 다양한 움직임을 만들어 볼 수 있는 기회를 준다.
- 단순히 동식물을 길러 보는 것에 머무르지 말고 생명체의 소중함을 인식하도록 이끌어 준다.

다. 자연 현상 알아보기

- 동식물을 기르는 경우 교사가 잘 보살펴 주는 모델을 보이고 유아들도 이를 따르도록 지도한다.
- 낮과 밤이 있고, 날씨도 계절의 변화에 따라 다를 수 있음을 알도록 한다.
- 자연 현상에는 변화와 함께 규칙성이 있음을 이해하도록 한다.

라. 간단한 도구와 기계 활용하기

- 유아들이 일상생활 속에서 도구와 기계의 편리함에 관심을 갖도록 한다.
- 간단한 도구와 기계를 활용해 보고 장단점을 알도록 지도한다.

3. 과학교육의 통합적 접근을 위한 교사의 역할

과학교육이 유아교육 기관뿐 아니라 가정과의 연계를 통해 효과적으로 이루어지기 위해서는 생활 속에서 과학적 지식과 사고를 위한 자연스러운 과정이 요구된다. 다양한 활동 영역과 과학교육의 통합적 접근을 위한 교사의 역할을 정리하면 다음과 같다(김현자·서명원·박경난·박근주, 2009).

1) 일상생활을 통한 접근에서의 교사 역할

(1) 주변 세계에 관심을 갖는다.

작은 생물체에
관심을 보이는 영아

일상생활 속에서 수학적·과학적 요소를 발견하는 눈이 필요하다. 교사는 주변 세계에 관심을 가지고 어떤 상황이 벌어지고 있는지, 그것은 무엇을 의미하는지 항상 검토해 보아야 한다. 항상 하고 있는 일들, 친숙한 사물에 새로운 의미를 부여하는 것은 그리 쉬운 일이 아니다. 당연한 것이기 때문에 그냥 지나쳐 버릴 수 있기 때문이다.

따라서 교사는 친숙한 것을 새롭게 볼 수 있도록 끊임없이 영유아들을 관찰하고 기록하며 분석할 필요가 있다. 기록하는 것은 스마트폰이나 캠코더를 활용하는 것이 가능하다. 일상생활을 기록하여 분석하면 행하는 그 순간 놓쳤던 의미들을 재발견할 수 있다는 장점이 있다. 이러한 기록을 반복할 경우 교사에게는 의미 있는 것을 발견해 내는 민감한 눈이 생기게 되며, 교사로서의 전문적 성장에도 도움이 된다.

(2) 다양하고 융통성 있는 사고를 하도록 노력한다.

일상생활을 통한 접근은 영유아에게 자연스러운 교수 방법이기 때문에 다양한 상황 속에서 과학 활동이 이루어지도록 하고, 일상적 활동에 다양한 방법을 접목시킴으로써 영유아의 과학적 힘을 증진시킬 수 있다.

예를 들어 교사가 의도적으로 일상생활 속에서 과학적 어휘를 자주 사용하면 영유아들뿐만 아니라 교사 자신도 과학에 대한 흥미와 관심이 커지게 된다. 과학적 어휘를 사용하기 위해서는 과학적 상황을 인식할 수 있어야 한다. 그러기 위해 교사는 지속적으로 과학에 관심을 가질 수밖에 없다.

(3) 영유아의 의사소통을 촉진한다.

영유아에게 친숙한 상황이나 사물을 활용하여 과학 활동을 하게 되므로 영유아들은 적극적으로 의사소통하며 활동에 참여하는 것이 가능하다. 영유아들은 그와 관련된 경험과 지식을 지니고 있기 때문에 교사가 일방적으로 과학적 지식을 전달하는 것이 아니라 영유아의 이러한 경험을 활용하여 의사소통을 촉진하고 스스로 탐색하며 이해할 수 있도록 배려해야 한다.

예를 들어 교실에서 곤충을 기를 경우 어떻게 해야 할지 영유아들과 이야기를 나눈다. 가정에서 곤충을 길러 본 영유아가 있으면 친구들에게 곤충 기르는 방법에 대해 소개하도록 한다. 이러한 경험이 없어도 영유아들은 책이나 컴퓨터, TV를 통해 얻은 다양한 지식들을 모을 수 있다. 이러한 의사소통을 통해 영유아들은 자신의 지식의 폭과 깊이를 확인하고 활동에 흥미를 가지고 더 적극적으로 참여하게 된다.

2) 게임 활동을 통한 접근에서의 교사 역할

(1) 게임을 하면서 실제로 조작하거나 참여할 수 있도록 배려한다.

영유아가 직접 조작하면서 탐색하고 자신만의 전략을 발달시킬 수 있도록 교사는 영유아들이 게임에 몰입해 있을 경우 개입을 최소화하고, 영유아들이 도움을 구할 경우에는 개입하여 문제 해결에 도움이 되도록 한다. 그리고 게임을 계획할 때 영유아가 주도적으로 활동할 수 있도록 방법과 규칙을 구안하고, 게임 도구는 영유아에게 적절한 것으로 결정한다. 게임 도구가 영유아에게 친숙한 물건일 경우 영유아가 직접 조작하는 데 용이하다.

(2) 게임의 안전성, 견고성, 매력적 측면을 고려한다.

게임은 영유아가 직접 참여하고, 도구를 조작하는 경우가 대부분이기 때문에 교사는 안전에 대한 요소를 고려해야 한다. 영유아가 직접 조작하며 게임을 하게 될 때, 게임 도구는 영유아의 발달 수준에 맞는 크기여야 하며, 날카롭거나 뾰족한 부분이 없어야 한다. 위생과 관련하여 청결을 유지하고, 몇 번 사용하지 않았는데 망가지는 일이 없도록 견고하게 제작한다. 그리고 게임에서 사용되는 도구는 영유아의 흥미를 끌 만큼 충분히 매력적이어야 한다.

3) 미술 활동을 통한 접근에서의 교사 역할

(1) 다양한 미술 기법과 재료에 대한 지식이 있어야 한다.

미술과 과학을 연결시켜 활동으로 구성하기 위해서는 교사가 창의적이고 융통적인 사고를 할 수 있어야 한다. 그러기 위해 과학적 개념과 과정에 대해 명확하게 이해하고 있어야 하며, 아울러 다양한 미술 기법과 재료에 대한 지식도 갖추고 있어야 한다. 미술 기법과 재료는 어떤 것이 있는지, 어떻게 활용하는 것인지에 대해 알고 있어야 하며, 그것을 변형하여 적용할 수 있는 새로운 방법이 있는지에 관해서도 연구해야 한다.

다양한 재료를 활용한 미술 표현 활동

(2) 주변 환경에 대해 더 잘 관찰하고 인식할 수 있도록 돕는다.

미술은 영유아의 느낌이나 생각을 시각적으로 표현한 것이다. 영유아들이 시각적으로 잘 표현하기 위해서는 주변 환경을 민감하게 바라볼 수 있는 눈이 필요하다. 세상을 바라보고 세상은 어떻게 연결되어 있으며, 어떤 영향을 주고받는지 또 그것이 영유아와 어떤 관련이 있는지 느끼게 해 주는 것은 교사의 역할이다. 따라서 교사는 영유아들이 더 잘 느낄 수 있도록 오감을 자극하는 질문을 자주 해야 한다. 예를 들어 "무엇이 보이니?", "어떻게 움직이고 있니?", "어떤 색이니?", "무엇을 하고 있니?", "만지니까 어떤 느낌이 드니?", "어떤 소리가 들리니?", "어떤 맛이 나니?", "어떤 냄새가 나니?" 등과 같은 질문을 통해 적극적인 탐색을 유도할 수 있어야 한다.

(3) 미술 작품을 만들면서 과학적 개념을 확장시킬 수 있도록 돕는다.

미술 작품을 만들면서 영유아가 과학적 개념을 학습하도록 교사는 먼저 활동의 목표를 명확하게 인식해야 한다. 그렇지 않을 경우 창의적으로 미술 표현을 격려하는 것도 아니면서 과학적 개념을 전달하는 데에도 실패할 수 있기 때문이다. 어떤 과학적 개념을 어떤 미술 활동으로 실행할지 분명한 목표 의식이 있어야 한다. 그리고 영유아가 미술 작품을 만드는 과정에서는 적절한 질문을 통해 과학과 미술이 자연스럽게 연결될 수 있도록 돕는다.

(4) 스스로 탐색하고 표현할 수 있는 자유로운 분위기와 환경을 제공한다.

미술 활동의 가장 큰 장점은 영유아가 주도적으로 교육 활동을 이끌어 갈 수 있다는 점이다. 교사는 영유아에게 미술 재료를 사용하는 것에 대해 과도한 제재를 하지 않아야 한다. 영유아 스스로 자유롭게 재료를 탐색하고 창의적으로 표현할 수 있도록 허용적인 분위기를 조성해야 한다. 영유아의 창의적 표현을 인정하고 격려하는 상황 속에서 영유아는 자신감을 가지고 더 적극적으로 자신의 사고와 개념을 확장해 나간다.

4) 문학 활동을 통한 접근에서의 교사 역할

(1) 영유아의 문학 작품에 대한 안목을 지녀야 한다.

문학 작품을 교육 활동으로 활용하기 위해서는 문학 작품에 대한 교사의 안목이 필요하다. 교사는 영유아를 대상으로 하는 문학 작품의 종류에는 어떤 것이 있는지, 영유아의 발달 연령에 적합한 문학 작품에는 어떤 것이 있는지, 과학과 관련된 문학 작품은 어떤 것이 있는지, 그리고 어떤 문학 작품이 문학적 가치를 지니는지에 대한 지식을 갖추고 있어야 한다. 뿐만 아니라 영유아를 대상으로 하는 문학 작품 안에서 즐거움을 느낄 수 있도록 하여 문학 작품에 대한 긍정적인 태도를 갖는 것도 중요하다.

(2) 과학과 문학을 자연스럽게 연결하여 활동으로 구성할 수 있어야 한다.

문학 작품을 통해 과학 활동을 하기 위해서는 문학에 대한 안목뿐 아니라 과학의 개념 및 과정에 대해 정통하고 있어야 한다. 교사는 과학적 개념과 내용은 무엇인지, 과학적 과정에는 어떤 방법이 있으며 어떻게 실제 교육 상황에 적용시킬 수 있을지 명확하게 알고 있어야 한다. 문학 작품과 과학에 대한 지식을 완전하게 습득한 후 교사는 이 두 가지 영역을 자연스럽게 연결시킬 수 있는 능력이 필요하다. 먼저 문학 작품에서 발견한 과학 개념이나 과정 중 어떤 것을 활동으로 구성할지 선택해야 한다. 그리고 영유아의 발달에 적합하고 자연스럽게 흥미를 유발하면서 과학적 개념과 과정이 가장 잘 전달될 수 있는 최선의 방법이 무엇인지 결정해야 한다. 예를 들어 문학 작품 속 상황을 실험하거나 직접 관련된 장소로 견학을 가서 체험해 보는 활동을 할 수 있다.

(3) 문학 작품을 토대로 과학적 문제 상황을 제시할 수 있는 적절한 질문을 해야 한다.

질문은 과학적 탐구 활동을 촉진시킨다. 교사의 질문에 의해 영유아는 하나의 현상에 몰입할 수 있고, 자신이 알고 있는 것과 새로운 것을 연관시키며 사고를 확장해 간다. 탐구 활동에 토대를 두고 있는 과학 영역에서 교사의 적절한 질문은 매우 중요하다. 문학 작품 속에서 수학적·과학적 개념이나 상황이 명백히 드러나더라도 영유아들은 인지하지 못할 수 있기 때문이다. 교사는 과학적 개념이나 상황을 인지할 수 있도록 "이것은 무엇이니?", "여기에서 어떤 일이 생겼니?" 등과 같은 질문을 한다. 이때 교사가 직접 과학적 개념과 상황을 설명해 주는 것보다 영유아의 반응을 유도함으로써 스스로 알아 가게 하는 것이 바람직하다. 반대로 과학적 개념이나 상황이 잘 드러나지 않는 문학 작품도 있다. 교사는 문학 작품 속 상황을 과학적 상황으로 확장하여 과학적 탐구 분위기를 조성한다. 교사는 "만일 ~하다면(~하지 않았다면), 어떻게 되었을까?", "다른 해결 방법을 생각해 볼 수 있겠니?" 등과 같은 질문을 할 수 있다.

5) 요리 활동을 통한 접근에서의 교사 역할

(1) 오감을 통해 탐색하고 스스로 발견할 수 있는 환경을 조성한다.

요리 활동의 가장 큰 장점은 영유아가 오감을 활용하여 스스로 탐색할 수 있다는 점이다. 교사는 가능하다면 모든 영유아가 요리 활동에 직접 참여할 수 있는 기회를 주도록 배려해야 한다. 단순한 요리 활동은 대집단으로 할 수 있다. 이때 모든 영유아가 재료와 도구를 탐색할 수 있도록 그 개수나 양을 충분히 제공해야 한다. 좀 더 복잡한 절차의 요리를 계획했다면 소그룹으로 진행하는 것이 바람직하다.

요리를 하는 과정 중에 영유아가 오감을 통해 느끼고 탐색할 수 있도록 적절한 질문과 충분한 시간을 제공해야 한다. 영유아들이 더 잘 느끼고 인식할 수 있도록 감각에 관한 질문을 한다. 예를 들어 "어떤 색이니?", "겉은 ○○색인데 속은 어떤 색일까?", "모양이 어떠니?", "어떤 냄새가 나니?", "만지니까 어떤 느낌이니?" 등의 질문을 할 수 있다. 그리고 영유아들이 오감을 통해 탐색할 때 지나치게 재촉하지 말고 충분히 시간을 주어야 한다.

(2) 영유아의 발달 수준을 고려하여 활동을 계획한다.

요리 활동은 준비하는 과정에서 마무리까지 영유아가 참여할 수 있는 기회가 많이 있다. 더욱이 그동안 자주 접하지 않았던 도구를 사용하여 요리를 만들기 때문에 교사는 영유아들의 발달 수준을 고려해야 한다. 소근육의 발달 정도, 눈과 손의 협응력 등을 고려하여 요리의 종류를 선정한다. 또한 연령이 낮을수록 딸기 잼 샌드위치, 카나페, 과일 야채샐러드와 같이 단순한 활동을 계획하고 연령이 높을수록 달걀 삶기, 송편, 핫 케이크, 꼬마 김밥 등과 같은 복잡한 활동을 계획하도록 한다.

(3) 요리의 결과보다는 활동하는 과정을 중요시하도록 배려한다.

대부분의 영유아들은 스스로 만든 음식에 만족하고 즐거운 마음으로 먹기도 하지만, 때로는 친구들의 것과 비교하여 실망하는 경우도 있다. 과학을 하는 과정이 그렇듯이 요리하는 과정 역시 결과보다는 영유아가 직접 참여하여 만들어 가는 과정이 더욱 중요하다는 것을 인식시키고 그 과정을 즐길 수 있도록 배려해야 한다.

교사는 요리하는 과정을 더 강조하여 활동을 진행하고, 음식이 완성되었을 때 시각적인 형태보다는 친구들과 함께 요리하는 것 자체가 즐거운 것임을 깨닫게 하며, 맛있게 먹을 수 있도록 격려한다.

(4) 다양한 요리의 종류와 재료, 조리법에 대한 지식을 갖추어야 한다.

영유아의 수준과 흥미, 실행하고 있는 주제, 계절 등의 여러 상황을 고려하여 요리 활동을 계획하기 위해서는 요리의 종류에 대한 다양한 정보를 수집해야 한다. 단순한 방법에서 복잡한 방법에 이르는 요리의 종류를 알고 있어야 하며, 조리법과 재료 및 요리 도구와 기계의 사용법에 대한 지식을 갖추고 있어야 한다. 교사가 요리에 관한 지식이나 정보를 갖추고 있을 뿐 아니라 평상시에 요리 활동을 즐겨 한다면 영유아들을 지도하는 데에도 도움이 될 것이다.

요리 활동: 김장

Activity

- 과학교육의 통합적 접근 시 각 활동별로(견학, 동시 등) 요구되는 교사의 역할에 대해서 토의해 보자.

예) 김치 박물관 견학 시 필요한 정보와 지식, 일정 계획 등

2부

유아과학교육의 내용 및 실제

7장

물체와 물질

1. 물체와 물질의 이해

영유아들은 일상생활 속에서 수많은 물체와 물질을 접하고 있다. 물체와 물질의 변화를 통한 과학적 내용은 형태나 상황을 중심으로 고체, 액체, 기체, 힘, 속도, 압력 등을 통해 설명할 수 있으며, 변형되어지는 형태나 상황도 일상생활 속에서 빈번히 접할 수 있다. 이와 같이 영유아가 지식을 구성하기 위해서는 자신이 속한 생활 환경 속에서 물리적 경험을 가지는 것이 효과적이다. 물리적 지식은 영유아의 행동으로 인해 나타나는 즉각적인 사물의 반응 변화를 관찰함으로써 영유아 스스로가 능동적으로 지식을 구성해 나간다. 그러나 이때의 지식 구성은 이론적인 인지적 개념 습득을 통한 원리의 이해이기보다는 일상생활 속에서 경험을 통해 터득한 과학적 개념으로, 영유아들이 직접 경험한 물리적 지식은 이론적 지식과 밀접한 관련성을 가지고 상호 작용을 한다. 따라서 영유아가 알고 있는 친숙한 물체와 물질을 중심으로 관련 개념을 파악하는 것은 발달 수준에 적합한 교수 활동을 계획하는 데 매우 유용하다.

물체와 물질과 관련된 과학적 내용은 물체와 물질에 대한 개념, 물체와 물질의 움직임, 물체와 물질의 변화에 대한 내용을 다룬다.

1) 물체와 물질에 대한 개념

물체는 어떤 용도로 쓰기 위해 만든 것으로 모양을 가지고 공간을 차지하고 있고 구체적인 형태를 가지고 있는 물건을 말한다. 물질은 나무, 유리, 철 등 물체를 이루고 있는 물질(재료)을 말한다.

물체	 〈블록〉	 〈인형〉	 〈유리컵〉	 〈윷〉
물질(재료)	플라스틱	섬유	유리	나무
물체	 〈고무줄〉	 〈풍선〉	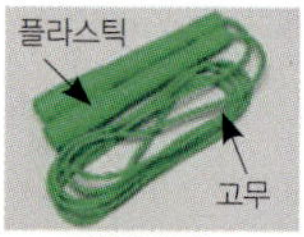 〈줄넘기〉	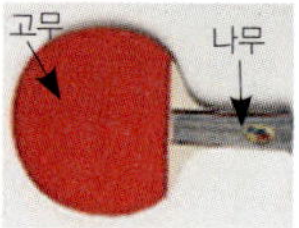 〈탁구채〉
물질(재료)	고무	고무	고무, 플라스틱	나무, 고무
물체	 〈농구공〉	 〈헬멧〉	 〈야구 글러브〉	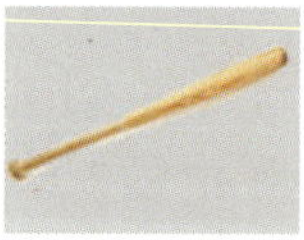 〈야구 방망이〉
물질(재료)	가죽	플라스틱	가죽	나무

[그림 7-1] 물질(재료)로 만들어진 물체

출처: 천재교육 백과사전.

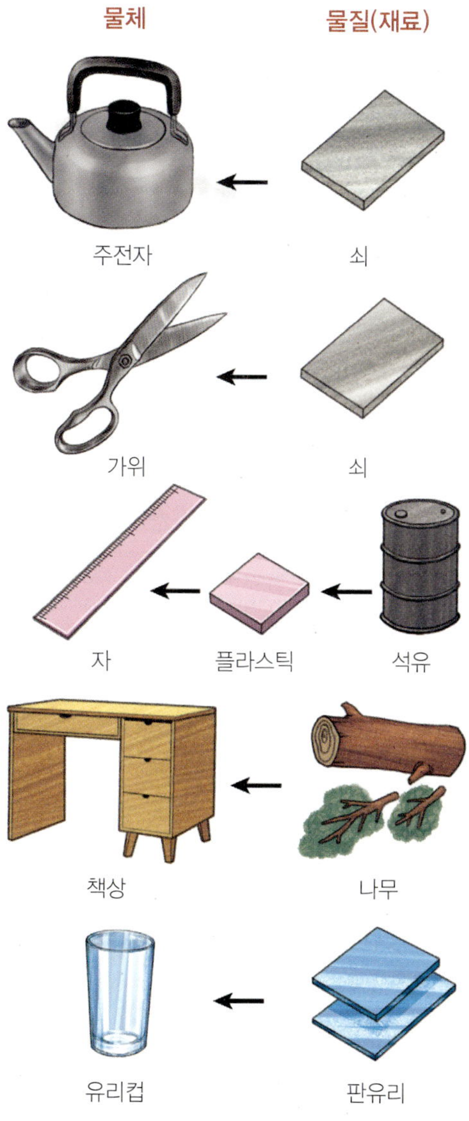

[그림 7-2] 물체와 물질(재료)

출처: 천재교육 백과사전.

예를 들어 주전자와 가위는 쇠로 만들어진 물체이고 자는 석유와 플라스틱으로 만들어진 물체이고 책상은 나무로 만들어진 물체이고 유리컵은 판유리로 만들어진 물체이다.

물체와 물질을 이해하기 위해선 물체가 가지고 있는 특성들을 이해할 수 있어야 하고 이러한 특성의 이해를 통해 물체의 움직임을 탐색하는 활동까지 연계되어야 한다.

물체를 이해하기 위해선 위와 같이 물체와 물질의 관계를 이해하고, 물질이 가지고 있는 특성을 탐색하여 색깔, 모양, 크기 등에 대해 알고 분류할 수 있어야 한다. 예를 들면 돌은 딱딱하고 물에 가라앉는 특성이 있다든지, 스티로폼은 흰색이고 만지면 부스럭부스럭 소리가 나며 물에 뜨는 특성을 가지고 있다는 것을 이해하는 것이다. 그러나 같은 돌이어도 어떤 것은 못으로 긁히고 어떤 것은 긁히지 않는 단단함을 가지고 있다는 것을 이해하는 것도 중요하다.

2) 물체와 물질의 움직임

물체의 움직임을 예상하는 것도 물체와 물질을 이해하는 데에 중요한 요소이다. 물체에 대한 특성을 이해하고 비교, 분석한 후에 영유아들은 일상생활에서 다양한 활동을 하며 물체가 다양한 방법으로 움직일 수 있다는 것을 이해하기 시작한다. 물체의 움직임과 관련된 행동으로는 밀기, 미끄러뜨리기, 구르기, 기울기, 던지기, 떨어뜨리기, 불기, 빨기, 흔들기, 당기기, 균형 잡기, 차기 등이 있다.

물체와 물질의 움직임에 대한 개념을 이해하기 위해서는 마찰, 빛, 소리, 전기, 중력 등과 관련된 내용들을 이해해야 한다.

▶ 마찰

- 물체가 표면 위해서 움직이는 것을 방해하는 힘으로서 정지한 상태에 있는 물체를 움직이려고 할 때 생기는 힘이다.
- 두 개의 물체를 서로 비벼 본다든지, 얼음판에서 물체가 앞으로 가지 못하고 빙글빙글 도는 실험을 통해 마찰이라는 개념을 형성할 수 있다.

▶ 빛

- 물체를 통과할 때 빛의 거리에 따라 물체의 크기와 모양이 달라짐을 알 수 있다.
- 물체를 통과하는 물체와 통과하지 않는 물체가 있음을 알 수 있고 이에 따라 빛의 굴절에 대해서도 이해한다.

▶ 소리

- 다양한 물체를 통해서 소리가 다양함을 알 수 있는 경험을 하게 해 준다.
- 소리가 발생할 때 진동을 통해 소리가 전달됨을 인식하게 하는 활동을 제시해 주어야 한다.

▶ 전기

- 물체와 물체를 통해 정전기가 생김을 이해한다.
- 물체는 모두 다 전기가 통하는 것이 아니라 물체의 특성에 따라 전기가 발생할 수 있다는 것을 안다.

▶ 중력

- 모든 물체는 아래로 떨어진다.
- 중력이 존재하기 때문에 우리는 떠다니지 않는다.

3) 물체와 물질의 변화

물체와 물질의 변화에 대한 활동을 통해 물질의 상태 변화와 물체의 변화를 관찰하는 것이 중요하다. 이러한 것을 관찰하기 위해서는 물체의 변화에 대한 이해가 필요하다. 물체의 상태 변화를 관찰하기 위해서는 물질에 열을 가하거나 냉장고에 넣어 차갑게 하거나 냉동을 시키거나 하여 같은 물체지만 상태의 변화에 따라 고체, 액체, 기체로 변할 수 있다는 것을 알려 주어야 한다. 활동의 예로 물에 녹이기, 물에 넣고 끓이기, 기름에 튀기기, 오븐에 넣고 굽기, 냉동실에서 얼리기 등과 같은 활동이 있다. 물체와 물질의 변화와 관련된 과학교육의 내용은 다음과 같다(신은수 외, 2006; 한유미, 2018).

▶ 고체, 액체, 기체

- 고체는 모양이 일정하고 눈으로 보고 손으로 만질 수 있다.
- 액체는 모양이 일정하지 않고 손으로 잡을 수 없으며 흘러내린다.
- 물은 끓이면 기체인 수증기로 변하고 0℃ 이하가 되면 고체인 얼음이 된다.

▶ 음식

- 음식에는 여러 가지 종류가 있다.
- 음식을 요리할 때에는 여러 가지 재료와 기구를 사용한다.
- 음식을 요리하는 방법은 다양하다.
- 열에 의해 음식의 색, 질감 등이 변한다.

2. 물체와 물질에 대한 개념 발달 및 교사의 역할

영유아기에 물체와 물질은 영유아기 개념 발달과 밀접한 관련이 있는데, 교사는 영유아의 발달 정도에 따라 필요한 지원과 역할을 해 주어야 한다(김현자 외, 2012).

1) 영아기

(1) 영아기 물체와 물질 개념 발달

- 2차 순환 반응 단계에서는 관심의 초점이 외부에 맞춰져 있어 외부에서 일어나는 일에 흥미를 느낀다.
- 새로운 활동을 경험함으로써 새로운 도식을 형성하여 사용하기 시작한다.
- 대상영속성의 개념 형성에 따라 물체의 이동에 관심을 가지기 시작한다.
- 어떤 사물의 개념을 이해하는 데 있어 자신의 경험에만 국한한다.
- 사물의 특성에 따른 분류보다는 자신이 좋아하는 것만을 고르는 행동을 보이거나 한 가지 준거에 의해 사물을 분류한다.
- 문제 해결을 위해 시행착오를 반복하는 경향이 있다.

(2) 영아기 물체와 물질 개념 형성을 위한 교사의 역할

- 수단과 결과가 연결된 사물을 제시함으로써 환경의 변화를 반복적으로 체험하게 한다.
- 다양한 실물이나 자료를 통해 다양한 탐색이 가능하도록 돕는다.
- 감각을 통해 호기심을 해결하는 시기이므로 안전한 활동이 되도록 주의를 기울인다.
- 하나의 물체라도 다양한 방법으로 제시하여 끊임없는 호기심을 자극한다.
- 안전한 탐색이 되도록 환경을 정비한다.

2) 유아기

(1) 유아기 물체와 물질 개념 발달

- 물체에 대한 표상 활동과 지연 모방이 활발히 진행된다.
- 어떤 사물의 개념을 이해하는 데 있어 보편성과 객관성을 가지기 시작한다.
- 문제 해결을 위해 시행착오를 반복하는 것이 아니라 나름대로 자신만의 추론을 하기 시작한다.
- 사물의 특성에 따라 분류하기가 가능해지며 단순 분류에서 점차 논리적인 분류가 가능해진다.
- 관찰하기, 비교하기, 분류하기, 측정하기 등 사물을 다양한 방법으로 조직화할 수 있으며 조직화된 경험적 이론을 추론하기로 확장할 수 있다.

(2) 유아기 물체와 물질 개념 형성을 위한 교사의 역할

- 유아 스스로 사물의 변화를 직접적으로 경험할 수 있도록 관찰자로서의 역할을 한다.
- 사고 확장을 위해 관련된 질문을 제안함으로써 사고의 갈등을 유발한다.
- 물리적 활동이 단순히 결과를 알아내는 활동이 되지 않도록 활동 과정을 지원한다.
- 유아의 활동에 관심을 보이며 활발한 활동이 되도록 참여 동기를 높인다.

3. 물체와 물질과 관련된 표준보육과정 및 누리과정

제3차 어린이집 표준보육과정 교사용 지침서에서는 물체와 물질과 관련된 내용들을 다음과 같이 제시하고 있다(보건복지부·육아정책연구소, 2013, p. 108–109, 204–205).

1) 0~1세 물체와 물질과 관련된 표준보육과정

'물체와 물질 탐색하기'는 0~1세 영아가 일상생활 주변에서 다양한 감각을 통하여 친숙한 사물을 탐색할 수 있도록 교사가 함께 탐색하는 내용이다. 구체적으로 '일상생활 주변의 몇 가지 친숙한 것들을 양육자와 함께 탐색하는 것'으로 구성되어 있다. 이는 영아가 주변의 친숙한 사물에 관심을 갖고 탐색하는 능력을 증진하기 위함이다.

1수준	2수준	3수준	4수준
일상생활 주변의 몇 가지 친숙한 것들을 양육자와 함께 탐색한다.			

(1) 지도 지침 및 유의점

- 교사는 영아가 일상생활 주변의 친숙한 것들에 관심을 보일 때 적극적으로 탐색해 볼 수 있도록 적절한 몸짓, 표정, 언어로 상호 작용을 해 준다.
- 영아가 구기고 찢을 수 있는 종이, 주무르고 누를 수 있는 밀가루 반죽, 끌거나 당겨서 움직이거나 변화가 나타나는 놀잇감, 그리고 다양한 맛과 냄새를 맡아 볼 수 있는 여러 가지 과일 등을 제공하여 직접 탐색해 보도록 지원해 준다.

- 영아에게 일상생활 주변의 친숙한 사물을 탐색할 수 있도록 환경을 미리 계획하여 구성해 주되, 영아가 입에 넣거나 피부에 닿더라도 안전한지 반드시 확인한다.

(2) 수준별 활동 예시

수준	활동 개요
1수준	교사는 영아에게 다양한 재질의 종이(예: 습자지, 한지, 신문지 등)를 흔들거나 손으로 구기는 모습을 보여 주면서, 소리나 느낌을 느껴 보도록 한다.
2수준	영아가 손을 뻗어 직접 여러 가지 재질의 종이를 만져 보거나 구겨 볼 수 있도록 돕는다.
3수준	직접 종이 티슈나 신문지 등을 구겨 보거나 찢어 보며 탐색할 수 있도록 한다.
4수준	찢은 종이를 비처럼 뿌려 보거나, 뭉쳐 보며 자유롭게 탐색할 수 있도록 한다.

2) 2세 물체와 물질과 관련된 표준보육과정

'물체와 물질 탐색하기'는 2세 영아가 주변의 친숙한 물체와 물질을 능동적으로 탐색하는 내용이다. 구체적으로 '친숙한 물체와 물질을 능동적으로 탐색하는 것'으로 구성되어 있다. 이는 영아가 주변의 친숙한 물체와 물질에 호기심과 흥미를 느끼면서 능동적으로 탐색하는 능력을 증진하기 위함이다.

1수준	2수준
친숙한 물체와 물질을 능동적으로 탐색한다.	

(1) 지도 지침 및 유의점

- 교사는 영아에게 물체를 움직이거나 물질을 변화시키는 놀이를 제공하여 능동적인 탐색을 격려해 준다. 이때 영아의 탐색 시도를 그대로 따라 해 보이며 영아의 탐색 행동과 결과를 관련지을 수 있도록 적절한 언어적 상호 작용을 해 준다.
- 영아가 보다 능동적인 탐색을 할 수 있도록 굴려 보고 던져 보고 발로 차 볼 수 있는 다양한 종류의 공, 올라타고 밀고 끌어 볼 수 있는 탈것 놀잇감, 휘저어 보면서 물질의 변화를 관찰할 수 있는 비누 거품, 손으로 눌러 짜 보거나 만져 볼 수 있는 물감 등 주변의 친숙한 물체와 물질을 다양하게 제공해 준다.
- 목표했던 행동과 결과에 초점을 두기보다는 영아에게 탐색할 수 있는 시간과 기회를 충분히 주어 탐색 과정 자체를 스스로 즐길 수 있도록 해 준다.
- 비눗물이나 물감 등 영아가 입에 넣거나 삼킬 수 있는 물체와 물질을 제공할 때는 안전에 유의할 것을 강조한다.

(2) 수준별 활동 예시

수준	활동 개요
1수준	밀가루 반죽을 뭉쳐 보고, 떼어 보고, 길게 늘여 보고, 손가락으로 꾹꾹 눌러 보는 등 밀가루 반죽을 다양하게 탐색해 본다.
2수준	반죽 전의 밀가루를 만져 보면서 탐색해 보고, 식용 색소를 탄 물을 조금씩 부어가며 반죽의 상태가 변하는 과정을 살펴본다.

3) 3~5세 물체와 물질과 관련된 누리과정

3~5세 누리과정 지침서에서 '물체와 물질 알아보기'는 유아가 일상생활 속에서 접하는 친숙한 물체와 물질에 관심을 가지고 기본적인 특성을 알아보며, 점차 여러 가지 방법으로 물체와 물질을 변화시켜 보는 것에 대한 내용이다. 유아가 주변의 물체와 물질에 관심을 갖고 오감을 통해 그 특성을 알아보는 것을 다루며, 여러 가지 방법으로 물체를 움직여 보고 물질을 변화시켜 기본적 속성을 적극적으로 알아 가는 내용을 포함하고 있다(교육과학기술부·보건복지부, 2013, p. 163-165).

3세	4세	5세
친숙한 물체와 물질의 특성에 관심을 갖는다.	친숙한 물체와 물질의 특성을 알아본다.	주변의 여러 가지 물체와 물질의 기본 특성을 알아본다.
	물체와 물질을 여러 가지 방법으로 변화시켜 본다.	

(1) 지도 지침 및 유의점

- 유아가 물체의 움직임이나 물질의 크기, 모양, 색 등의 특성에 관심을 가질 수 있도록 적절한 환경을 구성한다. 3, 4세에는 유아에게 친숙한 공, 장난감 자동차, 원기둥형 실패와 같이 움직이는 물체들과 물감, 밀가루, 모래 등의 물질을 제공하고, 5세에는 구슬, 팽이, 바퀴, 여러 종류의 흙과 분말과 같은 좀 더 다양한 사물을 제공하여 오감을 통해 그 특성을 알아보도록 한다.
- 유아가 물체를 움직이도록 직접 시도해 볼 수 있고 즉각적으로 물체의 반응을 경험할 수 있는 활동을 통해 물체의 움직임을 알 수 있도록 한다.
- 유아가 물체나 물질을 변화시켜 보기 위해 열을 가하거나 힘의 강도를 다르게 하는 등의 여러 가지 방법을 사용해 보도록 격려하고, 변화 과정을 적극적으로 탐색해 볼 수 있게 한다.

- 교사는 유아가 실내외 환경에서 다양한 물체와 물질을 경험할 수 있도록 환경을 미리 계획하여 구성해 준다. 그러나 한 번에 여러 종류의 물체와 물질을 제공해 주어 지나친 자극이 되지 않도록 주의한다.

(2) 연령별 활동 예시

① 물체의 기본 특성을 알아보는 활동

- 3세: 잘 굴러갈 수 있는 물체(예: 장난감 자동차, 구슬, 공 등)를 비밀 상자에 넣은 후에 유아가 만져 보며 무엇인지 이야기해 보고, 꺼내어서 물체의 모양 등의 특징을 탐색해 본다.
- 4세: 쌓기 영역에서 블록으로 경사로를 만들고, 잘 굴러갈 수 있는 물체와 잘 굴러가지 않는 물체를 제공하여 유아가 어떤 물체가 잘 굴러갈지 예측하고 실험해 보도록 한다.
- 5세: 바퀴가 실제 생활 속에서 어떻게 활용되고 있는지 구체적으로 조사해 보고, 바퀴를 사용하는 물건(예: 손수레, 자동차, 자전거 등)을 폐품을 활용하여 만들어 본다.

② 물체와 물질 변화와 관련된 활동

- 4세: 유아에게 화장지나 신문지를 물에 넣으면 어떻게 변화될지 예측해 보도록 한 후 실제로 물에 넣어 관찰해 보도록 한다. 종이가 물속에서 걸쭉해지는 것을 손으로 만져 보고, 공처럼 뭉쳐 보는 등 다양한 방법으로 변화시켜 본다.
- 5세: 물속에 종이를 넣어 종이가 어떻게 변화하는지 탐색한 후 밀가루나 녹말가루, 분말 물감 등을 넣어 다시 변화 과정을 탐색하도록 한다. 변화된 종이 걸쭉이를 가지고 유아들이 만들고 싶은 물건을 만들고 말려서 비교해 본다.

Book : 물체와 물질과 관련된 책

	• 지은이: 이동헌 • 그림: 김경숙 • 출판사: 이수 • 출판 연도: 2016년 • 내용: 포포와 무무는 친한 친구인 포포가 지구 반대쪽으로 이사 간다고 이야기를 한다. 배를 타고 간다고 하자 종이배를 만들어 밀어 보았는데 바닥으로 뚝 떨어지고 포포는 깜짝 놀란다. 무무는 꿈에서 포포가 지구에서 떨어지는 꿈을 꾸고 이는 중력 때문이라는 것을 알게 되었다는 내용의 책이다.
	• 지은이: 정명숙 • 그림: 정명숙 • 출판사: 한국가우스 • 출판 연도: 2014년 • 내용: 우리 주위를 둘러싼 다양한 물질에 대한 이야기다. 물의 상태 변화에 대해 알 수 있는 책이다.
	• 지은이: 정설아 • 그림: 예레미즈 형제 • 출판사: 스마일 북스 • 출판 연도: 2016년 • 내용: 무대에서 다양한 물건들을 공중에 뜨게 하는 등 신기한 마술 쇼를 보고 도치는 마술사처럼 마술을 부렸지만 마술이 부려지지 않았다. 자석을 가지고 여러 가지의 물건을 붙여 보면서 자석의 성질과 원리를 깨닫게 되는 책이다.

Activity

- 물체와 물질과 관련된 다양한 활동을 해 보고, 이 과정에서 영유아와 이루어질 상호 작용을 구성해 보자.

- 다양한 경사도를 여러 가지 재료로 만들어 보자.

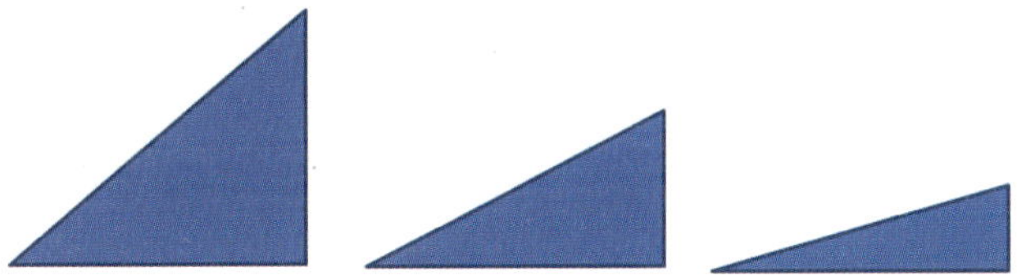

- 다양한 모양의 물체를 굴려 보고 가장 잘 굴러갈 것 같은 물건을 예상해 보자.

- 각각의 과정에서 영유아와 이루어질 상호 작용을 구성해 보자.

8장

생명체와 자연환경

1. 생명체와 자연환경의 이해

'생명체'에 관한 내용은 생명과학 영역에 대한 개념들로 구성되어지며, 영유아가 주변의 동물과 식물에 대하여 관심을 가지고 키워 봄으로써 생물을 사랑하는 마음을 기르는 것과, 관심 있는 생물들을 주의 깊게 관찰해 봄으로써 동물과 식물의 특성 및 성장 과정을 알게 되고 이로써 생명의 존엄성을 인식하게 되는 것을 주요 내용으로 한다.

영유아는 환경과의 상호 작용을 바탕으로 주변 세계를 이해해 나가므로 생명과학 영역의 세부 활동도 주변 세계에 대한 직접적인 참여로부터 시작하게 된다. 자기 자신에 대한 자연스런 탐색을 시작으로 신체에 대한 경험과 신체를 활용한 활동들을 체험하고, 건강한 신체 발달의 지속적인 유지를 위한 방법이나 자신의 주변에 있는 많은 사람들에게까지 관심을 가지게 된다.

영유아는 모든 사물에 생명을 부여한다. 이는 영유아가 물활론적 사고를 하고 있기 때문이다. 물활론적 사고의 발달 단계는 무개념(임의로 판단)-활동성(활동적인 것은 모두 살아 있다고 생각함)-움직임(움직이는 것만이 살아 있다고 생각함)-자율적인 움직임(스스로 움직이는 것만이 살아 있다고 생각함)-성인의 개념(동물과 식물만 살아 있다고 생각함)의 단계로 발달한다. 영유아는 물활론적인 사고를 가지고 있기 때문에 자동차, 달, 별도 움직이므로 살아 있다고 생각한다. 그 이후로 스스로 움직이는 달, 별만 살아 있다고 생각하다 성인의 개념과 같이 동물과 식물만 살아 있다는 개념으로 발달한다.

1) 식물

식물은 영유아들이 주변에서 손쉽게 볼 수 있는 생명체이다. 영유아는 주변의 식물이 계절의 변화에 따라 달라짐을 알 수 있고, 그 안에서 식물을 탐색하면서 살아 있는 생명체에 대해서 알아 간다.

영유아가 사계절이 지나면서 변화하는 다양한 식물의 변화에 자연스럽게 접근할 수 있도록 해야 한다. 예를 들어 영유아들이 산책을 하면서 계절에 따라 변화하는 다양한 식물에 대해서도 관찰해 보는 경험을 하게 해 주는 것이다. 계절의 변화에 따라 달라지는 나뭇잎과 꽃의 종류들을 알 수 있는 기회를 제공한다.

봄 식물 관찰하기

가을 낙엽 관찰하기

봄에는 다양한 씨앗을 심어 식물이 자라는 모습을 관찰하기도 한다. 영유아는 다양한 식물을 심고 물을 주어 가꾸며 열매를 수확하는 과정을 통하여 식물을 기르는 기쁨을 느끼고 식물을 키우기 위해서는 관심과 사랑이 필요함을 알 수 있게 된다. 이러한 과정을 통해 식물을 보살펴 주려는 마음도 생기게 되며, 씨앗을 받아 보는 경험을 통하여 작은 씨앗 속에 놀라운 생명이 담겨 있다는 사실을 깨닫게 된다.

따라서 식물에 관한 교육 내용에는 단순히 식물에 대해서 알아보거나 길러 보는 차원을 넘어서, 유아들로 하여금 주의 깊게 관찰해 보도록 격려하는 것이 포함되어야 한다(교육부, 1998). 학기 초에 자신이 좋아하는 씨앗을 가져와 심어 보고 잎부터 꽃이 피기까지의 과정을 살펴보고 이야기를 나누는 활동과 예상하는 내용을 통해 과학 활동을 해 본다. 이러한 과정을 통해 영유아들은 식물이 자라기까지 필요한 요소들에 대해 이해하고 식물을 탐색하는 과정을 경험할 수 있다.

씨앗 심기

열매 수확하기

또한 유아교육 기관에서는 가까운 곳에 꽃이나 채소를 심고 키울 수 있는 텃밭이나 정원을 마련하여 손쉽게 식물을 심을 수 있는 경험을 갖게 해야 한다. 이와 더불어 유아가 식물과 관련한 실제적인 경험을 할 수 있도록 자주 가까운 공원이나 숲, 산, 식물원 등으로 견학을 갈 수 있는 기회를 마련해 주는 것이 필요하다.

영유아에게 식물에 관한 개념을 교육하기 위해서는 다음과 같은 내용들이 포함되어야 한다.

- 식물은 뿌리, 줄기, 잎을 가지고 있다.
- 식물은 다양한 씨앗의 종류와 특성이 있다.
- 뿌리, 줄기, 잎은 식물이 자라는 데에 중요한 역할을 한다.
- 식물이 자라기 위해서는 물, 햇빛, 영양분, 온도, 공기가 필요하다.
- 식물은 계절에 따라 특성이 다른 식물로 구분된다.
- 식물은 인간에게 많은 긍정적인 역할을 해 준다.

2) 동물

영유아들은 생명체 중에서도 움직이는 동물에 가장 많은 관심을 가지고 있다. 대부분의 영유아들은 다양한 동물들을 돌보는 것을 좋아하고 동물에게 일어나는 변화나 먹이, 사는 곳, 움직임에 대해 매우 많은 관심을 보인다. 따라서 동물 기르기 등은 유아교육 기관에서 많이 다루고 있는 과학교육 중의 한 부분이다. 이는 출생률이 감소하고 있어 형제자매들이 부족한 시기에 유아들에게 동물의 먹이나 환경, 보살피는 방법에 대해 알려 줄 수 있는 좋은 경험이 된다.

장수풍뎅이 기르기

영유아들은 동물이라는 생명체를 기르면서 돌봄이라는 개념을 익히게 되는데, 영유아들이 동물을 키울 때에 고려해야 할 사항은 다음과 같다.

첫째, 동물의 공격성이나 독성 등 영유아들의 안전에 대해 파악한 후 동물을 선정한다. 둘째, 학부모에게 가정 통신문을 통해 동물 사육 계획을 공지하면서 키우게 되는 동물에 대한 개별 영유아의 알레르기 발생 여부를 파악한다. 셋째, 알레르기 발생 등 특이 사항이 없는 경우 해당 동물을 사육하는 것으로 결정한다. 넷째, 동물이 성장할 수 있는 적절한 온도와 빛 등 사육 환경, 먹이의 양과 종류,

먹이 주는 시간과 방법 등 구체적인 동물 사육 방법을 숙지한다. 다섯째, 이를 준수하여 사육한다(고선옥 외, 2018).

동물 먹이 주기

이외에도 다른 과학 영역과 달리 살아 있는 생명체를 다루는 영역이기 때문에 직접적으로 궁금한 것을 실험할 수 없으며, 우리와 다른 생명체임을 인식시키고 존중하고 사랑하는 마음을 갖게 하는 것이 우선이라 할 수 있다. 동물 학습 방법이 실험이 아니라 관찰이라는 사실을 인지시키고 밖에서 보았던 곤충이나 동물들을 신기하고 귀엽다고 해서 함부로 교실 안이나 자신이 살고 있는 곳으로 일방적으로 가지고 오면 안 된다는 것을 명확하게 인식시켜야 한다. 동물이나 곤충을 기를 때 혹시라도 죽게 될 경우에 교사는 자연스럽게 죽음에 대해 이야기해 주고 죽은 동물에 대해 어떻게 할 것인지 의논하여 계획을 세운다.

영유아에게 동물에 관한 개념을 교육하기 위해서는 다음과 같은 내용들이 포함되어야 한다.

- 동물에는 여러 가지 종류가 있다.
- 동물은 종류에 따라 사는 장소와 먹이가 다르다.
- 동물은 다양한 생김새를 가지고 있다.
- 현재에 생존하지 못한 동물도 있다.
- 동물은 자신만의 성장 방법을 가지고 있다.
- 동물은 다양한 방법으로 자신을 보호한다.
- 동물은 인간과 함께 더불어 살아간다.

3) 인체

영유아는 자신의 신체에 대해 많은 관심을 가지고 있으며 태어나자마자 자신의 신체를 탐색하는 데에 많은 시간을 보낸다. 자신의 신체 안에 무엇이 있는지를 알고 싶어 하며, 빨리 커서 성인이 되고 싶어 한다. 인체에 관한 지식은 영유아가 자신의 신체에 대해 가질 수 있는 걱정이나 잘못된 개념을 극복하거나 바로잡게 해 주며, 영유아의 신체적 발달에 도움이 된다(한유미, 2013; Harlan & Rivkin, 2004). 자신의 신체 특성을 인식하게 하고 하나밖에 없는 나의 신체를 통해 얻은 생물학적 지식을 동물과 식물과 다른 생물 영역에 적용함으로써 과학적 사고 능력을 키울 수 있게 된다(유윤영, 2001).

영유아에게는 자신의 신체가 익숙한 존재이기도 하지만 눈에 보이지 않는 내부의 인체는 너무나 추상적이고 어려운 개념으로 다가올 수 있다. 영유아가 인체에 대한 것들에 친숙하게 다가가기 위해서는 먼저 자신의 출생 및 탄생부터 관심을 가지고 신체의 각 부분의 명칭과 기능, 감각의 종류와 기능, 성장에 대해 관심을 갖도록 하여야 한다.

영유아는 처음에 자신의 신체 외면에서 볼 수 있는 부분에서부터 관심을 갖고 점점 신체 내부에도 관심을 갖기 시작한다. 인체의 외형적 특징에 초점을 둔 활동보다는 나의 신체가 생물학적 인과 관계에 의해 조직되어 있으며 자신의 심리나 바람과 무관하게 생물학적 메커니즘에 의해 작용된다는 생물적 특성을 이해하는 데 목적을 두고 접근하는 것이 바람직하다. 즉 영유아들은 신체의 내부를 알아나갈 때 자신의 신체와 매우 유사한 특성을 공유하며 유아들이 직접적인 조작과 탐색을 포함하는 경험을 가질 수 있는 대상이 필요하다. 예를 들어 동물의 뼈에 대한 탐색을 통해 유아들이 뼈의 일반적인 특성을 경험한 후 인체의 뼈에 적용하는 방법을 사용하여 지식을 확장해 나갈 수 있다(유윤영, 2001).

인체에 관한 내용은 실제 생활과 연결하여 하루 일과 중 자연스럽게 관심을 갖도록 하는 것이 필요하다. 손을 씻을 때, 양치질을 할 때에 건강과 관련된 것들에 대해 이야기를 나눈다거나 점심시간에 몸에 좋은 음식과 좋지 않은 음식에 대해 알아보거나 식사 예절을 배우는 등의 상황에서 이루어지는 것이 영유아에게 친근하게 다가갈 수 있어 바람직한 방법이다. 이러한 과정에서 영유아가 자신의 신체에 대해 이해를 할 수 있다는 것은 자신의 건강 관리 및 유지의 기초가 되며 다른 동물과 식물과 같은 영역에 대해서도 개념을 확장하는 데에 기초가 될 수 있다(Wellman & Gelman, 1992).

영유아에게 인체에 관한 개념을 교육하기 위해서는 다음과 같은 내용들이 포함되어야 한다.

- 우리는 감각을 통해 학습하며, 감각에는 시각, 청각, 후각, 미각, 촉각 등이 있다.
- 시각, 청각, 후각, 미각, 촉각은 각각 고유의 역할을 가지고 있다.
- 인간은 시각, 청각, 후각, 미각, 촉각을 통하여 배워 간다.
- 뼈는 인간의 몸을 지탱해 준다.
- 인간의 신체 각 부분은 각각의 역할을 가지고 있다.
- 근육은 인간의 몸을 움직일 수 있게 해 준다.
- 인간은 신체를 통해 건강하게 살 수 있다.
- 건강한 삶을 살아가기 위해서 몸에 좋은 음식과 좋지 않은 음식이 있음을 안다.
- 건강을 위해서는 적당한 운동과 휴식이 필요하다.

2. 생명체와 자연환경에 대한 개념 발달 및 교사의 역할

영유아기에 생명체와 자연환경은 영유아기 발달과 밀접한 관련이 있으며 교사는 영유아의 발달 정도에 따라 필요한 지원과 역할을 해 주어야 한다(김현자 외, 2012).

1) 영아기

(1) 영아기 생명체와 자연환경 개념 발달

- 움직임을 중요시하며, 존재하는 거의 모든 사물에 생명이 있다고 생각한다.
- 생명체라는 개념과는 무관하게 움직이는 물체에 관심을 보인다.
- 생명체라는 개념과는 무관하게 움직이는 물체를 손으로 잡으려 한다.
- 탐색을 시도하고 결과를 관찰하는 시기로 영아 자신의 힘 조절을 통해 자신의 몸을 움직인다.
- 나 이외에 타인이 있음을 알고 자신의 욕구 해결을 위해 타인을 조정할 수 있다.

(2) 영아기 생명체와 자연환경 개념 형성을 위한 교사의 역할

- 영아가 보이는 행동에 민감하고 빠르게 반응하여 후속 행동을 도모한다.
- 관련된 소품을 제공하여 수단-결과 중심의 관계를 격려한다.
- 영아의 주변에 생물을 가까이 두어 자연스런 개념 형성이 되도록 돕는다.

2) 유아기

(1) 유아기 생명체와 자연환경 개념 발달

- 유아는 존재하는 거의 모든 사물에 생명이 있는 것이 아니라는 것을 깨닫기 시작한다.
- 연령이 높아질수록 움직임뿐 아니라 생명의 다른 특성, 즉 성장, 호흡, 영양에 대해 이해하기 시작한다.
- 질병의 개념이 형성된다.
- 동물과 식물의 성장 개념을 이해한다.
- 동물이 성장하면서 크기와 형태가 모두 변화한다는 것을 안다.
- 생명이 있는 것끼리의 상호 관련성을 이해한다.

(2) 유아기 생명체와 자연환경 개념 형성을 위한 교사의 역할

- 생명의 존엄성을 알려 준다.
- 단순한 생명의 유무가 아닌 질적으로 우수한 생명에 대한 교수 활동을 준비한다.
- 생명에 대한 유아의 감정을 표현하도록 유도하며 그 표현에 공감하는 태도를 가짐으로써 정서적 안정감을 가지게 한다.

3. 생명체와 자연환경과 관련된 표준보육과정 및 누리과정

제3차 어린이집 표준보육과정 교사용 지침서에서는 생명체와 자연환경과 관련된 내용들을 다음과 같이 제시하고 있다(보건복지부·육아정책연구소, 2013, p. 109-111, 205-206).

1) 0~1세 생명체와 자연환경과 관련된 표준보육과정

'주변 동식물에 관심 가지기'는 0~1세 영아가 주변의 익숙한 동식물에 관심을 갖는 내용이다. 구체적으로 '주변 동식물의 모양, 소리, 움직임에 관심을 갖는 것'으로 구성되어 있다. 이는 영아가 주변 동식물에 대해 관심을 갖고 탐색하는 능력을 증진하기 위함이다.

1수준	2수준	3수준	4수준
		주변 동식물의 모양, 소리, 움직임에 관심을 가진다.	

(1) 지도 지침 및 유의점

- 교사는 영아가 주변 동식물에 보이는 관심을 주의 깊게 관찰하여 영아들의 다양한 반응들에 민감하게 상호 작용을 해 준다.
- 영아에게 실외 놀이터나 주변 산책의 기회를 충분히 제공하고, 주변의 움직이는 곤충이나 떨어지는 나뭇잎, 꽃, 열매 등에 관심을 보이도록 생명체에 대한 긍정적인 관심을 보여 준다.
- 보육실에서 동식물을 키울 때는 영아가 손으로 만지기에 안전한 동식물인지(예: 가시가 없는 식물 등) 확인을 하고 준비하는 것이 중요하다. 영아가 동식물을 직접 만져 보기 어렵다면 투명한 플라스틱 통에 꽃잎, 열매 등을 넣어 살펴보도록 한다.

- 움직이는 생명체를 접하는 경우 동물이나 곤충의 소리와 움직임에 대하여 심하게 두려움을 느끼는 영아도 있으므로 교사는 영아의 반응을 민감하게 살펴보도록 한다.

(2) 수준별 활동 예시

수준	활동 개요
3수준	동물의 사진을 이용한 까꿍놀이 판을 보면서, 동물의 모양을 살펴보고 소리와 움직임에 관심을 가져 볼 수 있도록 돕는다.
4수준	동물 까꿍놀이 판 또는 동물들의 배설물 사진이나 그림이 있는 책을 살펴본 후 밀가루 반죽으로 동물들의 배설물을 만들어 보며 관심을 가질 수 있도록 돕는다.

2) 2세 생명체와 자연환경과 관련된 표준보육과정

'주변 동식물에 관심 가지기'는 2세 영아가 주변 동식물에 관심을 갖고 보다 능동적으로 탐색해 보는 내용이다. 구체적으로 '주변 동식물의 모양, 소리, 움직임에 관심을 갖는 것'으로 구성되어 있다. 이는 영아가 주변 동식물에 대해 관심을 갖고 보다 능동적으로 탐색하는 능력을 증진하기 위함이다.

1수준	2수준
주변 동식물의 모양, 소리, 움직임에 관심을 가진다.	

(1) 지도 지침 및 유의점

- 교사는 실내뿐 아니라 실외 놀이터, 주변 산책 등을 통해 실외에서도 여러 가지 동식물을 관찰하고 관심을 가질 수 있는 활동을 다양하게 제공해 준다. 이때 영아 스스로 동식물의 특성을 찾아보고 발견하고 비교해 볼 수 있도록 상호 작용을 해 준다.
- 영아들이 흥미를 갖는 동식물의 사진과 이름이 적혀 있는 그림책, 금붕어 어항, 산책하면서 주워 온 다양한 나뭇잎이나 꽃잎, 나무토막, 열매 등을 보육실에 배치하여 자연스럽게 동식물에 관심을 갖도록 해 준다. 이때 3.5cm 이하의 작은 열매 등은 투명한 플라스틱 통에 넣어 안전하게 탐색할 수 있도록 한다.
- 영아에게 동식물을 탐색할 수 있는 활동 자료나 실물을 제공할 때는 영아의 행동반경과 특성을 고려하여 안전한 동식물인지, 영아가 손으로 만져도 되는 것인지 등을 미리 확인한다.

(2) 수준별 활동 예시

수준	활동 개요
1수준	실외놀이나 산책 시 주변의 풀, 꽃, 나무 등을 들여다보면서 냄새와 모양, 색깔 등을 살펴본다.
2수준	실외 놀이터나 인근 공원에 나가 팔을 벌려 나무의 굵기를 재어 보면서 나무의 울퉁불퉁한 겉모양에 관심을 가져 본다.

3) 3~5세 생명체와 자연환경과 관련된 누리과정

3~5세 누리과정 지침서에서 '생명체와 자연환경 알아보기'는 유아가 자신의 출생과 성장 과정뿐만 아니라 주변의 동식물에 관심을 갖고, 생명체에 직접적인 영향을 미치는 자연환경을 알아봄으로써 생명체와 자연환경을 존중하고, 녹색 환경을 소중히 여기도록 하는 내용이다. 유아가 자신의 신체와 주변에 있는 동식물에 관심을 가지며, 자신의 출생과 성장뿐만 아니라 궁금한 동식물의 특성을 구체적으로 알아 가는 내용을 담고 있다. 또한 유아가 인간과 동식물, 자연환경 간의 밀접한 연관성을 이해하고, 인간과 동식물이 함께 살기 좋은 녹색 환경과 생태계를 파괴할 수 있는 온실가스와 환경 오염을 줄이는 방법에 대해 알아보는 내용도 다룬다(교육과학기술부·보건복지부, 2013, p. 166-169).

3세	4세	5세
나의 출생과 성장에 대해 관심을 갖는다.		나와 다른 사람의 출생과 성장에 대해 알아본다.
주변의 동식물에 관심을 가진다.	관심 있는 동식물의 특성을 알아본다.	관심 있는 동식물의 특성과 성장 과정을 알아본다.
생명체를 소중히 여기는 마음을 갖는다.		
	생명체가 살기 좋은 환경에 대해 관심을 갖는다.	생명체가 살기 좋은 환경과 녹색 환경에 대해 알아본다.

(1) 지도 지침 및 유의점

- 유아가 출생 후 성장하는 과정에서 변화된 부분에 대해 관심을 가질 수 있도록 유아의 성장 과정에 대한 사진이나 동영상 자료를 활용하도록 한다.
- 교실 안에 동식물을 두고 길러 보게 하여 유아가 생명체에 관심을 갖도록 한다. 유아가 생명체를 주의 깊게 관찰하고 궁금한 점을 알아볼 수 있도록 확대경, 물뿌리개, 동식물에 대한 사진과 포스터, 책과 미디어 자료를 제공해 준다.

- 교사는 생물체에 대해 관심을 기울이고 존중해 주는 모델이 되도록 한다. 또한 생명체와 자연 세계를 담고 있는 좋은 서적과 지역사회 자원을 조사하여 필요할 때 적절하게 활용할 수 있도록 한다.
- 생명체가 살아가기에 좋은 환경에 대해서 생각해 보도록 하고 실제 생활에서 실천할 수 있는 다양한 방법을 알아보도록 한다.
- 우리가 살고 있는 환경의 문제점에 대해 함께 이야기를 나누고, 오염된 환경을 깨끗한 녹색 환경으로 변화시키기 위해 할 수 있는 일들을 조사해 보도록 한다.
- 교사는 일반적인 동식물보다는 유아가 관심을 가지고 있는 동식물을 선택하여 자세히 탐색할 수 있도록 안내해야 한다.
- 교사가 녹색 환경에 관한 내용을 계획할 때 이산화탄소 배출로 인한 지구온난화와 관련된 내용을 설명하게 되면 너무 추상적일 수 있으므로 유아가 생활 속에서 직접 실천할 수 있는 활동으로 계획한다.

(2) 연령별 활동 예시

① 출생 및 성장과 관련된 활동

- 3세: 유아의 신생아 사진과 돌 사진, 현재의 모습을 찍은 사진을 차례로 보여 주고 어떻게 달라졌는지 비교해 본다.
- 4세: 유아의 현재 키와 몸무게를 재어 보고 3세 때 키와 몸무게에서 어떻게 변화하였는지 시각화하여 비교해 본다.
- 5세: 3세와 4세보다 키가 자라고 몸무게가 증가한 이유에 대해 이야기를 나누고, 우리 몸이 건강하게 성장하는 데 도움이 되는 방법들을 컴퓨터나 책 등을 통해 조사해 본다.

② 동식물과 관련된 활동

- 3세: 교실에서 기르기에 적합한 동물이나 식물을 길러 보며 관찰하는 활동을 해 본다.
- 4세: 교실에서 직접 키우기로 결정한 동물(예: 장수풍뎅이)이나 식물(예: 콩)의 이름을 지어 주고, 오감을 이용하여 지속적으로 관찰하도록 한다.
- 5세: 교실에서 키우기에 적합한 동식물의 습성에 대해 이야기를 나누고, 동식물을 잘 돌보는 방법(예: 규칙적으로 먹이와 물 주기, 깨끗이 닦아 주기, 음악을 들려주거나 노래 불러 주기 등)을 조사하고 역할을 나누어 실행한다. 또한 시간이 지남에 따라 성장하는 모습을 다양한 방법으로 표현해 보도록 한다.

③ 생명체의 소중함과 관련된 활동

- 3세: 주변의 숲이나 공원에서 꽃, 풀, 나무, 벌레, 곤충과 같은 생명체를 관찰할 때 손으로 꺾거나 발로 밟는 것과 같이 함부로 다루지 않도록 한다.
- 4세: 생명체를 존중하는 내용을 다룬 그림책을 소개하고 생명체를 존중하는 방법에 대해 함께 알아본다.
- 5세: 자연 보호 캠페인 활동을 계획하고 가정과 연계하여 지속적으로 실행해 본다.

④ 환경과 관련된 활동

- 4세: 봄, 여름, 가을, 겨울 등 계절별로 주변의 가까운 숲으로 자주 나가서 곤충과 벌레, 식물을 관찰하면서 생명체가 살고 있는 환경에 관심을 가지도록 한다.
- 5세: 녹색 환경을 위해 유아가 생활 속에서 직접 실천 할 수 있는 방법에 대해 알아본다(예: 부채 사용하기, 일회용품 사용하지 않기, 쓰레기 분리수거하기, 씨앗 또는 나무 심기 등).

Book : 생명체와 자연환경과 관련된 책

- 지은이: 나가사와 마사코
- 그림: 나가사와 마사코
- 출판사: 비룡소
- 출판 연도: 2018년
- 내용: 나란히 선 은행나무와 동백나무가 일 년간 싹을 틔우고, 초록색 나뭇잎을 노란색으로 물들이고, 낙엽을 떨어뜨리고, 꽃을 피우는 모습을 보여 줌으로써 나무의 생장은 물론 낙엽수와 상록수의 차이에 대해 알려 준다. 시적인 글과 시원시원한 그림으로 나무의 생장과 자연의 순환이라는 과학적 주제를 쉽고 재미있게 풀어냈다. 크고 길쭉한 은행나무는 할아버지로, 작고 동그란 동백나무는 꼬마로 의인화해 대화 형식으로 구성한 글과 선명한 색상을 과감한 구도로 사용한 그림이 자칫 정적으로 느껴질 수 있는 소재인 나무를 활기차게 표현해 주는 책이다.

- 지은이. 케이티 네이니스
- 그림: 크리스틴 핌
- 출판사: 어스본코리아
- 출판 연도: 2019년
- 내용: '새는 왜 울어요?', '고래는 어떻게 말해요?', '개는 꼬리로 말하나요?' 등 동물들이 말하는 방법에 관한 궁금증을 플랩을 열어 보면서 알아본다. 동물들도 사람처럼 말할 수 있는지, 동물들이 어떤 방법으로 말하는지 살펴보며 동물들이 생각이나 감정을 드러내는 원리와 지식을 하나하나 익힐 수 있다. 뿐만 아니라 동물의 소리나 무늬, 몸짓에 담긴 흥미로운 비밀도 알아맞힐 수 있다. 동물들의 의사소통과 관련된 여러 가지 궁금증을 풀어 보면서 과학에 흥미를 붙이고 과학 지식을 익히는 밑거름을 쌓을 수 있는 책이다.

Book : 생명체와 자연환경과 관련된 책

- 지은이: 다카하시 유지
- 그림: 야규 겐이치로
- 출판사: 대교소빅스
- 출판 연도: 2018년
- 내용: 뇌의 신비로운 작동 원리를 쉽고 재미있게 알려 주는 과학 그림책이다. 아이들이 쉽게 대답할 수 있는 가벼운 질문으로 시작해 뇌의 위치와 모양, 특징, 작동 원리 등을 재미있게 설명해 준다. 피아노를 치다가 화장실에 가고 싶어 급하게 뛰어가던 아이가 넘어지며 아픔을 느끼지만 울음을 참고 친구들에게 하마에게 물렸다고 거짓말하는 과정을 통해 뇌가 신경을 따라 이어진 우리 몸을 어떻게 움직이는지를 알려 주고, 뇌가 동작뿐만 아니라 우리의 생각과 느낌까지 모든 부분에 관여하고 있다는 사실을 자연스럽게 보여 주는 책이다.

- 지은이: 앙겔 들로누아
- 그림: 카롤린 하멜
- 출판사: 풀빛
- 출판 연도: 2017년
- 내용: 코딱지라고 보기에는 사랑스러운 코딱지 공주는 지금까지 잘 알려지지 않은 '코딱지'와 '콧물'의 진실에 대해 이야기한다. 코딱지와 콧물은 왜 생기는지, 코딱지와 콧물이 생겼을 때 어떻게 해야 예의 바른 것인지, 콧속을 깨끗하게 청소하는 법과 코딱지 색을 보고 몸 상태를 살피는 법 등을 알려 준다. 동그란 코딱지와 기다란 코딱지, 녹색 코딱지, 빨간 코딱지 등 개성 만점의 코딱지 친구들과 콧속을 신나게 돌아다니며 다양한 이야기를 해 주는 책이다.

Activity

- 자신이 관찰하고 싶은 씨앗을 그림으로 그리고 특징을 써 보자.

씨앗 이름	씨앗 그림	특징

- 씨앗을 길러 보았던 경험에 대해 친구들과 이야기해 보고, 씨앗의 변화 과정을 그림으로 그려 보며 그때의 느낌을 써 보자.

내가 길러 보았던 씨앗	씨앗 성장 후 그림	느낌

9장

자연 현상

'자연 현상'에 관한 내용은 지구과학 영역에 대한 개념들로 구성되어지며, 영유아의 일상생활에서 접할 수 있는 환경, 즉 날씨, 비, 눈, 바람, 온도 등의 기본적 날씨 현상과 환경을 보호해야 하는 이유에 대한 이해와 환경 보존을 위한 방법들을 중심으로 다루고 있다. 이외에도 하늘, 해, 달, 별, 지구 등 우주 공간에 대한 내용이 영유아들이 지속적으로 관심을 가지고 접근하는 과학 활동 중의 하나가 되고 있다(김현자 외, 2012).

환경과 우주와 같은 지구과학적 탐구에 대한 교육은 일상생활과 상호 관련적인 범위 내에서 자연스럽게 이루어져야 하지만 내용이 거시적이고 유아가 쉽게 이해하기에 어려움이 있기 때문에 영유아들의 놀이나 생활과 연결하여 자연스럽게 과정적 이해가 되도록 구성되어져야 한다. 이 장에서는 영유아가 자연 현상에 대해 알아야 할 개념들을 천체, 지질, 기상으로 나누어 살펴보고자 한다.

1. 자연 현상의 이해

1) 천체

오늘날의 영유아들은 다양한 매체를 통해 지구나 우주라는 것을 쉽게 접하게 된다. 특히 우주에 대한 개념은 영유아들이 직접적으로 관찰하기 어렵기 때문에 상상적인 요소를 가미한 비과학적인 부분으로 오개념을 갖게 될 수 있다. 따라서 밤과 낮이 생기는 이유를 설명하고 달 모양의 변화를 직접 관찰할 수 있도록 해 줄 필요가 있다.

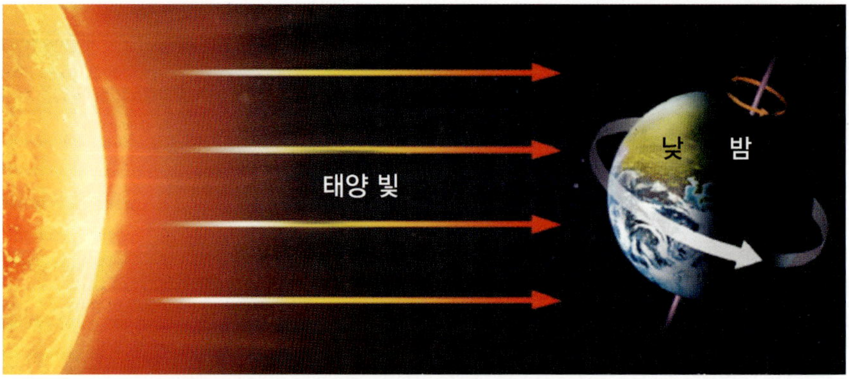

[그림 9-1] 낮과 밤

출처: 천재교육 백과사전.

천문학적인 표상을 올바로 형성하기 위해서는 유아에게 제공되는 물리적 환경은 인공적인 것이기보다는 자연적이어야 한다. 즉 지구본이나 우주의 사진 등 간접적이거나 언어적인 설명도 도움이 되겠지만 그보다는 달의 모양이나 별자리의 변화를 관찰하거나 광활한 땅이나 산등성이, 수평선, 지평선 등 유아가 직접 보고 밟고 느끼고 만질 수 있는 자연적인 형태의 환경을 매개체로 이용하는 것이 바람직하다. 과거의 과학자들이 지구의 모양에 대해 실마리를 얻은 것이 바로 이와 같은 자연으로부터였기 때문이다(김선양, 2000; 한유미, 2017).

밤하늘의 별과 달 관찰하기

따라서 지구나 우주와 관련된 내용의 과정과 개념을 분리시키기보다는 함께 통합할 수 있어야 한다. 또한 유아의 발달 특성상 정교하고 확고한 과학적 지식의 구성이 어려우므로 너무 많은 개념을 다루는 것보다는 유아가 관심을 가지는 개념을 지속적으로 반복하고 심화시켜서 정확한 개념을 구성하는 것이 바람직하다(곽향림, 2006).

영유아에게 천체에 대한 개념을 교육하기 위해서는 다음과 같은 내용들이 포함되어야 한다.

- 하늘에는 해, 달, 별이 있다.
- 해는 동쪽에서 떠서 서쪽으로 진다.
- 해는 낮에 볼 수 있다.
- 별, 달은 밤에 볼 수 있다.
- 달은 지구의 둘레를 돈다.
- 태양을 중심으로 모여 있는 별들을 태양계라고 한다.

2) 지질

지질학은 지구를 구성하는 물질의 종류와 특성, 그리고 이들 물질들이 변형을 받은 과정을 밝혀 지구의 구조 및 지구의 역사를 밝히는 자연과학이다. 즉 지구를 구성하는 암석권(땅), 수권(물), 대기권(공기)이 포함된다.

암석권(땅)은 지구의 표면에 가까운 층으로 주로 단단한 고체로 이루어진 부분이다. 암석은 지구를 둘러싸고 있는 돌, 흙, 모래와 관련된 것들을 교육에 포함시킬 수 있다. 영유아들이 산책을 하면서 주워 온 돌들을 관찰하여 색깔, 크기, 모양에 대해 이야기를 나눌 수 있고, 이를 현미경이나 루페로 관찰하는 경험을 하게 할 수 있다. 또는 실외 놀이터에서 모래를 탐색하며 물을 부어 보기도 하면서 모래의 특성에 대해 알아보고 체에 모래를 걸러서 부드러운 모래로 만들어 남은 알맹이들을 관찰할 수 있는 경험을 해 보는 것도 좋다.

여러 가지 크기의 돌, 흙, 모래 관찰하기

암석은 식물의 성장과도 밀접하게 연관이 되어 있는데, 부드러운 자갈을 빻은 다음 씨 뿌리기에 사용할 수 있다. 부식토가 있는 좋은 흙과 기타 유기물을 썩힌 좋은 흙에서 자라는 씨를 관찰하는 것도 도움이 된다(한유미, 2018). 또한 자연환경과 관련하여 썩지 않는 플라스틱 용기나 비닐봉지, 스티로폼 같은 일회용품들을 흙에 묻었을 때 어떠한 영향을 미치는지에 대해 생각해 보고 토의하는 시간을 갖는 경험을 해 볼 수 있다.

수권(물)은 지구의 표면에서 75%로 가장 많은 부분을 차지하고 있으며, 영유아들이 직접 경험해 볼 수 있는 비, 눈, 빙하가 녹아서 호수, 바다가 되며 시내가 모여서 강이 되고 다시 바다가 된다는 것을 알 수 있게 한다. 아울러 물이 인간에게 주는 고마움(예: 일상생활에서의 물의 다양한 쓰임새), 자연을 보존해야 하는 필요성(예: 수질 오염과 그 폐해)과 그 방법(예: 물 아껴 쓰기)을 이해하도록 하는 환경교육의 일환으로 접근할 수도 있다.

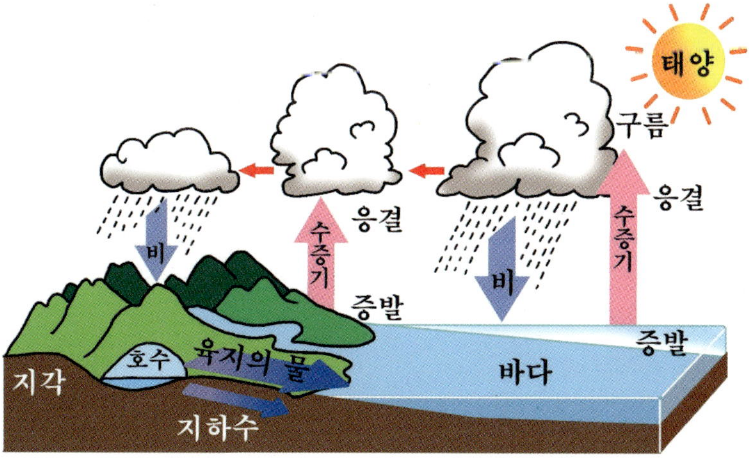

[그림 9-2] 물의 순환

출처: 한국수자원공사 홈페이지.

영유아에게 지질에 대한 개념을 교육하기 위해서는 다음과 같은 내용들이 포함되어야 한다(신은수 외, 2006; 한유미, 2018).

▶ 암석권(땅)

- 땅은 들, 산, 사막 등으로 이루어져 있고 각기 다른 특성을 가지고 있다.
- 돌은 여러 가지 종류가 있다.
- 부서진 바위는 돌, 흙, 모래가 된다.
- 돌은 부서지면서 흙, 모래가 된다.
- 흙은 식물의 성장을 도와준다.
- 부서진 돌과 식물은 흙이 된다.

▶ 수권(물)

- 물은 색, 맛, 냄새, 형태가 없다.
- 물은 순환한다.
- 물은 다른 물질 속에 흡수된다.
- 물은 무게와 밀어 올리는 힘으로 물체를 뜨게 한다.

▶ 대기권(공기)

- 공기는 우리 주변에 있다.
- 공기는 색, 맛, 냄새가 없고, 눈에 보이지 않는다.
- 공기는 공간을 차지하고, 압력과 무게를 가지고 있다.
- 더운 공기는 위로 올라가고 차가운 공기는 내려간다.

3) 기상

영유아는 매일매일 어떤 날씨인지에 관심을 갖고, 날씨에 따라 적절한 옷차림을 하며 계절의 변화에 따라 일상생활에 변화가 있다. 이처럼 자연 현상 안에서 기상은 날씨, 계절과 관련된 개념이 포함된 영역이다.

특히 유아들은 봄, 여름, 가을, 겨울과 관련된 계절의 변화를 보며 계절 변화에 따른 날씨를 느낀다. 각 계절마다 할 수 있는 놀이나 사람들의 옷차림, 나무의 상태, 풍경 등이 달라진다. 유아들은 겨울철 날씨와 관련해 눈과 관련된 놀이를 즐기기도 한다. 유아마다 좋아하는 계절이나 날씨가 있는데, 특정 계절이나 날씨를 좋아하는 이유는 대개 그 계절이나 날씨에 즐겨 할 수 있는 활동이나 놀이가 있기 때문이다.

겨울철 눈 탐색하기

영유아가 아침에 등원을 하면 선생님들과 먼저 날씨에 대한 이야기를 나누고, 날씨를 표시하는 날씨 판에 오늘 날씨를 붙인다. 영유아들은 이런 과정을 통해서 여러 가지 날씨에 대해 매일 관심을 가지며 자극을 받고 있다. 혹은 바깥놀이가 계획되어 있던 날 비가 오면 바깥놀이가 취소되기도 한다. 이처럼 날씨는 영유아의 활동에 많은 영향을 미치기 때문에 더욱 관심을 많이 갖게 되는 과학 영역이기도 하다. 또한 비가 오는 날에는 천둥과 번개를 동반하는 비도 있을 것이고, 비의 양에 따라 장마, 소낙비가 있어 각기 다른 소리와 특징을 가진다는 것을 알아 간다.

영유아에게 기상에 대한 개념을 교육하기 위해서는 다음과 같은 내용들이 포함되어야 한다.

- 기온의 변화에 따라 봄, 여름, 가을, 겨울이 있다.
- 날씨는 매일 변한다.
- 나라마다 날씨의 특징이 있다.
- 날씨는 비, 눈, 바람을 동반하여 다양하게 나타난다.
- 비, 눈, 바람은 각각의 특징을 가지고 있다.
- 비, 눈, 바람은 생성 원인을 가지고 있다.
- 번개와 천둥은 비를 동반한다.
- 구름의 종류는 다양하다.
- 구름은 공기의 흐름에 의해 끊임없이 모양이 바뀐다.
- 계절에 따라 날씨가 다르다.
- 계절에 따라 다른 동물과 식물을 볼 수 있다.
- 계절에 따라 입는 옷차림이 달라진다.

2. 자연 현상에 대한 개념 발달 및 교사의 역할

영유아기에 자연 현상은 영유아기 개념 발달과 밀접한 관련이 있으며 교사는 영유아의 발달 정도에 따라 필요한 지원과 역할을 해 주어야 한다(김현자 외, 2012).

1) 영아기

(1) 영아기 자연 현상 개념 발달

- 환경에 대한 이해보다는 환경을 즐기는 수준이다.
- 자연 현상으로 인한 감각을 그대로 인식한다.

(2) 영아기 자연 현상 개념 형성을 위한 교사의 역할

- 주위 환경을 안전하게 즐길 수 있도록 세심히 배려한다.
- 영아가 느끼고 반응하는 것에 의성어나 의태어를 사용해 관심사를 공유한다.

2) 유아기

(1) 유아기 자연 현상 개념 발달

- 날씨와 계절의 변화를 인식한다.
- 환경의 보존에 대한 방안을 제시할 수 있다.
- 탈중심화를 통해 극적인 가상놀이가 가능해진다.

(2) 유아기 자연 현상 개념 형성을 위한 교사의 역할

- 자연 현상을 명명하는 유아들에게 언어적으로 격려하고 지원하여 관심을 지속시킨다.
- 자연환경의 소중함을 알고 할 수 있는 유아들의 일을 토의하도록 격려한다.
- 환경 보호가 생활에 적용될 수 있도록 직접적인 교수 활동을 준비한다.

3. 자연 현상과 관련된 표준보육과정 및 누리과정

제3차 어린이집 표준보육과정 교사용 지침서에서는 자연 현상과 관련된 내용들을 다음과 같이 제시하고 있다(보건복지부·육아정책연구소, 2013, p. 111–112, 207–208).

1) 0~1세 자연 현상과 관련된 표준보육과정

'주변 자연에 관심 가지기'는 0~1세 영아가 생활 주변의 자연물과 바람, 햇빛, 비 등을 감각을 통하여 느껴 보는 내용이다. 구체적으로 '생활 주변의 자연물을 감각으로 느껴보는 것'과 '바람, 햇빛, 비 등을 감각으로 느껴보는 것'으로 구성되어 있다. 이는 영아의 감각을 통한 주변 자연물과 자연 현상에 대한 탐색 능력을 증진하기 위함이다.

1수준	2수준	3수준	4수준
	생활 주변의 자연물을 감각으로 느껴 본다.		
	바람, 햇빛, 비 등을 감각으로 느껴 본다.		

(1) 지도 지침 및 유의점

- 교사는 영아가 생활 주변에서 만나는 자연물을 만져 보고 냄새를 맡아 보는 등 감각을 통하여 자연물을 느껴 볼 수 있도록 다양한 기회를 제공하고 적절한 언어로 상호 작용을 해 준다.
- 영아가 실외 놀이터나 바깥에서 산책을 하면서 다양한 날씨를 감각으로 느낄 수 있도록 기회를 제공하고, 영아의 표정과 반응을 민감하게 살피면서 적절한 언어와 몸짓으로 상호 작용을 해 준다.
- 주변 자연물이나 자연 현상을 느끼도록 하기 위해서 실내보다 실외 놀이터나 주변 산책의 기회를 충분히 제공해 준다. 교사는 영아에게 빗소리, 바람소리 등 자연의 소리를 직접 경험하게 하거나 경험을 한 후에 사진 자료를 함께 제시하면서 녹음된 소리를 들려줄 수도 있다.
- 영아가 너무 강한 햇빛이나 천둥소리, 폭우 등에 노출되지 않도록 유의한다. 자연물과 자연 현상에 대해 편안하고 기분 좋게 느끼지도록 해 주는 것이 바람직하다.

(2) 수준별 활동 예시

수준	활동 개요
2수준	유모차에 달린 바람개비가 바람이 불 때 움직이는 모습을 살펴보며 바람을 느껴 볼 수 있도록 한다.
3수준	바람 부는 날 실외 놀이터에서 바람개비가 돌아가는 모습을 살펴보거나, 영아가 입김을 불어 바람개비가 돌아가도록 해 본다.
4수준	바람 부는 날 실외 놀이터에서 바람개비를 들고 달리면서 바람개비의 움직임을 살펴볼 수 있도록 한다.

2) 2세 자연 현상과 관련된 표준보육과정

'자연을 탐색하기'는 2세 영아가 주변에서 볼 수 있는 돌, 물, 모래 등의 자연물을 탐색하고, 변화하는 날씨 현상에 관심을 가지고 감각으로 느껴 보는 내용이다. 구체적으로 '돌, 물, 모래 등의 자연물을 탐색하는 것'과 '날씨를 감각으로 느끼는 것'으로 구성되어 있다. 이는 영아가 주변의 자연물과 자연 현상에 호기심을 갖고 탐색하는 능력을 증진하기 위함이다.

<table>
<tr><th>1수준</th><th>2수준</th></tr>
<tr><td colspan="2">돌, 물, 모래 등의 자연물을 탐색한다.</td></tr>
<tr><td colspan="2">날씨를 감각으로 느낀다.</td></tr>
</table>

(1) 지도 지침 및 유의점

- 교사는 영아에게 일상생활 속에서 자연스럽게 자연물과 날씨 등에 관심을 가지도록 이야기를 나누고 감각적으로 탐색해 보도록 적절한 언어적 상호 작용을 해 준다.
- 등·하원 시 또는 산책을 나가면서 피부로 느껴지는 날씨와 눈으로 보이는 날씨의 느낌을 감각적으로 표현해 보도록 한다. 이때 교사가 다양한 감각을 표현하는 언어를 사용하여 영아가 자연스럽게 접하도록 한다.
- 어린이집의 환경, 날씨 등을 고려하여 물놀이, 모래놀이 등의 기회를 최대한 자주 제공해 준다. 또한 벽면에 간단한 날씨 판을 만들어 영아가 직접 오늘의 날씨 그림을 찾아 붙여 보도록 함으로써 영아가 자연스럽게 날씨에 관심을 갖도록 한다.

- 눈이나 비가 자주 오지 않는 지역에 거주하는 경우에는 동영상이나 사진 자료를 활용하여 다양한 날씨에 관심을 갖도록 한다.
- 바깥에서 활동을 진행할 때는 날씨 상황에 맞게 모자, 외투 등을 적절히 착용할 수 있도록 지도한다.

(2) 수준별 활동 예시

수준	활동 개요
1수준	모래 놀이터에서 모래의 촉감을 느껴 보며, 손가락 사이로 모래가 빠져나가는 것에 관심을 가져 본다.
2수준	모래에 물을 뿌리면서 모래가 뭉쳐지는 모습을 관찰하고, 소꿉놀이 그릇이나 모양 틀에 젖은 모래를 눌러 담아 원하는 모양을 만들어 본다.

3) 3~5세 자연 현상과 관련된 누리과정

3~5세 누리과정 지침서에서 '자연 현상 알아보기'는 유아가 생활 속에서 쉽게 접할 수 있는 자연물이나 자연 현상에 대해 관심을 갖고 탐구 과정을 통하여 '변화와 규칙성'이라는 자연의 본질에 대한 이해를 도모하는 내용이다. 이는 초등학교 슬기로운 생활의 '봄', '여름', '가을', '겨울' 뿐 아니라 과학과 교육 과정인 '물의 상태 변화'와 '지표의 변화', '날씨와 우리 생활', '계절의 변화'에 대한 학습 기반을 형성한다(교육과학기술부·보건복지부, 2013, p. 170-172).

3세	4세	5세
돌, 물, 흙 등 자연물에 관심을 갖는다.	돌, 물, 흙 등 자연물의 특성과 변화를 알아본다.	
날씨에 관심을 갖는다.	날씨와 기후 변화에 관심을 갖는다.	날씨와 기후 변화 등 자연 현상에 대해 관심을 갖는다.
		낮과 밤, 계절의 변화와 규칙성을 알아본다.

(1) 지도 지침 및 유의점

- 유아가 주변에 있는 돌과 물, 흙과 같은 자연물을 가지고 놀이해 보는 경험을 제공한다. 초기에는 흙놀이, 물놀이를 통해 자연스럽게 자연물에 관심을 갖도록 유도하고, 점차 주변에 있는 크고 작은 돌과 암석 등을 찾아서 모양이나 색, 크기, 질감 등에 대해 알아보도록 한다.
- 장소나 시간의 변화에 따라 자연물의 상태(예: 모양, 색, 재질 등)도 변할 수 있음을 알도록 한다.
- 유아가 낮과 밤, 계절의 변화를 지속적으로 관찰해 봄으로써 변화의 규칙성을 이해하게 한다. 또한 계절의 변화에 따라 주변 환경과 동식물, 유아의 생활이 어떻게 변화하는지를 이해하도록 돕는 활동을 제공한다.
- 교사는 유아가 생활 주변에서 경험할 수 있는 돌, 흙, 물 등의 자연물을 중심으로 활동을 계획하고 환경을 구성한다.
- 교사는 유아가 낮과 밤, 계절의 변화와 규칙성을 이해하기 위해 인과적 수준의 문제 해결보다 유아의 생활과 주변 환경이 어떻게 변화했는지를 중심으로 활동을 계획한다.

(2) 연령별 활동 예시

① 돌, 물, 흙 등 자연물에 관한 활동

- 3세: 주변의 흙이나 자연물을 오감을 이용하여 탐색하며 함께 이야기를 나눈다.
- 4세, 5세: 여러 가지 도구를 이용하여 섞거나 체로 치는 놀이를 하면서 흙의 특성을 알아 가도록 한다.
- 5세: 흙의 종류(모래흙, 진흙, 일반 흙)에 따라 식물의 성장이 어떻게 다른지 지속적으로 관찰하고 탐색한다.

② 낮과 밤, 계절의 변화와 규칙성에 관한 활동

- 4세: 낮과 밤에 하늘의 변화, 낮과 밤에 사람들이 하는 일을 조사하고 그래프로 만들어 비교해 본다.
- 5세: 봄, 여름, 가을, 겨울의 계절에 따라 나타나는 날씨의 특징과 변화에 대해 조사하고, 사계절과 관련된 그림책 등을 활용하여 규칙적으로 반복되는 일들을 찾아서 이야기를 나눈다.

③ 날씨 및 기후 변화에 관한 활동

- 3세: 봄, 여름, 가을, 겨울이 되어 달라지는 날씨를 그때마다 느낄 수 있도록 규칙적으로 주변의 가까운 숲이나 공원을 산책하면서 이야기를 나눈다.
- 4세: 봄, 여름, 가을, 겨울의 각 계절에 따라 특징적으로 나타나는 날씨의 변화를 산책하기, 일기 예보 동영상 보기, 날씨와 관련된 기관인 기상대나 기상청 방문하기 등과 같은 방법을 사용하여 구체적으로 알아본다.
- 5세: 계절별로 나타나는 자연 현상인 황사, 장마, 태풍, 폭설 등과 같은 자연재해에 대한 보도 자료를 동영상으로 보고, 자연재해의 원인과 사람들에게 미치는 영향 및 대처 방안 등에 대해 이야기를 나눈다.

Book : 자연 현상과 관련된 책

- 지은이: 롭 로이드 존스
- 그림: 베네데타 죠프레, 엔리카 루시나
- 출판사: 어스본 코리아
- 출판 연도: 2016년
- 내용: 70개 플랩을 열어서 우주를 들여다보고, 달과 별, 태양계 행성을 돌아보며 우주의 생성과 관측, 연구에 관해 배울 수 있다. '왜 달의 모양이 달라지나요?', '우주 정거장은 어떻게 우주로 갔을까요?', '별이 빛을 잃을 수도 있나요?', '어떻게 하면 우주 비행사가 될 수 있어요?' 등 아이들이 궁금해할 법한 질문들을 해결하며 과학적 호기심과 탐구심을 키울 수 있는 책이다.

- 지은이: 글 공작소
- 그림: 글 공작소
- 출판사: 아름다운 사람들
- 출판 연도: 2017년
- 내용: 아이들의 시선이 나로부터 출발해 지구와 태양, 태양계의 행성들 그리고 수많은 별이 어우러진 거대한 우주에 이르도록 이끌어 준다. 금성의 환한 빛이 우리에게는 어떤 힘이 되는지, 토성의 아름다운 고리는 어떤 의미가 담겨 있는지, 밤하늘의 별들을 바라보며 우리는 무엇을 느끼고 생각할 수 있는지, 별 하나하나의 의미를 새길 수 있도록 이야기를 이끌어 나가는 책이다.

- 지은이: 쓰카모토 야스시
- 그림: 쓰카모토 야스시
- 출판사: 뜨인돌
- 출판 연도: 2018년
- 내용: 시원시원한 붓질과 알록달록한 색감을 바탕으로 상상의 범위가 순식간에 우주로 확장되는 통쾌함을 느낄 수 있다. 아이와 아빠가 주고받는 사뭇 진지한 대화를 통해 아이는 '해'가 지구에 사는 우리에게 얼마나 소중하고 고마운 존재였는지 깨닫게 되는 책이다.

Activity

- 다음의 대기 오염에 관한 기사를 읽고 영유아들과 환경을 보호할 수 있는 활동을 구성해 보자.

대기 오염, 남아시아 아이들 기대 수명 평균 20개월 단축

심각한 대기 오염이 인도와 파키스탄 등에서 아이들의 평균 수명을 20개월 단축시킬 수 있다는 분석이 나왔다. … 중략 … 3일(현지 시간) '2019 세계 대기 상태(SOGA)' 보고서에 따르면 대기 오염은 알코올 중독이나 영양실조, 마약보다도 심각한 주요 사망 원인으로 자리 잡고 있다고 CNBC가 보도했다. … 중략 … 대기 오염으로 인해 남아시아에서 태어난 아이들은 다른 곳에서 태어난 아이들보다 평균 30개월 먼저 사망할 수 있으며, 전 세계적으로는 평균 20개월의 수명 단축을 의미한다고 분석했다.

출처: 헤럴드경제(2019. 04. 04.).

활동 주제:

활동 목표:

활동 방법:

10장

간단한 도구와 기계

'간단한 도구와 기계'는 표준보육과정의 자연탐구 영역 중 '생활 도구 탐색하기'(0~1세)와 '생활 도구 사용하기'(2세)에서 그 내용을 다루고 있다. 그리고 3~5세 연령별 누리과정의 자연탐구 영역 중 '과학적 탐구하기'와 가장 밀접한 관련성을 갖는다. 따라서 이 장에서는 도구와 기계의 탐색과 사용을 통해 일상생활에서 논리적이고 수학적·과학적 측면의 사고 능력과 태도를 갖도록 표준보육과정과 누리과정의 내용을 토대로 과학적 개념 발달을 위한 경험적 의의에 대해 살펴보고자 한다.

1. 간단한 도구와 기계의 이해

인간이 동물과 다른 차이점 중의 하나는 도구와 기계를 사용할 줄 안다는 것이다. 그래서 어릴 때부터 손으로 잡을 힘이 생기면 잡는 능력을 길러 주려고 어른들은 우유병과 놀잇감 등을 손에 쥐여 준다. 그렇게 시작한 도구의 활용은 유아기가 되어 일상생활 속에서 필요한 도구와 기계를 경험하게 되고, 필요한 것들에 대한 욕구를 갖게 한다.

유아들은 자신의 주변 생활에서 쉽게 냉장고, 청소기 등의 전자 제품과 시계, 물컵과 같은 생활용품을 접하고 있으나 이러한 생활 도구들의 고마움과 안전한 사용법에 대하여 모르고 지나칠 뿐만 아니라 유아교육 기관에서도 이러한 내용을 소홀히 다루고 있으므로 다양한 생활 도구에 대한 지식은 물론 안전하게 사용하는 기술을 습득하도록 돕는 교육이 필요하다(교육과학기술부, 2012). 이러한 교육은 영아기에 음식을 손으로 먹도록 하는 기본적인 생활 습관 지도에서부터 시작된다고 볼 수 있다.

표준보육과정에서는 영아가 일상생활 속에서 간단한 도구에 관심을 가지고 교사의 도움을 받아 직접 사용해 보는 내용을 다루며, 점차 주변에서 쉽게 반복적으로 보게 되는 간단한 도구나 기계에도 탐색의 기회를 제공하여 친숙함을 느끼도록 하여 스스로 사용해 보는 기회를 갖도록 하는 데 목표를 두고 있다.

〈표 10-1〉 '생활 도구 탐색하기, 사용하기'의 구성 (표준보육과정)

<table>
<tr><th>연령</th><th colspan="4">수준별 활동 개요</th></tr>
<tr><td rowspan="2">0~1세</td><td>1수준</td><td>2수준</td><td>3수준</td><td>4수준</td></tr>
<tr><td colspan="2"></td><td colspan="2">도움을 받아 생활 도구를 탐색한다.</td></tr>
<tr><td rowspan="3">2세</td><td colspan="2">1수준</td><td colspan="2">2수준</td></tr>
<tr><td colspan="4">생활 속에서 간단한 도구에 관심을 가진다.</td></tr>
<tr><td colspan="4">간단한 도구를 사용한다.</td></tr>
</table>

한편 누리과정에서는 유아가 일상생활에서 쉽게 접하는 간단한 도구와 기계에 흥미를 가지고 그 기능과 올바른 사용 방법을 알도록 하는 내용을 다룬다. 또한 새로운 도구와 기계에도 관심을 갖고 일상생활에 필요한 도구와 기계에 관한 창

의적인 사고력을 기르는 데 목표를 두고 있다. '간단한 도구와 기계 활용하기'의 내용이 5세 누리과정('11. 9. 5)에서는 '생활 속에 간단한 도구와 기계를 활용한다, 변화하는 새로운 도구와 기계에 관심을 갖는다, 편리한 물건이 때로는 해가 될 수 있음을 안다.'였으나 3~5세 연령별 누리과정에서는 다음과 같이 수정되었다.

〈표 10-2〉 '과학적 탐구하기'의 구성 (3~5세 연령별 누리과정)

<table>
<tr><th colspan="7">과학적 탐구하기</th></tr>
<tr><th>구분</th><th colspan="2">물체와 물질 알아보기</th><th>생명체와 자연 환경 알아보기</th><th>자연 현상 알아보기</th><th colspan="2">간단한 도구와 기계 활용하기</th></tr>
<tr><td>3세</td><td>친숙한 물체와 물질의 특성에 관심을 갖는다.</td><td></td><td rowspan="3">–</td><td rowspan="3">–</td><td>생활 속에서 간단한 도구와 기계에 관심을 갖는다.</td><td rowspan="2">도구와 기계의 편리함에 관심을 갖는다.</td></tr>
<tr><td>4세</td><td>친숙한 물체와 물질의 특성을 알아본다.</td><td rowspan="2">물체와 물질을 여러 가지 방법으로 변화시켜 본다.</td><td rowspan="2">생활 속에서 간단한 도구와 기계를 활용한다.</td></tr>
<tr><td>5세</td><td>주변의 여러 가지 물체와 물질의 기본 특성을 알아본다.</td><td>변화하는 새로운 도구와 기계에 관심을 갖고 장단점을 안다.</td></tr>
</table>

'간단한 도구와 기계 활용하기'는 세부 내용 면에서 '물체와 물질 알아보기'와도 관련성을 갖는다. 유아가 사용하는 도구와 기계는 결국 유아가 주변에서 쉽게 접할 수 있는 물체와 물질에 관심을 갖고 탐색하는 과정을 통해 그 특성을 알아 가기 때문이다. 그 구체적인 물체가 도구와 기계가 될 수 있는 것이다.

2. 간단한 도구와 기계에 대한 개념 발달 및 교사의 역할

1) 간단한 도구와 기계의 개념 발달

유아들은 실내 혹은 실외에서 장난감 자동차를 가지고 놀이를 하다 보면, 바퀴의 유무나 경사로의 기울기에 따라 자동차의 움직임에 차이가 있음을 발견한다. 어쩌면 기대에 어긋나는 실패의 경험을 통해 바퀴의 수량이나 모양, 기울기의 정도를 조절하며 그 중요성을 더 확실히 알게 된다. 또한 실내에서 식물에 물을 줄 때 사용하는 도구와 실외에 넓은 잔디밭에 물을 주는 도구에는 차이가 있다는 것도 발견하게 된다. 이러한 경험에 대해서는 이야기 나누기나 자연 학습의 기회를 통해 그 원리나 확장 방법, 장점과 단점을 알게 된다.

'간단한 도구와 기계'의 개념을 교육하기 위해서는 다음과 같은 내용들이 포함되어야 한다(신은수 외, 2008).

- 도구와 기계의 종류는 다양하다.
- 도구와 기계는 생활을 편리하게 해 준다.
- 도구와 기계는 안전하게 사용하고 보관해야 한다.
- 도구와 기계는 시대에 따라 점점 편리하게 발명되고 있다.
- 도구와 기계를 발명하기 위해 노력하는 사람들이 있다.

Activity

- 각 도구들의 모음에 이름을 붙여 보고, 각 도구들의 공통점과 차이점을 찾아보자.
- 각 도구들이 더 편리하게 사용되기 위해 변화될 수 있는 모양을 상상해서 글로 쓰거나 그려 보자.

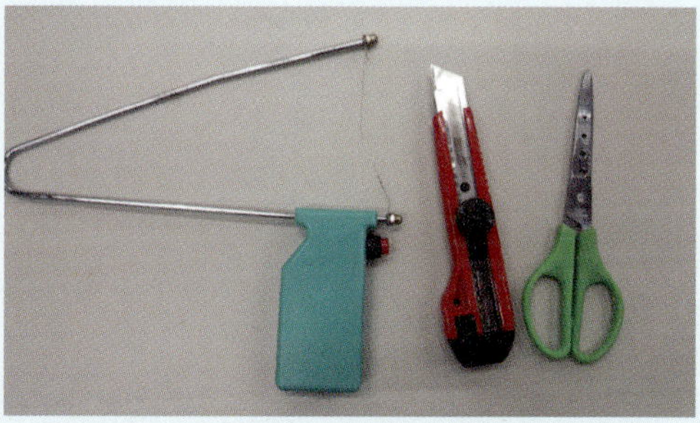

- 이름:
- 공통점과 차이점:

- 발명품:

- 이름:
- 공통점과 차이점:

- 발명품:

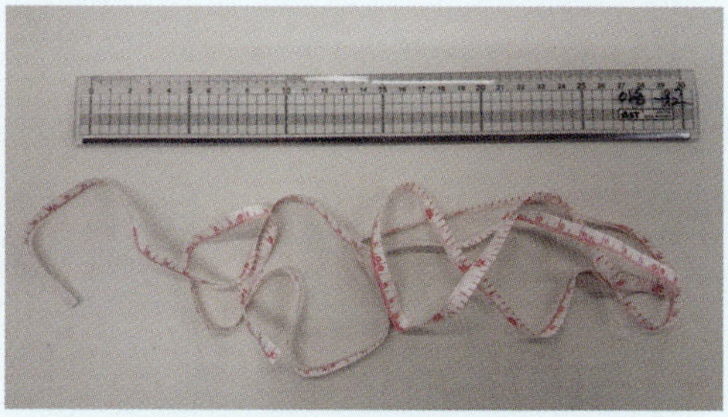

- 이름:
- 공통점과 차이점:

- 발명품:

2) 간단한 도구와 기계의 개념 형성을 위한 교사의 역할

① 생활 속에서 간단한 도구와 기계에 관심을 갖도록 한다.

3세 유아는 일상생활 속에서 쉽게 접할 수 있는 도구나 청소기, 세탁기, 컴퓨터, 노트북 등과 같은 기계에 관심을 갖는다. 그러나 이러한 기계는 유아가 직접적으로 사용할 수 없으므로 빗자루와 쓰레받기, 머리빗, 가위 등 안전하면서도 생활에 편리한 도구를 경험하게 함으로써 더 많은 도구에 관심을 갖게 되고 도구와 기계의 관련성을 점차 알아 가게 한다.

② 생활 속에서 간단한 도구와 기계를 활용해 보도록 한다.

4세와 5세 유아는 간단한 청소 도구뿐 아니라 미용 도구, 주방 도구를 직접 사용해 보는 경험을 통해 도구의 용도와 편리성을 알게 된다. 또한 프로젝트 수업을 하는 과정에서 컴퓨터나 카메라를 사용하며 기계의 다양한 용도와 그에 따른 가치를 알게 되어 점차 변화하는 새로운 도구와 기계에도 관심을 갖고 장단점을 발견해 간다. 따라서 병원놀이나 슈퍼마켓놀이를 통해 필요한 소품을 만들거나 모형물을 사용함으로써 도구와 기계의 편리함에 관심을 갖도록 한다.

③ 도구와 기계의 변화 과정 및 미래의 도구와 기계에 관심을 갖도록 한다.

5세 유아는 컴퓨터나 스마트폰, 노트북, 디지털카메라, 책 읽어 주는 로봇 등을 사용해 봄으로써 도구와 기계 사용의 편리성을 인식하게 된다. 또한 기존의 전통적인 도구에서 첨단 과학기술의 발달로 생겨난 새로운 도구와 기계의 변화 과정을 탐색해 보면서 새롭게 개발되는 도구와 기계에 대한 장단점을 알아 가게 된다. 따라서 유아들이 미래 사회에서 사람들에게 유익을 줄 수 있는 도구와 기계에 대해 상상해 볼 수 있는 기회를 제공함으로써 긍정적이고 창의적인 과학적 사고 능력을 향상시키도록 한다.

따라서 교사는 가정과 유치원 및 어린이집 주변에서 실내에서 사용하는 전자 제품이나 주방 기구 등 생활용품을 유아가 직접 찾아보고 탐색해 볼 수 있도록 하며, 지역사회의 미용실이나 음식점, 병원 등에서 사용하는 도구와 기계들을 조사하거나 견학해 볼 수 있는 기회를 제공할 수도 있다.

과학 영역의 양팔 저울

3. 간단한 도구와 기계에 관련된 표준교육과정 및 누리과정

1) 0~1세 간단한 도구와 기계에 관련된 표준보육과정

제3차 어린이집 표준보육과정 교사용 지침서에서는 '생활 도구 탐색하기'의 소주제에서 생활 속에서 친숙하게 접할 수 있는 도구를 도움을 받아 탐색하는 내용을 통해 도구에 친숙해지고 익숙해질 수 있도록 하고 있다. 이에 대한 수준별 활동 예시를 다음과 같이 소개하고 있다.

수준	활동 개요
3수준	빨대 컵으로 물을 마셔 보도록 하면서 빨대 컵에 관심을 가져 볼 수 있도록 돕는다.
4수준	빨대 없이 손잡이가 있는 컵, 빨대와 손잡이가 모두 없는 컵 등을 제공하여 다양한 컵의 모양과 특징을 경험해 볼 수 있도록 한다.

이와 같이 교사는 영아가 사용하는 개인 물컵이나 숟가락과 포크, 플라스틱 접시 등에 관심을 갖도록 하고 도움을 받아서 직접 사용해 보며 친숙해지도록 한다. 또한 주변에서 쉽게 보는 생활 도구들도 영아가 스스로 충분히 탐색할 수 있도록 시간과 기회를 제공한다.

2) 2세 간단한 도구와 기계에 관련된 표준보육과정

제3차 어린이집 표준보육과정 교사용 지침서에서는 '생활 도구 사용하기'의 소주제에서 생활 속에서 간단한 도구에 관심을 가지는 것과 간단한 도구를 사용하는 것에 관한 내용을 통해 영아가 간단한 생활 도구의 사용 방법에 관심을 갖도록 하여 점차 익숙해지면 스스로 사용할 수 있도록 하고 있다. 이에 대한 수준별 활동 예시를 다음과 같이 소개하고 있다.

수준	활동 개요
1수준	찰칵 소리가 나거나 불이 반짝거리는 놀잇감 사진기, 고장 난 실물 사진기로 사진을 찍는 놀이를 해 본다.
2수준	고장 난 실물 사진기나 놀잇감 사진기를 이용하여 사진기의 렌즈, 셔터 등을 관심을 갖고 살펴본다.

이와 같이 2세를 대상으로는 이 닦기를 위한 칫솔과 치약의 사용과 같이 일상생활을 위한 도구뿐 아니라 주변에서 쉽게 볼 수 있고 생활에 필요한 기계에 대해서도 다루고 있음을 알 수 있다. 교사는 영아가 탐색하기에 안전하다고 판단되는 고장 난 무선 또는 유선 전화기나 고장 난 시계 등을 탐색 영역에 비치하여 만져보게 함으로써 일상생활에서 보는 사물에 대한 관심을 갖고 스스로 사용할 수 있도록 돕는다.

3) 3~5세 간단한 도구와 기계에 관련된 누리과정

3~5세 연령별 누리과정에서는 '생활 도구' 주제를 연령별로 소주제를 구성하여, 각 영역별로 다양한 활동을 제시하고 있다.

(1) 3세

① '생활 도구' 소주제

3세에서는 유아가 관심을 갖고 사용하는 주변의 생활 도구와 미디어의 기능을 알아보는 과정과 실제 활용을 경험할 수 있는 것에 중점을 두었다. 신체운동·건강 영역에서는 '놀이 기구나 놀잇감, 도구를 안전하게 사용한다.', 'TV, 인터넷, 통신 기기 등을 바르게 사용한다.'와 관련이 있으며 의사소통 영역에서는 '책에 흥미를 가진다.', 자연탐구 영역에서는 '친숙한 물체와 물질의 특성에 관심을 갖는다.', '생활 속에서 간단한 도구와 기계에 관심을 갖는다.', '도구와 기계의 편리함에 관심을 갖는다.' 등의 내용이 반영되었다(교육과학기술부, 2013).

〈표 10-3〉 3세 '생활 도구'의 주제 및 소주제

주제	다양한 생활 도구	생활 도구를 움직이는 힘	생활 도구로서의 미디어
소주제	• 내가 사용하는 생활 도구 알아보기 • 내가 좋아하는 생활 도구 사용하기 • 생활 도구 안전하게 사용하기	• 생활 도구를 움직이는 힘에 관심 갖기 • 생활 도구에 사용되는 에너지 절약 방법에 관심 갖기	• 생활 속의 미디어에 관심 갖기 • 미디어의 기능 알기 • 미디어 바르게 사용하기 • 미디어 즐겁게 사용하기

출처: 교육과학기술부(2013). 3세 누리과정 교사용 지도서. p. 8.

② '생활 도구' 소주제별 활동

3세 누리과정 교사용 지도서에서 소주제에 따른 활동 유형과 활동명을 발췌하여 정리하면 〈표 10-4〉, 〈표 10-5〉, 〈표 10-6〉과 같다(교육과학기술부, 2013).

가. 다양한 생활 도구

〈표 10-4〉 '다양한 생활 도구' 소주제별 활동

소주제	활동 유형(영역)	활동명
내가 사용하는 생활 도구 알아보기	쌓기	• 재는 도구를 만들어요
	역할	• 청소 도구를 사용해요
	언어	• 줄줄이 이야기 만들기
	수 · 조작	• 필요한 물건을 찾아요
	미술	• 먼지떨이를 만들어요 • 생활 도구 콜라주
	이야기 나누기	• 종이 친구들 모여라
	동화	• 구슬이 데구르르
	신체	• 나는 크레파스
내가 좋아하는 생활 도구 사용하기	쌓기	• 내 침대를 만들어요
	역할	• 문구점 놀이
	과학	• 돌아라! 팽이
	이야기 나누기	• 내가 좋아하는 장난감
	동시	• 누구에게 줄까요?
	음률	• 색종이 • 당신은 누구십니까?
	신체 · 게임	• 고무줄로 놀아요 • 달려라 국자
생활 도구 안전하게 사용하기	역할	• 머리를 예쁘게 손질해요
	언어	• 같은 이름을 찾아 주세요
	수 · 조작	• 뽕뽕 펀치로 뚫어요 • 집게를 안전하게 사용해요
	과학	• 안전한 멀티탭
	미술	• 생활 도구 만들기 • 분무기로 그려요
	음률	• 도구 찾으러 왔단다 • 유리컵 연주
	이야기 나누기	• 안전하게 사용해요 • 먹을 때는 안전하게
	동시	• 싹둑싹둑
	게임	• 도구 짝꿍 찾기
	요리	• 고구마 경단

〈표 10-4〉에 제시된 활동 외에도 실외놀이 시 모래놀이 영역에서 모래 삽이나 호스를 이용하여 터널 만들기나 수로 만들기, 성 쌓기 등 다양한 놀이를 경험해 보도록 할 수 있다.

나. 생활 도구를 움직이는 힘

〈표 10-5〉 '생활 도구를 움직이는 힘' 소주제별 활동

소주제	활동 유형(영역)	활동명
생활 도구를 움직이는 힘에 관심 갖기	쌓기	• 씽씽 멋진 청소기
	역할	• 빨래하기
	언어	• 도구를 움직이는 힘 • 에너지 이야기
	수 · 조작	• 어떤 힘으로 움직일까요? • 뚜껑을 돌려요
	과학	• 조각 종이를 움직여요 • 고무줄 자동차
	미술	• 부채를 꾸며요 • 다양한 붓으로 그려요
	이야기 나누기	• 바람의 힘을 이용해요 • 물의 힘을 이용해요 • 사람의 힘을 이용해요
	동시	• 바람으로
	신체 · 게임	• 절구에 넣고 찧어요 • 망치로 두드려요
	요리	• 바나나 우유를 만들어요
생활 도구에 사용되는 에너지 절약 방법에 관심 갖기	수 · 조작	• 전기를 아껴 써요
	음률	• 신나게 악기놀이를 해요 • 노래로 절약을 배워요
	동화	• 고마워 쪼르
	이야기 나누기	• 에너지를 소개해요 • 우리 집 에너지 돌봄이
	게임	• 하나만 꺼 주세요

〈표 10-5〉에 제시된 활동 외에도 실외에서 종이비행기나 우주선, 연 등을 날려 보는 활동을 할 수 있으며, 이를 통해 힘과 에너지에 대한 개념을 알 수 있다.

다. 생활 도구로서의 미디어

〈표 10-6〉 '생활 도구로서의 미디어' 소주제별 활동

소주제	활동 유형(영역)	활동명
생활 속의 미디어에 관심 갖기	언어	• 미디어 이름 찾기
	수 · 조작	• 미디어 바느질하기 • 미디어 패턴놀이 • 미디어 퍼즐 맞추기
	이야기 나누기	• 나를 즐겁게 해주는 미디어
	동시	• 동화책 나라
	신체 · 게임	• 두 발로 콩콩 전화 걸기 • 카드 뒤집기
미디어의 기능 알기	음률	• 컴퓨터로 동요를 들을 수 있어요
	게임	• 도전 미디어 친구
	이야기 나누기	• 내가 좋아하는 그림책
미디어 바르게 사용하기	수 · 조작	• 바르게 시청해요
	동화	• 소중한 그림책
	음률	• 어떻게 해야 할까요?
미디어 즐겁게 사용하기	역할	• 도전, 동요대회 • 일기예보놀이
	미술	• 마이크 만들기 • 그림책 표지를 디자인해요 • 그림이 움직여요
	음률	• 컴퓨터 체조
	게임	• 신문을 배달해요

〈표 10-6〉에 제시된 활동 외에도 전자 상가를 직접 견학함으로써 다양한 미디어를 볼 수 있는 경험을 제공할 수 있다.

(2) 4세

① '생활 도구' 소주제

4세에서는 유아들이 생활 도구를 움직이는 데에 바람, 물, 태양 등과 같은 다양한 힘인 에너지가 필요함을 알고, 에너지를 절약하는 습관을 갖도록 하는 것에 중점을 두어 에너지교육 및 녹색성장교육과 연계하고자 하였다. 또한 미디어의 특성을 알아보는 과정을 통해 미디어의 유해성을 인식하여 이를 즐겁고 바르게 사용하는 데 목적을 두고 있다(교육과학기술부, 2013).

〈표 10-7〉 4세 '생활 도구'의 주제 및 소주제

주제	다양한 생활 도구	생활 도구를 움직이는 힘	생활 도구로서의 미디어	미래의 생활 도구
소주제	• 주변에 있는 생활 도구 알아보기 • 편리한 생활 도구 알아보기 • 생활 도구 유용하게 활용하기 • 생활 도구 안전하게 사용하기	• 생활 도구를 움직이는 힘 찾아보기 • 생활 도구를 움직이는 다양한 힘 사용하기 • 생활 도구를 움직이는 에너지의 절약 방법 알아보기	• 생활 속의 미디어 알아보기 • 미디어가 생활에 주는 유익함 알기 • 미디어 바르게 사용하기 • 미디어 즐겁게 사용하기	• 생활 도구 발명가와 발명품 알아보기 • 생활 도구의 불편한 점 알아보기 • 필요한 생활 도구 알아보기 • 새로운 생활 도구 알아보기

출처: 교육과학기술부(2013). 4세 누리과정 교사용 지도서. p. 8.

② '생활 도구' 소주제별 활동

4세 누리과정 교사용 지도서에서 소주제에 따른 활동 유형과 활동명을 발췌하여 정리하면 〈표 10-8〉, 〈표 10-9〉, 〈표 10-10〉, 〈표 10-11〉과 같다(교육과학기술부, 2013).

가. 다양한 생활 도구

〈표 10-8〉 '다양한 생활 도구' 소주제별 활동

소주제	활동 유형(영역)	활동명
주변에 있는 생활 도구 알아보기	언어	• 도구의 이름을 찾아요
	미술	• 생활 도구 본뜨기
	음률	• 신기한 자석 • 주전자
	이야기 나누기	• 도구가 필요해요
	동시	• 필요해요
편리한 생활 도구 알아보기	언어	• 좋아요
	미술	• 사진기를 만들어요
	수 · 조작	• 컵으로 놀아요
	이야기 나누기	• 점점 편리해져요
	신체 · 게임	• 꽁꽁 감아라, 술술 풀어라 • 힘센 보자기
생활 도구 유용하게 활용하기	쌓기	• 내 책상을 만들어요
	역할	• 부엌놀이를 해요
	수 · 조작	• 어떤 도구로 재어 볼까요?
	미술	• 비밀 그림을 그려요
	과학	• 편리한 깔때기
	음률	• 무엇이 필요할까요?
	이야기 나누기	• 여러 가지 가방
	동화	• 신기한 요술 냄비
생활 도구 안전하게 사용하기	과학	• 드라이버를 안전하게 사용해요
	음률	• 가위 안전송
	이야기 나누기	• 아차! 조심해요
	동화	• 내가 제일 멋진 도구야
	게임	• 안전 그림을 찾아요 • 나는 안전 왕!
	요리	• 달걀찜 만들기

〈표 10-8〉에 제시된 활동 외에도 생활 도구 모양 틀에 바느질하기나 깔때기 만들어 보기 등 수·조작이나 미술 활동을 제공할 수 있다.

나. 생활 도구를 움직이는 힘

〈표 10-9〉 '생활 도구를 움직이는 힘' 소주제별 활동

소주제	활동 유형(영역)	활동명
생활 도구를 움직이는 힘 찾아보기	쌓기	• 풍차 마을을 만들어요
	미술	• '풍차' 그림을 감상해요
	언어	• 친환경 에너지야 고마워
	신체	• 누구 찾아왔니?
	동화	• 번쩍이의 여행
	동극	• 번쩍이의 여행
생활 도구를 움직이는 다양한 힘 사용하기	과학	• 풍선 자동차를 굴려라
	게임	• 바람아 힘내라
	역할	• 수레를 끌어요
	요리	• 감자 샐러드 만들기
생활 도구를 움직이는 에너지의 절약 방법 알기	수 · 조작	• 에너지는 소중해요
	음률	• '아껴요 아껴' 악기 연주하기
	이야기 나누기	• 에너지를 절약해요
	동시	• 나는 에너지 절약 왕

〈표 10-9〉에 제시된 활동 외에도 실외에서는 자전거를 타거나 직접 달리면서 바람개비를 움직여 보는 놀이를 통해 힘과 에너지에 대해 알 수 있다.

다. 생활 도구로서의 미디어

〈표 10-10〉 '생활 도구로서의 미디어' 소주제별 활동

소주제	활동 유형(영역)	활동명
생활 속의 미디어 알아보기	언어	• 미디어 수수께끼
	과학	• 다양한 미디어 기기를 탐색해요
	수 · 조작	• 이렇게 변했어요
	게임	• 내 짝을 찾아라 • 미디어 빙고
미디어가 생활에 주는 유익함 알기	미술	• 광고지 만들기 • QR코드 꾸미기
	이야기 나누기	• 미디어는 고마워요
	동극	• 내가 최고야
미디어 바르게 사용하기	수 · 조작	• 꼭꼭 약속해
	동시	• 컴퓨터 체조
미디어 즐겁게 사용하기	역할	• 아나운서가 되었어요 • 우편집배원놀이를 해요
	과학	• 효과음을 만들었어요
	미술	• 컴퓨터로 그림을 그려요
	음률	• 쿵쿵 짝짝! 즐거운 리듬 나라
	미술	• 움직이는 그림책
	신체	• 전자 음악 몸으로 표현하기

〈표 10-10〉에 제시된 활동 외에도 도구를 사용하여 동작을 하는 체조 만들기 등과 같은 창의적인 활동을 경험해 볼 수 있다.

라. 미래의 생활 도구

〈표 10-11〉 '미래의 생활 도구' 소주제별 활동

<table>
<tr><th>소주제</th><th>활동 유형(영역)</th><th>활동명</th></tr>
<tr><td rowspan="4">생활 도구 발명가와 발명품 알아보기</td><td>수 · 조작</td><td>• 숫자가 있는 발명품</td></tr>
<tr><td>이야기 나누기</td><td>• 누가 발명했을까?</td></tr>
<tr><td>과학</td><td>• 우리 원에서 찾은 생활 속 발명품</td></tr>
<tr><td>동화</td><td>• 발명왕 세종대왕</td></tr>
<tr><td rowspan="4">생활 도구의 불편한 점 알아보기</td><td>쌓기</td><td>• 몸이 불편한 사람을 위한 도구 만들기</td></tr>
<tr><td>역할</td><td>• 서비스센터놀이</td></tr>
<tr><td>이야기 나누기</td><td>• 어떻게 바꿀까요?</td></tr>
<tr><td>게임</td><td>• 똬리가 필요해요</td></tr>
<tr><td rowspan="2">필요한 생활 도구 알아보기</td><td>음률</td><td>• 풀잎으로 발명한 악기 연주</td></tr>
<tr><td>미술</td><td>• 나만의 컵 디자인</td></tr>
<tr><td rowspan="4">새로운 생활 도구 알아보기</td><td>미술</td><td>• 우리를 위한 애완 로봇</td></tr>
<tr><td>언어</td><td>• 로봇 이름 지어 주기</td></tr>
<tr><td>이야기 나누기</td><td>• 사람과 로봇</td></tr>
<tr><td>신체</td><td>• 로봇 청소기 되어 보기</td></tr>
</table>

〈표 10-11〉에 제시된 활동 외에도 요리 활동에 필요한 도구를 상상해서 그려 보고, 이야기 나누는 활동을 통해 창의력을 촉진시킬 수 있다.

(3) 5세

① '생활 도구' 소주제

5세에서는 유아가 우리 생활에 많은 변화를 주고 있는 미디어의 종류와 기능을 알고 이러한 미디어의 유용함과 유해함을 인식하여 다양한 목적에 따라 효율적으로 활용할 수 있는 능력을 기를 수 있도록 하는 내용을 다루고 있다. 또한 유아들이 새로운 도구를 만들어 보는 경험을 통해 창의성과 탐구력을 키우는 초등교육 과정과 창의·인성교육을 강조하는 누리과정의 연계성을 반영하였다(교육과학기술부, 2012).

〈표 10-12〉 5세 '생활 도구'의 주제 및 소주제

주제	다양한 생활 도구	생활 도구를 움직이는 힘	생활 도구로서의 미디어	미래의 생활 도구
소주제	• 생활 도구 알아보기 • 생활 도구 변천 과정 알아보기 • 생활 도구 유용하게 활용하기 • 생활 도구 안전하게 사용하기	• 생활 도구를 움직이는 힘 알아보기 • 생활 도구를 움직이는 다양한 힘을 효율적으로 사용하기 • 생활 도구에 사용되는 에너지 절약하기	• 생활 속의 미디어 알아보기 • 미디어가 생활에 주는 유익함 알기 • 미디어 유용하게 활용하기 • 미디어 바르게 사용하기	• 생활 도구 발명가와 발명품 알아보기 • 생활 도구의 개선점 찾아보기 • 필요한 생활 도구 발명하기 • 새로운 생활 도구 알아보기

출처: 교육과학기술부(2012). 5세 누리과정 교사용 지도서. p. 4.

② '생활 도구' 소주제별 활동

5세 누리과정 교사용 지도서에서 소주제에 따른 활동 유형과 활동명을 발췌하여 정리하면 〈표 10-13〉, 〈표 10-14〉, 〈표 10-15〉, 〈표 10-16〉과 같다(교육과학기술부, 2012).

가. 다양한 생활 도구

〈표 10-13〉 '다양한 생활 도구' 소주제별 활동

소주제	활동 유형(영역)	활동명
생활 도구 알아보기	수 · 조작	• 바느질하기
	이야기 나누기	• 이런 도구를 사용해요
	과학	• 도구를 살펴보세요
	동시	• 꼭! 필요해요
	동극	• 누가 빵을 만들까요?
	음률	• 안경
생활 도구 변천 과정 알아보기	동화	• 주룩주룩 나라의 걱정
	음률	• 옛날부터 지금까지
	미술	• 씨름 판이 변해요
	신체	• 따루의 고기잡이
	이야기 나누기	• 이렇게 달라졌어요
	언어	• 옛날 옛적에
생활 도구 유용하게 활용하기	음률	• 난타놀이를 해요
	역할	• 나는 미용사
	요리	• 모양 쿠키를 만들어요
	동화	• 할아버지의 지팡이
	이야기 나누기	• 깨끗이 청소해요
생활 도구 안전하게 사용하기	미술	• 냄비 장갑 만들기
	이야기 나누기	• 앗! 위험해요
	동시	• 조심해야지
	신체	• 식탁을 만들어요

〈표 10-13〉에 제시된 활동 외에도 실외에서 목공놀이를 하거나 구두 수선하는 곳을 견학하여 생활 도구를 수리하는 분들에 대한 고마운 마음을 갖는 경험을 제공할 수 있다.

나. 생활 도구를 움직이는 힘

〈표 10-14〉 '생활 도구를 움직이는 힘' 소주제별 활동

소주제	활동 유형(영역)	활동명
생활 도구를 움직이는 힘 알아보기	음률	• 나는 힘이 나죠
	이야기 나누기	• 어떻게 움직일까요?
	과학	• 바람으로 움직여요
	쌓기	• 에너지 마을 만들기
	신체	• 나는 춤추는 인형
생활 도구를 움직이는 다양한 힘을 효율적으로 사용하기	동시	• 다리미
	미술	• 막대 하모니카를 만들어요
	이야기 나누기	• 친환경 에너지를 이용한 생활 도구
	게임	• 유모차 밀고 다녀오기
생활 도구에 사용되는 에너지 절약하기	음률	• 소중한 전기
	동화	• 뚝딱뚝딱! 만능 박사님
	동극	• 뚝딱뚝딱! 만능 박사님
	과학	• 햇빛으로 김을 구워요
	이야기 나누기	• 더 아낄 수 있어요 • 나는 에너지 지킴이

〈표 10-14〉에 제시된 활동 외에도 역할 영역에서 세탁소놀이를 통해 다양한 도구와 기계를 알 수 있다.

다양한 관찰 및 측정 도구

다. 생활 도구로서의 미디어

〈표 10-15〉 '생활 도구로서의 미디어' 소주제별 활동

소주제	활동 유형(영역)	활동명
생활 속의 미디어 알아보기	과학	• 나도 사진작가
	이야기 나누기	• 생활 속의 미디어
	언어	• 어떤 이야기를 만들까?
	동시	• 우리 집 도우미
미디어가 생활에 주는 유익함 알기	과학	• 내게 필요한 정보를 찾아요
	이야기 나누기	• 컴퓨터도 예방 주사를 맞아요
	동화	• 미디어 예술가
	동시	• 미디어 친구
	미술	• 나도 예술가
미디어 유용하게 활용하기	신체	• 컴퓨터 준비 운동
	미술	• 우리 집 소식을 알려요
	이야기 나누기	• 컴퓨터 나라에 유치원이 있어요
	동극	• 우리들이 만든 동화
	역할	• 영화관놀이
	음률	• 인터넷 나라
미디어 바르게 사용하기	동화	• 도깨비와 컴퓨터
	게임	• 미디어 챔피언 • 개인 정보는 소중해요
	수 · 조작	• 행복한 미디어 세상
	음률	• 바르게 사용해요

〈표 10-15〉에 제시된 활동 외에도 미디어센터에 견학을 감으로써 미디어의 변천 과정을 알 수 있다. 또한 미디어를 정직하게 사용해야 하는 이유에 대해 이야기 나누기를 함으로써 자연스럽게 인성교육이 이루어질 수 있다.

라. 미래의 생활 도구

〈표 10-16〉 '미래의 생활 도구' 소주제별 활동

소주제	활동유형(영역)	활동명
생활 도구 발명가와 발명품 알아보기	언어	• 나만의 발명 노트
	이야기 나누기	• 사람들은 왜 발명을 할까?
	동화	• 환이는 생각 중
	게임	• 몸으로 표현하는 발명품
생활 도구의 개선점 찾아보기	미술	• 우리를 위한 리모컨
	요리	• 야채 탈수기
	과학	• 비눗방울 틀의 발명
필요한 생활 도구 발명하기	쌓기	• 필요한 생활 도구 발명하기
	이야기 나누기	• '특허'란 무엇인가?
	음률	• 유리병 플루트 연주하기
	과학	• 친환경 정수기
	신체	• 로봇이 되어 보기
	미술	• 로봇 디자이너
새로운 생활 도구 알아보기	이야기 나누기	• 이런 로봇 없을까요?
	신체	• 드론이 되어 날아요

〈표 10-16〉에 제시된 활동 외에도 쌓기 영역이나 미술 영역에서 정리하는 방법을 효율적으로 하기 위한 발명품을 고안해 내는 과정을 경험해 볼 수 있다.

4. 간단한 도구와 기계의 활용

생활 주제가 '도구와 기계'이지만 흥미 영역의 모든 영역과 대소집단의 모든 활동을 통해 통합적으로 접근할 수 있다. 따라서 이 절에서는 '간단한 도구와 기계 활용하기'와 관련하여 4세 보육 프로그램에 적용된 두 가지 사례를 소개하고자 한다(여성가족부, 2007).

1) 소주제: 생활에 도움을 주는 도구와 기계

일상생활에서 편리함과 즐거움을 주는 도구와 기계들을 찾아보고, 이러한 도구와 기계의 구조와 기능을 탐색하며 안전하게 사용하는 방법을 알아본다.

주간 보육 계획안

- 주 제: 도구와 기계
- 소주제: 생활에 도움을 주는 도구와 기계

실시 기간 : 11월 4주

활동 \ 요일		월	화	수	목	금
등원 및 맞이하기		우리 집 전화번호 이야기해 보기				
오전 실내 자유선택 활동	쌓기	가전제품 가게 구성하기(텔레비전, 컴퓨터, 세탁기, 청소기 등)				
	역할	가전제품 대리점놀이 →		장난감 수리점놀이 →		
	미술	롤러 그림 그리기 가전제품 만들기 →		도구 그림자 본 이용하여 꾸미기		
	언어	가전제품 단어 카드놀이 기계 책 꾸미기	컴퓨터 언어 카드놀이			
	수 · 조작	도구와 기계 그림자 도미노	직업과 도구	수만큼 볼트 너트 끼우기		
	과학	어떤 기계의 소리일까?(청소기, 세탁기, 믹서, 텔레비전 등) 전화기와 핸드폰 분해하여 관찰하기	〈전시 관찰〉 수리 도구(드라이버, 망치 등)			
	음률	주방 용품 도구로 소리 만들기 →	악기 연주 '빙글빙글 세탁기' →			

요일 활동	월	화	수	목	금
정리 정돈 및 전이 활동	〈전이〉 손유희 '망치'　　〈전이〉 다섯 고개 연상놀이				
대소집단 활동	〈이야기 나누기〉 어린이집에 있는 도구와 기계 찾아보기 〈동화〉 '전화는?'	〈조사 활동〉 우리 집에 있는 도구와 기계 찾아보기 〈견학〉 가전제품 대리점	————〉 〈노래〉 '빙글빙글 세탁기'	〈이야기 나누기〉 도구와 기계 안전하게 사용하기 〈신체 표현〉 세탁기가 되어 보기	〈게임〉 어떤 도구를 사용하나요? 〈수 · 과학〉 내가 좋아하는 기계와 도구 그래프 만들기
실외 활동	훌라후프 통과하기　하늘 땅 보기　돋보기로 햇빛 모으기				
점심 및 낮잠	〈동화〉 '텔레비전은 신기해요'　〈동화〉 'TV는 어떻게 나오는 걸까?'				
오후 자유선택 활동	〈과학〉 어린이집에 있는 도구와 기계 조사하기 〈수 · 조작〉 딱지치기　〈언어〉 기계의 소리 모양 연상하여 동시 짓기				
기본 생활 습관	전기 절약 실천하기(방에서 나올 때 전등 끄기, 사용 후에 전원 끄기)				
귀가 및 가정과의 연계	〈가정 연계〉 집에서 사용하는 편리한 도구와 기계를 찾아보세요. 화요일에 가전제품 대리점 견학이 계획되어 있습니다.				

2) 소주제: 미래의 도구와 기계

옛날과 현대의 도구와 기계를 연결해 봄으로써 도구와 기계는 일상생활의 편리를 위해 계속해서 발전해 나가고 있음을 이해하고 창의적으로 도구와 기계를 발명해 보는 경험을 해 본다.

주간 보육 계획안

- 주　제: 도구와 기계
- 소주제: 미래의 도구와 기계

실시 기간 : 12월 1주

<table>
<tr><th colspan="2">요일 / 활동</th><th>월</th><th>화</th><th>수</th><th>목</th><th>금</th></tr>
<tr><td colspan="2">등원 및 맞이하기</td><td colspan="5">건강 상태 점검과 감기 예방에 대해 이야기하기</td></tr>
<tr><td rowspan="7">오전 실내 자유선택 활동</td><td>쌓기</td><td colspan="5">컴퓨터 가게 구성하기———〉
로봇 공장 구성하기———〉</td></tr>
<tr><td>역할</td><td colspan="5">컴퓨터 수리점놀이———〉 로봇 공장놀이———〉</td></tr>
<tr><td>미술</td><td colspan="5">기계 부품(볼트, 너트, 나사 등)을 이용하여 꾸미기
미래의 도구와 기계 발명하기</td></tr>
<tr><td>언어</td><td colspan="5">컴퓨터 팸플릿 보기　　도구 그림 글자 사전 만들기</td></tr>
<tr><td>수 · 조작</td><td colspan="5">옛날과 오늘날의 기계와 도구　　사포 숫자를 손으로 만져서 맞추기</td></tr>
<tr><td>과학</td><td colspan="5">빨대로 공을 넣어 보기
〈전시 관찰〉 강판과 믹서
가정에서 수집한 컴퓨터 용품 관찰하기</td></tr>
<tr><td>음률</td><td colspan="5">〈음악 감상〉 '고장 난 시계' 개사해서 부르기, '무얼 만들까?'</td></tr>
<tr><td colspan="2">정리 정돈 및 전이 활동</td><td colspan="5">〈전이〉 반대말놀이　　〈정리 정돈〉 비발디 사계 중 '겨울'</td></tr>
<tr><td colspan="2">대소집단 활동</td><td>〈이야기 나누기〉 ○○이 없었을 때 옛날에는 어떻게 살았을까?
〈게임〉 비석 치기</td><td>〈실험〉 강판과 믹서에 갈아 보기
〈요리〉 감자전 만들기</td><td>〈노래〉 '무얼 만들까?'
〈동시〉 '척척박사 로봇'</td><td>〈이야기 나누기〉 우리를 도와주는 로봇
〈신체 표현〉 움직이는 로봇</td><td>〈미술 감상〉 내가 발명한 미래의 기계와 도구</td></tr>
</table>

<table>
<tr><th>요일
활동</th><th>월</th><th>화</th><th>수</th><th>목</th><th>금</th></tr>
<tr><td>실외 활동</td><td colspan="5">가위바위보 해서 계단 오르기 바람개비 놀이
실외 놀이터에서 사용하는 도구 찾아보기</td></tr>
<tr><td>점심 및 낮잠</td><td colspan="5">〈동화〉 '압! 감기야 덤벼라' 〈동화〉 '발명왕 에디슨'
〈음악 감상〉 비발디 사계 중 '겨울'</td></tr>
<tr><td>오후
자유선택 활동</td><td colspan="5">〈수 · 조작〉 도구와 기계 빙고놀이
〈미술〉 바람개비 만들기</td></tr>
<tr><td>기본 생활 습관</td><td colspan="5">사용한 장난감 제자리에 정리하기 컴퓨터 사용 후 모니터 끄기</td></tr>
<tr><td>귀가 및
가정과의 연계</td><td colspan="5">〈가정 연계〉 고장 난 컴퓨터 본체, 모니터, 자판, 마우스를 원으로 보내 주세요.</td></tr>
</table>

Activity

– 망치와 송곳 등 여러 가지 도구를 보고, 도구와 관련된 내용으로 동시를 지어 보자.

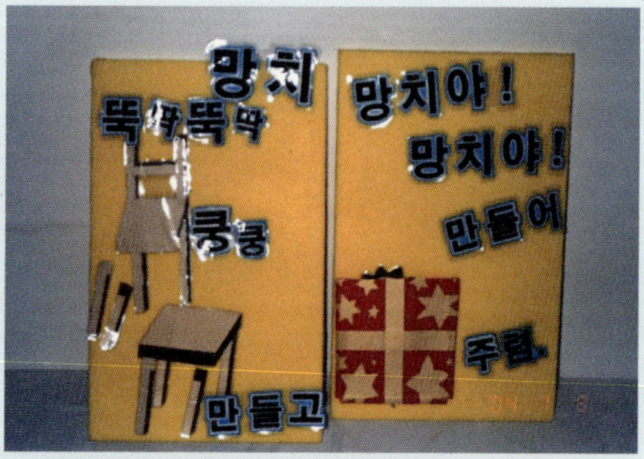

– 동시 짓기

11장

유아과학교육의 평가

유아과학교육의 평가는 곧 과학교육의 과정이자 내용이기도 하다. 과학교육을 진행함에 있어 계획, 방법, 실행 등의 과정을 확인하고 재구성하는 과정이기 때문이다. 이때 교육의 평가임에도 불구하고 내용 및 방법, 과정 등을 점검하고 확인하는 것으로 볼 때 평가는 과정의 끝, 즉 마지막을 의미하는 것이 아니라 순환적 과정 중 하나의 단계임을 알 수 있다. 따라서 평가를 기반으로 이후 도전적 과제나 문제 해결 과정을 위한 과학교육의 계획을 세우는 출발점이 될 것이기 때문에 교육 과정의 마무리이기도 하지만 새로운 교육 과정의 출발점이 된다는 점에서 그 의미를 찾을 수 있다. 그러므로 유아 과학 지도에 있어 주체자인 유아의 과학적 능력의 발달, 교사의 과학 지도를 위한 프로그램에 대한 평가, 프로그램 적용에 대한 교수 방법, 과학 활동의 결과에 따른 일상생활에의 활용 등을 총체적으로 평가하는 것이 바람직하다.

1. 평가의 목적

과학 지도를 위한 교육의 평가는 교수 활동의 한 부분으로, 과학 지도의 질적 향상뿐만 아니라 유아의 과학 학습의 향상을 목적으로 한다.

미국 국가연구위원회(NRC)는 과학 지도에 대한 평가의 네 가지 목표를 다음과 같이 설명하고 있다(이순형, 2015; NRC, 2001).

첫째, 유아가 형식적이거나 비형식적 수단을 사용하여 향상되는 것을 모니터링하고 기록함으로써 유아가 지금 어느 수준으로 과학 학습을 할 수 있는지를 교사가 판단할 수 있다.

둘째, 과학 교수학습 평가를 통해 이후 교사가 교수 방법을 수립하는 것에 대한 적절한 계획을 할 수 있도록 돕는다.

셋째, 유아가 과학적으로 성취한 것을 평가하고 보고하기 위한 자료를 수집하는 데 도움이 된다.

넷째, 과학 프로그램을 평가할 수 있다. 평가 결과는 과학 프로그램의 질과 효율성에 대해 알려 주고, 프로그램의 장단점을 평가함으로써 개선 방향을 제안할 수 있다.

이처럼 여러 가지 과학 지도에 대한 평가들은 결국 과학적 학습에서의 성취에 대한 유무 또는 정답이나 오류에 대한 결과만을 나타내는 것은 아니다. 과학 학습을 통해 얼마나 다양한 방법으로 문제에 접근하는지 또는 어떻게 해결해 나가는지에 대한 과정에 의미를 둔 문제 해결력의 능력 평가와 함께 결과를 위해 얼마나 지속적으로 참여하고 활동을 유지하는지에 대한 태도의 평가에 보다 큰 의미를 두어야 한다.

2. 평가의 방법

과학 활동의 주체는 단연코 유아임에 틀림이 없으나 과학 지도의 평가는 유아를 둘러싼 여러 접근으로 설명될 수 있다. 즉 유아뿐 아니라 프로그램, 교사까지도 평가의 대상이 된다.

1) 유아 평가

유아 평가는 유아의 일상 속에서 항상 통합적으로 이루어져야 한다. 이때 평가는 형식적인 몇 점인지에 대한 점수화, 일등과 이등의 순서화, 높은 점수부터 낮은 점수로 늘어놓는 나열화의 방법으로 평가되어지는 것이 아니라 과학 활동 과정 중의 유아의 수준, 경험의 정도, 학습 태도, 문제 해결력 등의 자료들에 대해 통합적으로 이루어져야 한다. 과학 활동에 참여하는 유아를 대상으로 한 관찰이나 면접, 기록, 활동 결과물이나 작품 수집, 포트폴리오나 표준화 검사 등 다양한 방법의 평가가 가능하다.

(1) 관찰

유아가 무엇을 어떻게 하고 있는지에 대한 구체적이고 직접적인 평가이다. 유아가 과학 활동을 하면서 보이는 행동이나 표정, 대화, 방법 등을 사실적이고 객관적으로 평가하는 시각적인 평가 방법이다. 언제 하는지, 얼마나 하는지, 어떻게 하는지에 대한 구체적인 행동에 대한 평가가 가능하다.

(2) 면접

유아의 보고에 의해 평가하는 방법이다. 그러므로 교사는 유아의 반응이나 자발적인 표현을 위해 발문하여 필요한 정보를 수집하거나 유아 스스로 표현할 때까지의 기다림이 필요한 평가 방법이다. 특히 면접은 읽고 쓰는 능력이 부족한 유아의 과학 활동 과정에 대한 평가에 적합하다.

(3) 기록

유아의 과학적 활동 과정 중 맥락에 맞거나 상황에 적합한, 때로는 적합하지 않은 행동이나 표정, 언어적 표현이나 대화 등에 대해서 사실적으로 작성하는 방법이다. 언제든 어디서든 중요하다거나 필요하다고 생각되는 것을 작성할 수 있는 장점이 있다. 뿐만 아니라 유아의 행동 패턴이나 활동 습관, 작업 형태 등을 명확히 이해하는 데 매우 유용하다.

(4) 작품이나 결과물

유아는 활동을 통해 그림이나 쓰기, 만들기 등 결과물을 남긴다. 이를 지속적으로 수집하면 공통된 발달 과정 및 발달 수준을 알 수 있다. 뿐만 아니라 언제 누가 왜 그러한 표현을 한 것인지에 대한 평가가 가능해진다. 이를 기반으로 하여 추후 활동을 계획하거나 예측하는 등의 지표로 삼을 수 있기 때문에 유아의 작품 및 결과물에 따른 에피소드는 유아를 평가하고 이해하는 데 큰 역할을 한다.

(5) 포트폴리오

포트폴리오(portfolio)는 유아의 과학적 지식이나 태도의 발달 과정을 지속적으로 평가할 수 있는 현재 진행형 평가 방법이다. 유아가 활동에 참여하는 동안 이해할 수 있도록 유아의 참여 과정을 구체적으로 기록해 놓은 평가물이기 때문이다. 유아 개인의 활동 수준 및 참여 과정은 물론 활동 과정 중 타인과의 상호 작용이나 관계에 대해서도 평가가 가능한 학습 전반에 걸친 평가이기에 종합적이고 총체적 평가라고 할 수 있다.

(6) 표준화 검사

유아의 현재 지식수준을 객관적으로 평가하기에 적합한 방법이다. 하지만 과학적 개념 자체를 평가하는 검사보다는, 과학적 지식을 위한 기능이나 능력을 평가하는 표준화 검사로 창의성 검사, 지능 검사 또는 자신의 과학 활동에 대한 표현을 기반으로 한 언어 능력 검사 등이 포함된다. 교사가 검사 결과를 활용할 때에는 결과 자체에 대한 평가보다는 유아의 현재 행동이나 수준 등을 기반으로 한 관찰 기록 자료 등을 종합적으로 평가해야 보다 효과적이다.

2) 프로그램 평가

과학 활동에 있어 프로그램 평가가 가지는 의미는 단지 유아의 과학 활동에 대한 참여나 결과에 국한하는 것이 아니라 교사가 과학적 탐구 활동을 어떻게 구성하고 수행하였는지에 대한 평가 또한 포함한다. 이때 교사의 교수 활동에 대한 내용 평가를 프로그램 평가라 한다. 과학 활동의 주제는 계절이나 상황에 적합하였는지, 유아의 발달에 적합하였으며 유아의 관심을 중심으로 계획되었는지, 과학 활동의 내용은 균형 있게 진행되었는지 등에 대해 다룬다. 과학 프로그램의 평가를 위한 방법으로는 〈표 11-1〉의 체크 리스트를 활용할 수 있다.

〈표 11-1〉 유아 과학 프로그램 평가 체크 리스트

평가 요인	평가 항목	평가 기록일		
		월/일	월/일	월/일
내용	• 연령과 발달 수준에 적합한 내용인가? • 유아의 삶에 있어 중요하고 유아의 일상생활과 관련된 내용인가?			
교수 구조	• 과학적인 탐구를 가르치고, 시범을 보이고, 연습을 하는가? • 유아가 활동에 참여함으로써 내용을 이해하는 데 도움이 되는가? • 유아가 과학적인 사고에 관해서 토론하거나 의사소통할 충분한 기회를 제공하는가?			
교수–학습 방법의 구성	• 관련 배경 지식이 적당하고 명확한가? • 교사용 지도서에 제시된 내용은 수업을 운영하는 데 도움이 되는가? • 프로그램의 구조와 형식이 교사가 따라 하기에 쉬운가? • 특별한 교구나 장비가 필요한가?			
평가	• 평가 도구가 포함되어 있는가? • 형식적, 비형식적 평가가 다양하게 포함되어 있는가?			
평등성	• 교구는 편견(인종, 성별, 능력, 연령 등)을 포함하고 있지 않은가? • 다양한 특별한 요구를 가진 유아에게 적합한 전략을 사용하는가?			
다른 기준과 부합	• 과학 프로그램 내용 기준에 적합한가? • 과학 프로그램 탐구 기준에 적합한가?			

출처: 이순형 외(2015); Settlage & Southerland(2007).

3) 교사 평가

유아에 대한 평가나 프로그램에 대한 평가 못지않게 중요한 것은 교사 자신에 대해 스스로 평가해 보는 일이다. 교사 평가는 교육을 실행하는 주체자로서 객관성을 가지고 유아에게 적합한 제안을 하고 있는지, 모든 유아에게 고른 기회를 제공하고 있는지에 대한 평가로서 유아들에게 동일한 기회를 제공하는 출발점이 된다.

(1) 교사의 과학적 태도 평가

교사의 과학적 태도에 대한 평가는 직·간접적으로 과학 프로그램 구성 및 운영에 영향을 미친다. 나아가 유아의 과학적 개념 이해, 과학적 태도 형성 및 과학적 과정의 기술 습득에 영향을 미치기 때문에 교사 자신에 대한 접근성과 목적성을 인식하는 것 자체가 큰 의미를 가진다. 이에 〈표 11-2〉의 교사의 과학적 태도 평가 제크 리스트를 통해 교사 자신의 과학적 태도를 점검하고, 교수 활동에 적용해 보는 것이 바람직하다.

〈표 11-2〉 교사의 과학적 태도 평가 체크 리스트

교사의 과학에 대한 태도는 무어와 마틴(Moore & Martin, 1997)이 사용한 Inventory of Science Attitudes(ISA)를 활용하여 측정할 수 있다. ▶ **문항 구성** : 과학에 대한 흥미 9문항, 과학 및 과학자에 대한 인식 9문항, 과학의 사회적 가치 9문항 등 총 27문항으로 구성되어 있다. ▶ **점수 계산법** : 본 척도는 5점 평정 척도로, '전혀 그렇지 않다'에 1점, '매우 그렇다'에 5점을 부여하며, 6, 7, 8, 9, 10, 11, 12, 13, 14, 15, 16, 17, 18번은 역산하여 처리한 후 총점을 구한다. ▶ **점수 결과 해석** : 점수가 높을수록 과학에 대한 태도가 긍정적임을 말한다.

분류	내용	전혀 그렇지 않다	그렇지 않다	보통이다	그렇다	매우 그렇다
과학에 대한 흥미	1. 나는 과학 활동에 관심이 많다.					
	2. 나는 과학적 지식을 배우는 데 적극적이다.					
	3. 과학은 흥미로운 과목이다.					
	4. 나는 과학적인 문제 해결을 좋아한다.					
	5. 나는 과학적 탐구를 좋아한다.					
	6. 과학과 관련된 일은 지루하다.					
	7. 과학적 지식은 이해하기 어렵다.					
	8. 과학 관련 내용의 TV 프로그램이나 신문 기사는 재미가 없다.					
	9. 나는 과학 관련 연수 프로그램에 참여하고 싶지 않다.					
과학 및 과학자에 대한 인식	10. 대부분의 과학자들은 동료 과학자를 제외하고는 친구를 거의 사귀지 않는다.					
	11. 과학자들은 종종 별난 행동을 한다.					
	12. 과학자들은 보통 개인의 이윤 추구를 위해 새로운 것을 발견해 낸다.					
	13. 과학자들은 과학의 실용성에는 관심이 없다.					
	14. 한 국가를 대표하는 과학자들은 자신들의 현재 연구 분야에만 관심이 있다.					
	15. 과학자들은 자신의 관심사를 연구하기 위해 다른 사람의 행복을 침해하기도 한다.					
	16. 나는 과학적 지식을 절대적인 것이라고 생각한다.					
	17. 과학은 주로 새로운 도구를 창안해 내기 위한 행위이다.					
	18. 과학의 발달은 일부 분야의 사람들로 하여금 우리의 삶을 통제하게 만들 가능성이 있다.					
	19. 과학자들은 정치, 경제 및 사회의 발전에 중대한 영향을 미친다.					

분류	내용	전혀 그렇지 않다	그렇지 않다	보통이다	그렇다	매우 그렇다
과학의 사회적 가치	20. 현대 사회에서 과학교육은 불가피하다.					
	21. 과학은 이 시대를 살아가는 사람들에게 필수적이다.					
	22. 과학교육은 훌륭한 시민 정신 함양에 기여한다.					
	23. 과학에 관한 연구는 사회적으로 유익하다.					
	24. 인간은 과학적 방법을 활용함으로써 많은 분야에서 중요한 발전을 할 수 있다.					
	25. 과학을 이해하는 것은 나의 일상생활을 위해 필요하다.					
	26. 과학교육은 사람들이 좀 더 논리적인 경험을 할 수 있도록 돕는다.					
	27. 지속적인 과학 연구를 위해서는 과학에 대한 국가의 공적인 관심이 필요하다.					

출처: 조부경 외(2012).

(2) 교사-유아 간 과학적 상호 작용 평가

과학 활동의 전개 과정에서 교사와 유아 간의 상호 작용은 중요하다. 특히 활동을 촉진하고 확장하는 과학적 상호 작용은 모두에게 유용한 교수 전략이 될 수 있다. 유아가 탐구 활동에 적극적으로 참여하도록 하고, 창의적인 사고를 하도록 격려하며 탐구 활동 중에 새롭게 발견하는 것들을 인식하도록 돕기 때문이다. 교사와 유아와의 상호 작용은 현재의 과학 활동이 일상생활 속에서 발견되고 쉽게 이해되며 자연스럽게 적용되도록 하는 큰 역할을 한다.

이에 〈표 11-3〉의 교사-유아 간 과학적 상호 작용 평가 척도를 통해 교사로서 유아와의 상호 작용은 어떻게 얼마나 이루어지고 있는지 평가함으로써 이후 교수 활동의 계획에 참고하는 것이 바람직하다.

〈표 11-3〉 교사-유아 간 과학적 상호 작용 평가 척도

▶ **점수 계산법** : 본 척도는 5점 평정 척도로, '전혀 그렇지 않다'에 1점, '매우 그렇다'에 5점을 부여한다.

▶ **점수 결과 해석** : 점수가 높을수록 유아와의 상호 작용이 바람직함을 의미한다. 이때 총점으로 상호 작용의 정도를 평가할 수도 있으나, 각 문항을 독립적으로 평가할 수도 있다. 각 문항마다 교사로서의 상호 작용을 점검해 봄으로써 상호 작용을 평가해 보는 태도를 가지는 것이 보다 바람직하다.

내용	전혀 그렇지 않다	그렇지 않다	보통이다	그렇다	매우 그렇다
1. 나는 유아가 하고 싶은 말을 잘할 수 있도록 여러 가지 방법으로 도와준다.					
2. 나는 유아에게 질문을 한 다음, 유아의 대답에 귀를 기울인다.					
3. 나는 유아의 생각과 의견을 끝까지 들어준다.					
4. 유아는 탐구 과정에서 경험했던 일을 나에게 이야기하면서 즐거워한다.					
5. 나는 과정 기술의 활용을 격려하는 질문을 한다(예: 왜 이렇게 되었다고 생각하니?, 어떻게 분류할 수 있을까?, 어떻게 될 것 같니?).					
6. 나는 유아의 과학적 개념과 아이디어를 알아보기 위한 질문을 한다(예: 장수풍뎅이가 빛을 좋아하는지 싫어하는지에 대해 어떻게 알아볼 수 있을까?).					
7. 나는 탐구하고 있는 현상과 일상생활에서의 경험을 연관시키도록 하는 질문을 한다(예: 너희가 알고 있는 동물들 중에서 지렁이처럼 움직이는 것이 또 있니?).					
8. 나는 탐구 과정을 재인식할 수 있도록 활동의 결과에 대해 정리해 보는 질문을 한다(예: 물레방아가 잘 돌아갈 수 있는 새로운 방법은 무엇이었지?).					
9. 내가 한 질문에 대해 내가 바로 대답하지 않으려고 노력한다.					
10. '왜'라고 묻는 질문을 너무 남발하지 않고 신중히 한다.					

출처: 조형숙 외(2010).

3. 평가의 활용

유아의 과학 활동을 평가하는 일은 누적된 여러 가지 평가들을 체계적으로 분석할 때보다 의미 있는 자료가 될 수 있다. 유아의 과학적 행동과 발달을 올바르게 평가하는 방법이 되기 때문이다. 뿐만 아니라 유아의 발달을 예측하고 계획하는 데 중요한 기초 자료가 되며 유아의 개별적인 특성의 이해는 물론 유아의 과학적 발달을 종합적으로 평가하는 총제적인 평가가 된다.

유아의 과학 지도를 위한 평가는 여러 가지 다양한 평가 방법을 통하여 그 자료를 수집함으로써 총체적인 평가가 되도록 하여야 한다. 그 결과에 대해서는 부모와 연계함으로써 유아의 전반적인 발달 상황을 이해하는 데 사용되기도 한다. 교사 또한 평가를 통해 현재의 교수 방법에 대한 평가는 물론 이후 교수 계획을 수립하는 데 기초 자료로 활용할 수 있다. 이러한 모든 평가들은 결과적으로 유아들의 과학 지도를 위한 과학 프로그램의 효과를 파악하는 기초 자료로 사용되어 이후 유아의 발달에 적합한 과학 시도 프로그램 개발을 계획하고 실행하는 데에도 도움이 된다.

12장

유아과학교육의 접근 방법

이 장은 유아과학교육을 어떻게 해야 하는지에 대한 안내이다. 유아과학교육의 구체적인 교수학습 방법을 제시함으로써, 예비 교사들이 과학교육의 교수학습 방법을 체계적으로 이해할 수 있도록 하였다. 그리고 유아교육 현장에서 교사가 보다 쉽고 자연스럽게 과학교육을 실시할 수 있도록 도움을 주고자 하였다. 일상생활을 통한 접근, 문학 활동을 통한 접근, 미술 활동을 통한 접근, 음악 및 동작 활동을 통한 접근, 요리 활동을 통한 접근을 소개하고 있는데 각각의 접근 방법은 개념 및 교육적 의의, 교수학습 방법, 실제 활동의 예시로 구성되어 있다.

1. 과학교육을 위한 통합적 접근

인간의 삶은 통합적이다. 영유아가 삶을 살아가고 무엇을 경험하는데 인지, 언어, 정서, 신체가 각각 분리되어 이루어지지 않는다. 예를 들어 영유아가 놀이터에서 또래와 시소를 탈 때 신체는 시소의 움직임에 따라 발을 구르며 위아래로 움직이게 되고, 움직임을 통한 즐거움과 또래와의 정서 교감을 통해 기쁨을 느낄 것이다. 그리고 언어로 또래와 상호 작용을 하면서 무게가 무거우면 아래고 내려간다는 인지적 지식을 습득하게 된다. 이렇듯 전인적·통합적인 유기체인 인간을 교과 영역별로 분절화해 지도하는 것은 교육의 본질적 성격이나 목적에 어긋나게 된다(방인옥 외, 1999).

과학교육에 대한 접근 방법 역시 통합적으로 이루어져야 한다. 과거와는 비교할 수 없을 만큼 과학기술이 급속도로 발달함에 따라 4차 산업혁명 시대가 도래하고 있으며, 지금 세계는 이러한 사회에 적응하기 위해 융합 현상이 일어나고 있다. 현재의 전통적인 학문 체계로는 앞으로 인류가 부딪칠 문제를 해결하기 어렵기 때문에 학제 간 혹은 범학문적 융합 연구를 해야 하며, 과학 분야에 있어서 미래에는 경계를 넘는 '융합의 과학'이 되어야 한다(김영식, 2018).

유아과학교육에 있어서도 과학적 적응력을 키우기 위해 유아 스스로 탐구하는 과정을 거쳐 의미 있는 지식을 형성하고, 새로운 지식을 발견할 수 있는 통합적 접근이 필요하며(김선아, 2012), 유아들은 자연스러운 상황 속에서 과학적 개념을 더 잘 이해하고 다양한 아이디어나 해결책을 제시할 수 있으므로 과학 영역과 타 교과 영역이 연결된 과학교육 활동이 유아에게 제공되어야 한다(최인숙, 2001).

통합의 개념을 살펴보면, 통합이란 영유아의 학습에 하나 또는 더 많은 교과나 학습 목표를 연계하여 영유아들이 탐색, 해석, 몰입할 수 있도록 주제나 개념을 조직하는 것이라고 할 수 있다(Bredekamp & Rosegrant, 1995). 교육 과정 통합은 교육 과정의 분리되어 있는 다양한 요소들을 관련지어 통합하고, 그것을 의미 있는 체계로 만들어 가는 과정이다(민용성, 2005).

통합적 접근을 실시하는 방식은 학자마다 다양하다(Forgaty, 1991; Huntly, 1998; 이경섭, 1991; 이영만, 2001). 그중 대표적인 방법은 교과 내 통합과 교과 간 통합이다. 교과 내 통합은 하나의 교과 영역 내의 여러 영역을 통합하여 수업 활동을 하는 것이고, 교과 간 통합은 하나의 교과와 다른 교과 영역을 통합하는 것을 의미한다.

과학 교과를 중심으로 다시 설명하면 교과 내 통합은 과학의 하위 영역, 즉 생명과학, 지구과학, 물리과학의 개념을 교육 활동의 특성에 따라 둘 또는 그 이상의 개념을 통합하여 수업을 진행하는 것이다. 예를 들어 과일 주스 만들기 요리 활동을 할 경우 영유아들은 요리의 재료인 과일을 관찰하며 나무에서 열리는 과일에 대한 생태학적 지식을 얻을 수 있고, 과일을 믹서기에 갈면서 기계의 작동법과 기능을 익힐 수 있으며, 단단한 과일이 액체화되는 현상을 경험함으로써 물질의 변화에 대한 개념을 이해하게 된다. 그리고 강가에서 돌과 흙, 물을 탐색하며 자연물의 특성을 이해하는 지구과학적 개념을 습득하게 되고, 돌을 물에 던져 물수제비를 만들 때 어떤 모양의 돌이 적절한지, 어떤 방향으로 몸과 팔을 움직여야 하는지, 어떻게 힘을 조절해야 멀리 돌이 날아갈 수 있는지에 대한 물리과학적 개념을 얻을 수 있다.

과학을 중심으로 한 교과 간 통합은 과학과 타 교과, 즉 조형, 언어, 수학, 음률, 동작 등의 교과를 통합하여 수업 활동을 진행하는 것이다. 예를 들어 과학과 음악 영역을 통합할 경우 영유아들과 '씨앗' 노래를 부르며 씨앗을 심고, 물을 주면 싹이 나고 꽃이 피는 과정에 대해 이야기를 나누며, 식물의 생태에 대해 이해할 수 있다. 과학과 조형 영역을 통합할 경우 영유아들은 물감으로 그림을 그리며 자연스럽게 색을 혼합하게 되고, 색을 혼합하면 또 다른 색이 생성된다는 과학적 개념을 터득하게 된다. 과학과 수학 영역을 통합할 경우 가을날 산책을 하면서 다양한 나뭇잎을 관찰하고 그것을 여러 가지 특성에 따라 분류할 수 있다. 과학과 타 교과 간의 통합은 다음 절에서 자세하게 소개하도록 하겠다.

2. 일상생활을 통한 접근

1) 일상생활을 통한 접근의 교육적 의의

첨단 과학기술이 급속도로 발전하고 4차 산업혁명 시대에 살아가야 할 현대인들에게 과학은 삶을 살아가는 데 필수적이라 할 수 있다. 우리는 오늘도 마트에서 물건을 구입한 후 카드로 계산하고, 컴퓨터나 스마트폰을 이용해 필요한 정보를 얻고, SNS를 통해 주변 사람들과 의사소통을 한다. 이와 같이 하루에도 빈번하게 과학을 활용할 정도로 과학은 우리의 삶 깊숙이 자리 잡고 있으며, 가까운 미래에는 '사물 인터넷', '무인 자동차', '인공 지능 로봇', '3D 프린팅' 등이 생활화되어 과학은 더 광범위하게 활용되어질 것이다. 세계 여러 나라들은 이러한 시대에 대비하기 위해 다양한 정책을 세우고 있으며, 교육 분야에서도 단편적인 지식의 암기에 의존하는 교육 방법에서 벗어나 새로운 패러다임의 교육이 이루어져야 한다는 주장이 제기되고 있다(김영식, 2018).

최근 유아과학교육 분야에서는 주변 사물과 현상에 대해 호기심과 흥미를 갖고 생활 속에서 유아 자신이 부딪치는 과학적 문제를 인식하고 해결하려는 태도와 능력을 갖춘 과학적 교양인으로서의 기초를 다지는 것에 중점을 두고 있다(황의명·조형숙, 2001). 교과 중심의 과학교육이 아니라 교육 기관에서 벗어난 일상에서도 과학을 활용할 수 있도록 기본적인 과학적 개념과 과학적 기술을 지닐 수 있도록 지도해야 한다는 것이다. 이러한 영향은 우리나라 누리과정에도 반영되어 있다. 과학교육이 포함된 자연탐구 영역은 유아가 자신을 둘러싸고 있는 주변 세계에 대해 호기심을 가지고 궁금한 것을 해소하기 위해 탐구하며, 일상에서 부딪치는 현상이나 문제 해결을 통해 수학적·과학적으로 생각하는 기초 능력과 태도를 기르기 위한 영역으로(보건복지부·교육과학기술부, 2013), 유아를 둘러싸고 있는 일상에서의 과학적 문제 해결 과정을 중심으로 과학교육을 해야 함을 시사하고 있다. 그리고 유아는 일상 속의 의문과 경험에서 많은 과학적 탐구의 기회를 갖게 되며, 이를 통해 과학적 기초 지식과 탐구 과정을 익히게 되는데 이는 유아의 논리적·합리적 사고력을 육성하는 데 중요하며, 궁극적으로 일상의 문제를 논리적이며 합리적으로 해결하는 미래 사회에 필요한 능력의 토대가 된다(보건복지부·교육과학기술부, 2013).

과학의 개념을 살펴보면 과학이란 하나의 발견 과정이라 할 수 있는데, 우리가 살고 있는 세계에 대해 의문을 느끼고, 그러한 의문을 해결하기 위해 끊임없이 탐구하고 시도해 보는 긴 과정이라고 할 수 있다(신은수 외, 1995). 과학의 개념 자체가 이미 우리가 살고 있는 세상에서 시작되고 있는 것이다. 그리고 구성주의의 사회 문화적 관점에서 볼 때 지식은 지적, 물리적, 사회적 맥락에 의존하기 때문에 학습은 실제 관련 상황에서 연습하고 습득되는 것이 바람직하다(조부경 외, 2017). 유아는 자신이 처한 상황, 경험과 지식을 바탕으로 세상에 대한 지식을 이해하게 되는 것이다.

위의 내용을 종합해 보면 '일상생활을 통한 접근 방법'은 유아의 미래와 현재의 삶에 적응하기 위한 사회적인 요구와 타고난 호기심을 가지고 자신이 사회적 맥락을 중심으로 지식을 습득하는 발달적 요구를 모두 충족시킬 수 있는 과학의 교수 방법이라 할 수 있다. 일상생활을 통한 접근 방법에 대한 교육적 의의를 구체적으로 살펴보면 다음과 같다.

① 유아의 발달적 특성에 적합하다.

유아들은 선천적인 호기심을 토대로 자신의 주변 환경을 탐색해 가며 과학적 개념과 과정 기술을 터득해 나간다(신은수 외, 1995). 즉 유아들은 호기심이 많고 직접 탐색하고자 하는 강한 욕구를 지니고 있는데 이러한 과학적 자질을 바탕으로 유아들은 형식적인 교육을 받기 이전에 이미 일상생활을 통해 자신만의 방식으로 과학적 학습을 하여 다양한 과학적 개념을 습득하고 있다.

따라서 유아들에게 익숙한 일상생활 속에서 발생하는 과학적 문제 상황과 교사의 의도적인 과학교육이 연결된다면 효과적인 교육의 결과를 얻을 수 있을 것이다. 왜냐하면 일상생활을 통한 접근은 유아가 직접적으로 겪고 있는 경험을 토대로 이루어지기 때문에 학습에 대한 동기 유발이 자연스럽게 이루어지며, 보다 쉽게 과학 개념을 이해할 수 있기 때문이다.

② 과학적 소양을 기를 수 있다.

과학과 기술의 산물이 일반인들의 생활 속에 깊숙이 자리 잡은 21세기 사회에서는 일상생활 속에서 과학을 이해하고 활용할 수 있는 능력과 과학이 가져온 환경 파괴 등의 다양한 문제에 대해 과학적 지식과 이해에 기초해서 의사 결정을 할 수 있는 능력이 요구되기 때문에 모든 사람이 과학적 소양(science literacy)을 지닐 필요가 있다(황의명·조형숙, 2001). 따라서 현대 과학교육은 유아의 타고난 흥미와 호기심을 토대로 하여 유아의 일상생활과 환경을 강조한 과학교육 과정에 기초하여 이루어져야 한다(신은수 외, 1995).

이와 같이 현대 사회는 과학 전문가뿐만 아니라 일반 시민들도 기본적인 과학적 개념을 지니고, 과학적 과정 기술을 활용할 수 있는 과학적 소양을 지닐 것을 요구하고 있다. 삶에 필요한 과학적 소양을 기르기 위해서는 어린 시절부터 적절한 과학적 경험을 하는 것이 바람직하다. 따라서 일상생활을 통한 접근은 유아의 과학적 소양의 토대를 마련할 것이며 사회적 요구에도 부합한다.

③ 자연스럽게 과학교육을 할 수 있다.

일상생활 속에서의 과학교육은 교사에게 풍부한 아이디어를 주고 주변 환경에서 무엇이든 과학적 소재가 될 수 있으며, 언제 어디서나 쉽게 이루어질 수 있다. 우리 주변에서 흔히 볼 수 있는 돌, 흙, 나뭇잎, 꽃, 하늘, 바람, 날씨, 도구와 기계 등은 유아와 함께 과학적으로 탐색할 수 있는 좋은 소재이다. 낙엽이 떨어지면 유아들은 등원하며 나뭇잎을 주워 교실에 가져오는 경우가 있다. 교사는 유아가 가져온 낙엽과 아직 나뭇가지에 있는 나뭇잎을 비교함으로써 공통점과 차이점을 분석할 수 있다. 그리고 색깔이 변하는 나뭇잎과 그렇지 않은 나뭇잎을 조사 탐구하고 왜 나뭇잎의 색깔이 변하는지 그 원인에 대해 추론하고 알아볼 수 있다.

이와 같이 일상생활을 통한 접근은 유아 주변의 변화를 자연스럽게 과학 활동으로 연계함으로써 유아의 호기심을 지속시킬 수 있다. 그리고 과학이라는 것이 멀리 있는 것이 아니라 내 생활 주변에 존재하며, 과학은 어려운 것이 아니라 쉽게 다가갈 수 있다는 인식을 함으로써 과학에 대한 긍정적인 태도를 기르는 데에도 도움이 된다.

④ 유아의 적극적인 의사소통을 촉진한다.

유아들은 호기심에 의해 생겨난 자신의 궁금증에 대해 질문을 하고, 또 과학적 문제 해결을 위해 다양한 의견을 말하고 들어 보고 협의하는 과정을 거치면서 의사소통 능력이 증진된다(이은정, 2018). 유아들은 교사나 또래와 의사소통하면서 새로운 지식을 얻고, 자신이 지닌 개념과 기술을 확장한다. 일상생활 속에서 유아는 흔히 경험할 수 있는 사물을 탐색하고 실험하며 의사소통을 하고 이를 과학으로 연결시킬 수 있다.

교사가 유아에게 경험해 보지 못한 상황이나 사물을 소개할 때 유아들은 그와 관련된 사전 경험과 지식이 없기 때문에 일방적으로 설명을 듣거나, 궁금한 점을 질문하는 정도로 의사소통에 참여한다. 그러나 유아들의 주변에서 흔히 접할 수 있으며 그와 관련된 경험이 있는 주제로 과학 활동을 할 때에 유아들은 그 사물이나 상황에 대해 자신이 알고 있는 지식과 경험을 이야기하고 때로는 새로운 의견을 제시하면서 적극적으로 의사소통에 참여한다. 예를 들어 염색에 대한 과학 활동을 할 때 과일을 먹다가 옷에 물든 경험이 있는 유아라면 자신의 일화를 이야기하며 염색 현상에 깊은 관심을 보일 것이다. 이렇게 일상생활을 통한 접근은 유아의 적극적인 의사소통을 촉진하므로 유아들은 과학 활동에 열정적으로 즐겁게 참여하게 되고, 과학적 개념 습득에도 도움이 된다.

⑤ 과학의 실용적 측면을 이해하여 긍정적인 과학적 태도를 기른다.

과학에 대한 부정적인 태도를 지니게 되는 이유 중 하나는 과학의 필요성을 느끼지 못하고 과학이 나의 삶과 직접적으로 관련이 없다고 느끼기 때문이다. 한번 형성된 태도는 쉽게 바뀌지 않기 때문에 유아들이 과학에 대한 잘못된 편견 때문에 부정적인 태도를 지니지 않도록 해야 한다.

일상생활을 통한 과학교육은 유아들에게 과학의 실용적인 측면을 이해하게 한다. 인터넷에 대한 수업을 통해 유아들은 인터넷은 무엇인지, 우리의 삶에 어떤 도움을 주는지에 대해 알아 가며 과학은 우리의 삶을 편안하게 해 준다는 인식을 하게 된다. 전구에 대해 탐색하고 조사하면서 전구가 없었던 시절에는 어떻게 지냈는지, 어떻게 전구가 발명되었는지를 알아 가며 과학적 발명의 산물이 우리 삶에 필요하다는 생각을 자연스럽게 하게 된다. 이와 같이 일상생활을 통한 접근은 과학이 영유아들의 삶에 어떤 부분에서 어떻게 필요한지 실질적으로 느끼고, 배움으로써 과학에 대한 긍정적인 태도를 형성하는 데 도움이 된다.

⑥ 가정과의 연계가 용이하다.

일상생활을 통한 접근은 우리 주변에서 일어나는 자연스러운 상황과 사물을 가지고 과학교육을 하는 것이기 때문에 부모교육을 통해 부모들도 가정에서 과학 탐구 활동을 쉽게 할 수 있다. 가정에서 동식물을 기르면서 생태적인 지식을 얻고, 동물과 식물, 인간이 함께 살아가는 방법을 배운다. 요리를 하며 요리 재료를 직접 관찰하고, 계량컵으로 정확하게 측정하는 것을 배우고, 완성된 요리를 먹어 봄으로써 물질의 변화를 탐색할 수 있다. 물을 얼려 얼음을 만들고, 다시 녹여 보는 간단한 실험은 가정에서도 가능하다.

유아교육 기관과 가정에서 일관된 과학교육을 하게 될 때 높은 교육적 결과를 얻을 수 있다. 부모들은 기관에서 하는 교육에 관심을 갖고 유아와 즐겁게 과학 활동을 하면서, 유아들이 올바른 과학적 개념과 과학적 과정 기술을 습득하고 긍정적인 과학적 태도를 형성할 수 있도록 한다.

2) 일상생활을 통한 접근 과정

(1) 일상생활을 통한 접근의 교수학습 방법

일상생활을 통한 접근은 일상생활을 하며 자연스럽게 제기되는 과학 문제를 탐색하는 접근 방법이다. 우연한 과학적 문제 상황에 의해 또는 교사가 의도적으로 계획한 상황에 의해 과학 활동을 할 수 있다.

우연한 과학적 문제 상황으로 과학 활동이 시작될 경우 일상생활을 하며 유아의 예상치 못한 질문이나 궁금해 하는 것에 의해 또는 교사의 제안이나 질문에 의해 과학 활동을 하게 된다. 그리고 교사가 의도적으로 과학 활동을 계획할 경우 유아의 일상생활을 세심하게 관찰하고, 유아의 흥미를 고려하여 과학 활동을 제공한다. 구체적인 교수학습 단계는 다음과 같다.

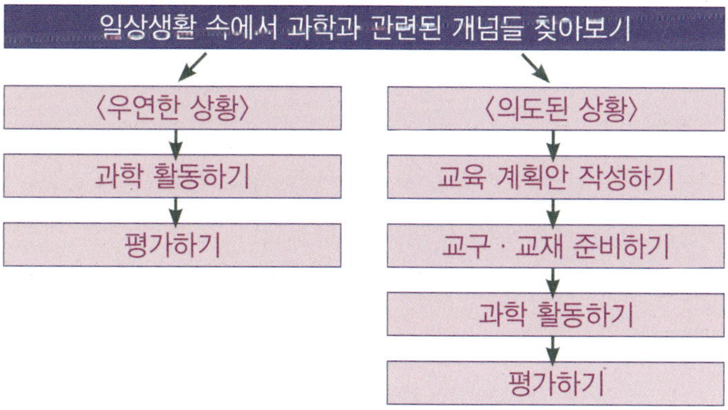

[그림 12-1] 일상생활을 통한 접근의 교수학습 단계

교사는 유아들이 실내외 놀이 영역에서 놀이하는 모습과 생활하는 모습을 세심하게 관찰하면서, 유아들이 교사에게 하는 질문, 유아들끼리 의사소통하는 내용을 분석하여 과학적 문제 상황과 연결될 수 있는 요소들을 찾아본다. 그리고 그 요소들을 어떻게 과학 활동으로 연계하는 것이 좋을지 결정한다.

① 우연한 상황

어떤 흥미로운 상황이 벌어지거나 유아가 호기심을 갖고 교사에게 질문을 하였는데, 그 내용을 과학 활동으로 연결하여 심화하는 것이 교육적 의의가 있다고 판단되는 경우 과학 활동을 계획하지 않았더라도 실행할 수 있다. 예를 들어 이야기 나누기 시간에 우연히 무당벌레가 교실로 날아 들어왔다면 유아들은 강한 호기심을 나타낼 것이다. 이때 교사는 수업을 계속 진행할 수도 있지만, 그것을 멈추고 무당벌레를 관찰할 시간을 제공할 수 있다. 유아들이 무당벌레에 대한 관심을 지속적으로 보인다면 무당벌레에 대해 알아보는 시간을 계획하여 수업으로 진행한다. 그리고 의미 있는 과학적 상황이 발생하였는데, 유아들이 인지하지 못할 경우 교사는 질문이나 제안으로 유아의 호기심을 유발하여 과학 활동으로 연결시킨다. 예를 들어 놀이터에서 놀다가 한 유아가 길가에 핀 민들레 홀씨를 불었다. 교사는 "민들레 홀씨는 왜 날아갈까?"라는 질문을 함으로써 유아의 호기심과 과학적 관심을 불러일으켜 식물의 번식 방법에 대해 탐구할 수 있도록 한다.

② 의도된 상황

교사는 생활 주제와 유아의 연령을 고려하여 일상 경험과 관련된 과학 활동을 계획하여 수업을 진행한다. 매일 경험하는 활동이나 자주 접하는 사물들 중에 유아들이 흥미로워 하며 과학적 과정 기술을 활용하여 과학 개념을 습득할 수 있는 과학 활동을 선정한다. 그리고 과학 활동을 하기 위해 필요한 교재와 교구를 준비하고, 과학 활동을 하며 유아들이 직접 참여하고 조작할 수 있는 기회를 제공한다. 과학 활동을 마친 후에는 활동에 대해 유아들과 이야기를 나누며 평가한다.

가령 그림자는 일상에서 흔히 접할 수 있으면서 유아들이 관심을 가질 수 있는 좋은 과학 활동의 주제이다. 교사는 과학 활동을 하기 전에 일상생활 속에서 그림자에 관심을 가질 수 있도록 유도하여 자연스럽게 과학 활동의 동기 유발을 촉진시킬 수 있다. 유아들은 직접 몸을 움직이거나, 사물을 이용하여 다양한 크기의 그림자를 만들어 봄으로써 빛과의 거리에 따라 그림자의 크기가 어떻게 변하는지 예측하고, 관찰하면서 과학적 개념을 이해하게 된다. 다음은 과학 영역별로 일상생활과 관련된 과학 활동을 제시한 것이다.

〈표 12-1〉 과학 영역별 일상생활과 관련된 과학 활동

과학 영역	일상생활과 관련된 과학 활동
물리과학적 탐구	• 그림자 관찰하기 • 자석놀이하기 • 고무줄놀이하기 • 거울의 원리 이해하기 • 전화하기 • TV 조작하기 • 자전거 타기 • 놀이터의 놀이 기구 이용하기 • 구슬놀이하기 • 공놀이하기 • 요리하기
생명과학적 탐구	• 식물 기르기 • 동물 기르기 • 산책하기 • 우리 주변에 있는 꽃, 나무, 풀 관찰하기 • 우리 주변에 있는 곤충 관찰하기 • 동물원에서 동물 관찰하기 • 식물원에서 식물 관찰하기 • 우리 주변에서 환경을 오염시키는 것 알아보기 • 인간의 삶과 동식물과의 관계 이해하기
지구과학적 탐구	• 하늘 관찰하기 • 하늘에 있는 것(해, 달, 별, 구름, 무지개 등) 알아보기 • 날씨의 변화 알아보기 • 계절의 변화 알아보기 • 흙에 대해 탐색하기 • 돌에 대해 탐색하기 • 바람의 원리 이해하기 • 비 또는 눈이 내리는 과정 이해하기 • 안개 또는 무지개가 생기는 원리 이해하기 • 날씨의 변화와 우리 삶과의 관련성 이해하기 • 계절의 변화와 우리 삶과의 관련성 이해하기

(2) 일상생활을 통한 접근의 구체적 과학 활동 예시

다음은 일상생활을 통한 접근의 구체적 과학 활동의 예시이다. 활동명, 대상 연령, 누리과정 관련 요소, 활동 목표, 준비물, 활동 내용(도입, 전개, 마무리)과 참고 사항의 순으로 제시하였다.

일상생활 활동 1 | 오늘의 날씨를 알아보아요

- **대상 연령:** 5세
- **누리과정 관련 요소**
  - 자연탐구 영역 〉 과학적 탐구하기 〉 자연 현상 알아보기
  - 신체운동·건강 영역 〉 건강하게 생활하기 〉 질병 예방하기
- **활동 목표**
  - 날씨에 관심을 갖는다.
  - 날씨의 종류를 안다.
  - 날씨에 알맞은 옷차림을 안다.
- **준비물:** 날씨를 나타내는 그림 자료

- **활동 내용**

도입

1. 영유아가 알고 있는 날씨에는 어떤 것이 있는지 이야기 나눈다.
   - 날씨에는 어떤 것이 있니?
2. 날씨의 종류에 대한 그림 자료를 제시하며 이야기 나눈다.
   - 해가 반짝 맑은 날, 비가 오는 날, 눈이 내리는 날, 바람이 부는 날, 해가 구름에 가려 흐린 날 등

전개

1. 등원 길에 날씨가 어떠했는지 이야기 나눈다.
   - 오늘 날씨가 어떠니?
2. 창밖으로 또는 실외로 나가 날씨를 확인한다.
   - 정말 그런지 창밖을 바라보자.
   - 하늘을 보니까 무엇이 보이니?
   - 몸으로 느껴 보자. 따뜻하니? 시원하니? 춥니? 덥니?
3. 오늘의 날씨에 대해 이야기 나누고, 그와 관련한 일상생활 모습에 대해 이야기 나눈다.
   - 오늘 날씨가 ㅇㅇ하구나. 무엇(예: 우산, 비옷, 장화, 장갑, 외투 등)이 필요할까?
   - 옷을 어떻게 입어야 할까?
   - 어떤 놀이를 하면 좋을까?

마무리

1. 오늘의 날씨에 대해 이야기한다.
2. 내일 날씨는 어떨지 예측해 본다.
   - 내일 날씨는 어떨까?
   - 왜 그렇게 생각하니?
   - 정말 그런지 내일 확인해 보자.

• **참고**

- 유아들이 날씨에 많은 관심을 표현할 경우 날씨 표를 만들어 그날의 날씨를 날짜 밑에 직접 그림으로 그리거나 그림 자료를 붙여, 일주일간의 날씨 분포를 이해하게 하고 다음 주의 날씨를 예측해 볼 수 있도록 한다.

일상생활 활동 2 | 산책하며 관찰해요

- **대상 연령:** 4세
- **누리과정 관련 요소**
  - 자연탐구 영역 〉 과학적 탐구하기 〉 생명체와 자연환경 알아보기
  - 자연탐구 영역 〉 과학적 탐구하기 〉 자연 현상 알아보기
- **활동 목표**
  - 식물의 종류와 특징에 관심을 갖는다.
  - 곤충의 종류와 특징에 관심을 갖는다.
  - 주변 환경의 변화에 관심을 갖는다.
- **준비물:** 돋보기, 카메라

- **활동 내용**

도입

1. 산책하며 무엇을 볼 수 있을지, 어떤 것을 보고 싶은지 이야기 나눈다.
   - 산책을 하면 무엇을 볼 수 있을까?
   - 산책을 하면서 무엇을 보고 싶니?
2. 산책을 가서 관찰을 잘하기 위해 필요한 도구는 무엇인지 이야기 나누고 소개한다.
   - 관찰을 잘하려면 무엇이 필요할까?
   - (돋보기를 제시하며) 돋보기를 물건에 가까이 대면 크게 보여서 더 잘 볼 수 있어요.
   - (카메라를 제시하며) 선생님은 카메라를 가져갈 거예요. 사진을 찍어서 우리가 본 것을 교실에서 다시 한 번 볼 거예요.

전개

1. 외출 준비를 한다.

2. 산책을 하며, 영유아들이 오감을 통해 더 잘 관찰할 수 있도록 질문을 한다.
   - 무엇이 보이니?
   - 어떤 모양처럼 생겼니?
   - 어떤 색깔이니?
   - 어떤 냄새가 나니?
   - 만져 보자. 어떤 느낌이니?
   - 어떤 소리가 들리니?

3. 도구를 사용하여 관찰하도록 격려한다.
   - 돋보기로 자세히 살펴보자.
   - 선생님은 사진을 찍어 볼게.

마무리

1. 산책한 것에 대한 전반적인 느낌에 대해 이야기 나눈다.
   - 산책을 다녀오니까 어떤 느낌이니?
2. 교실로 돌아와 산책하며 관찰한 것에 대해 이야기 나눈다.
   - 무엇을 보았니?
   - ○○을 만져 보니까 어떠했니?
   - 어떤 소리를 들었니?
   - 어떤 냄새를 맡았니?

• **참고**

- 산책하며 찍은 사진을 교실에 게시하여 주변 자연환경에 대한 관심이 지속되도록 한다.
- 산책을 주기적으로 나가서 유아들이 자연의 변화를 느낄 수 있도록 유도한다.

일상생활 활동 3 | 청소기는 어떻게 생겼을까요?

- **대상 연령:** 5세
- **누리과정 관련 요소**
  - 자연탐구 영역〉탐구하는 태도 기르기〉탐구 기술 활용하기
  - 자연탐구 영역〉과학적 탐구하기〉간단한 도구와 기계 활용하기
- **활동 목표**
  - 청소기의 생김새를 관찰한다.
  - 청소기의 쓰임에 대해 알고 사용해 본다.
- **준비물:** 청소기, 드라이버, 돋보기

- **활동 내용**

도입

1. 교실을 청소하는 데 필요한 것에 대해 이야기 나눈다.
   - 우리 교실을 청소할 때 무엇이 필요할까?
   - 빗자루와 청소기는 어떻게 다를까?

전개

1. 청소기의 외형적 구조를 관찰하며 이야기 나눈다.
   - (청소기를 제시하며) 무엇이 보이니?
   - 긴 관은 왜 필요할까?
   - 바퀴는 왜 필요할까?
   - 여기 있는 버튼은 무엇을 가리키는 것일까?

2. 청소기를 작동하면서 이야기 나눈다.
   - (전원 버튼을 누르며) 전원 버튼을 누르니까 어떻게 되었니?
   - (강약 조절 버튼을 조작하며) 소리가 어떻게 다르니?
   - 소리가 크면 어떻게 될 것 같니?
   - 소리가 작으면 어떻게 될 것 같니?
   - (전기선 정리 버튼을 누르며) 이 버튼을 누르니까 어떻게 되었니?
3. 청소기의 내부 구조를 관찰한다.
   - 청소기의 덮개를 열면 안에는 무엇이 있을까?
   - (먼지 주머니를 가리키며) 이것은 무엇일까?
   - (필터를 가리키며) 이것은 무엇일까? 왜 필요할까?

마무리

1. 청소기를 관찰한 소감에 대해 이야기 나눈다.
   - 청소기를 관찰해 보았는데 어떠했니?
   - 가장 인상 깊었던 것은 무엇이니?
2. 새롭게 알게 된 것에 대해 이야기 나눈다.
   - 오늘 새롭게 알게 된 것은 어떤 것이 있니?
   - 더 알고 싶은 내용이 있니?

● 참고

- 청소기의 종류(무선, 유선 등)에 따라 관찰 방법이 달라질 수 있다.

일상생활 활동 4 | 꽃씨를 심어 보아요

- **대상 연령:** 3세
- **누리과정 관련 요소**
  - 자연탐구 영역 〉탐구하는 태도 기르기 〉호기심을 유지하고 확장하기
  - 자연탐구 영역 〉과학적 탐구하기 〉생명체와 자연환경 알아보기
- **활동 목표**
  - 자연 세계에 대해 호기심을 갖는다.
  - 식물의 씨앗과 생태에 대해 안다.
- **준비물:** 꽃 사진, 씨앗, 흙, 물, 물뿌리개, 우유갑

- **활동 내용**

도입

1. 봄에 피는 꽃에 대해 이야기 나눈다.
   - 산책하면서 무엇을 보았니?
   - 어떤 꽃들이 있었니?

전개

1. 다양한 꽃 사진과 이름을 소개한다.
   - (꽃 사진을 하나씩 보여 주며) 이 꽃의 이름을 알고 있니?
   - 맨드라미(봉숭아, 나팔꽃)란다. 어떻게 생겼니? 색깔은 어떠니?
2. 꽃이 피려면 무엇이 필요한지 이야기 나눈다.
   - 꽃이 피려면 무엇이 필요할까?
   - 씨앗은 어디에 심어야 할까?
   - 씨앗을 심은 다음에는 어떻게 길러야 할까?

3. 씨앗을 관찰한다.
   - 씨앗이 어떻게 생겼니?
   - 어떤 색이니?
   - 씨앗을 만져 보니까 어떤 느낌이 드니?
4. 씨앗을 심는다.
   - 유아마다 컵에 흙을 담고, 씨앗을 심고, 물을 주도록 한다.
5. 앞으로의 계획에 대해 이야기 나눈다.
   - 씨앗이 잘 자라게 하기 위해 어떻게 해야 할까?
   - 창가에 두고 물을 주기로 하자.

마무리

1. 씨앗을 심어 본 소감에 대해 이야기 나눈다.
   - 씨앗을 심어 보았는데 어떠했니?
   - 어떤 것이 가장 재미있었니?

• 참고

- 여건에 맞게 구하기 용이한 씨앗으로 활동한다.
- 텃밭이 있다면 직접 나가 흙에 심어 보도록 한다.

일상생활 활동 5 | 하늘의 색깔을 관찰해 보아요

- **대상 연령:** 4세
- **누리과정 관련 요소**
  - 자연탐구 영역〉탐구하는 태도 기르기〉탐구 기술 활용하기
  - 자연탐구 영역〉탐구하는 태도 기르기〉탐구 과정 즐기기
  - 자연탐구 영역〉과학적 탐구하기〉자연 현상 알아보기
- **활동 목표**
  - 하늘의 색깔을 관찰할 수 있다.
  - 하늘을 관찰하는 것에 관심을 가지고 참여한다.
  - 하늘의 색깔 변화에 관심을 갖는다.
- **준비물:** 다양한 하늘 사진, 카메라

- **활동 내용**

도입

1. 하늘을 관찰한 경험에 대해 이야기 나눈다.
   - 하늘을 본 적이 있니?
   - 어디에서 보았니?
   - 하늘을 보니까 어떠했니?

전개

1. 하늘의 색깔에 대해 이야기 나눈다.
   - 어떤 하늘의 색깔을 보았니?
   - 언제 하늘이 ○○색이었니?
2. 날씨에 따른 하늘의 색깔에 대해 이야기 나눈다.
   - (준비한 사진을 제시하며) 맑은 날씨에 하늘은 어떤 색일까?
   - (준비한 사진을 제시하며) 흐린 날씨에 하늘은 어떤 색일까?

3. 시간의 흐름에 따른 하늘의 색깔에 대해 이야기 나눈다.
   - (준비한 사진을 제시하며) 아침 하늘의 색깔은 어떨까?
   - (준비한 사진을 제시하며) 저녁 하늘의 색깔은 어떨까?
   - (준비한 사진을 제시하며) 밤에 하늘의 색깔은 어떨까?
4. 실외로 나가 하늘을 관찰한다.
   - 하늘을 관찰해 보자.
   - 어떤 색깔들이 보이니?
5. 교사는 하늘 사진을 찍는다.
6. 교실에서 사진을 보며 하늘 색깔에 대해 이야기 나눈다.
   - 사진을 보자. 어떤 색깔들이 보이니?
   - 어떤 날씨의 하늘일까?
   - 어느 때의 하늘일까?
7. 왜 하늘의 색깔이 달라지는지 원인에 대해 이야기 나눈다.
   - 하늘의 색깔은 왜 달라질까?

마무리

1. 하늘을 관찰한 소감에 대해 이야기 나눈다.
   - 하늘을 관찰해 보았는데 어떠했니?
   - 어떤 색깔이 가장 좋았니?
2. 앞으로 어떤 하늘의 색깔을 보고 싶은지 이야기 나눈다.
   - 앞으로 어떤 하늘의 색깔을 보고 싶니?

● 참고

- 유아들과 다양한 날씨와 계절, 시간대에 하늘을 관찰하며 지속적으로 변화를 인식할 수 있도록 한다.

3. 문학 활동을 통한 접근

1) 문학 활동을 통한 접근의 교육적 의의

사회적 구성주의 학자들은 사회적 맥락 속에서 일어나는 사회적 상호 작용이 인지 발달을 증진시킨다고 하였다(성현란 외, 2011). 유아가 과학적 지식을 쉽게 이해하기 위해서는 유아의 사회적 맥락 속에서 직접 경험을 하는 것이 바람직하겠지만, 모든 과학적 개념을 유아가 직접 경험하면서 습득하는 데에는 한계가 있다. 문학 작품은 이러한 한계를 넘어 유아들에게 간접 경험의 맥락을 제공한다. 유아들은 재미있는 동화 속 과학 이야기를 들으며 자연스럽게 과학적 개념을 이해하고, 새로운 과학적 사실에 흥미를 느끼며 탐구해 보고 싶다는 욕구를 불러일으킬 수 있다. 동시 감상을 하면서 과학적 원리를 이해하고, 자연 생태에 대한 관심을 확장시킬 수 있다.

그리고 유아뿐만 아니라 교사에게도 문학 작품은 흥미로우며 교육 활동으로 접목시키기에 부담스럽지 않은 교수학습 방법이다. 과학적 탐구 영역은 교육 현장에서 교사들이 어려워하는 영역으로 다른 교과 영역에 비해 기피하게 되는 경우가 많다고 한다(최인숙, 2000). 문학 작품을 통해 과학 활동을 할 경우 자연스럽게 동기 유발을 할 수 있고, 교사가 설명하기 어려운 과학적 원리가 쉽게 상황적 맥락에서 소개되고 있기 때문에 교사는 과학 활동을 훨씬 수월하게 진행할 수 있을 것이다.

문학 활동을 통한 과학적 접근 방법은 문학적 가치를 지닌 문학 작품을 감상하며 자연스럽게 과학적 개념과 원리, 과학적 탐구 능력 및 문제 해결 능력, 나아가 과학에 대한 긍정적인 태도를 형성할 수 있도록 하는 교수학습 방법이다. 이 접근 방법은 듀이(Dewey)의 경험 중심 교육 사상에 근간을 두고 있으며, 유아에게 과학탐구 활동을 할 때 과학 개념을 단순하게 반복 전달하는 것이 아니라 유아의 발달 특성과 흥미를 반영하고, 문학 작품을 통해 의미 있는 상황적 맥락을 제공하여 유아의 과학적 탐구 능력 증진과 긍정적인 과학 태도를 형성하자는 취지로

1990년대 이후 지금까지 교육 현장에서 빈번하게 활용되어지고 있는 교수 방법이다. 이러한 문학 활동을 통한 접근 방법의 교육적 의의를 구체적으로 살펴보면 다음과 같다.

① 유아의 발달에 적합하다.

유아들은 발달 특성에 따라 추상적인 개념을 이해하기 어렵다. 유아를 대상으로 한 문학 작품을 보면 글보다 그림이 많은 부분을 차지하고 있다는 것을 알 수 있다. 유아 문학 작품에 실린 그림은 단순한 그림 이상의 의미를 갖는다. 삽화는 심미적으로 아름다운 훌륭한 예술 작품이기도 하면서 추상적인 언어로 된 이야기를 구체적인 이미지로 표상함으로써 글의 내용에 대한 이해를 높이는 역할을 한다. 글을 읽지 못하는 유아가 그림책을 보고 내용을 이해하는 것은 그림이 글의 내용을 풍부하게 표현하고 있기 때문이다. 그래서 유아들은 글이 아니라 그림을 읽는다는 표현을 하기도 하고, 글이 없는 그림책도 있다. 또한 유아들은 집중 시간이 길지 않지만 동시는 리드미컬한 짧은 이야기로 과학적 개념과 원리를 소개하고 있기 때문에 동시와 과학 활동을 통합하는 것은 유아의 발달에 적합하다. 따라서 문학을 통한 과학 활동은 유아들이 추상적인 과학적 개념을 구체적으로 이해할 수 있도록 하기 때문에 집중 시간이 길지 않은 유아의 발달에 적합한 교수 학습 방법이라고 할 수 있다.

② 유아의 흥미와 호기심을 유발한다.

아동 문학의 가치 중 중요한 요소 중 하나는 즐거움이다. 그림책 속 과학 이야기와 그림은 유아의 생활 속에서 겪을 만한 재미있는 일화를 소개하고, 무한한 상상력과 창의력을 발휘하여 과학적 문제를 해결하는 등 유아에게 즐거움과 기쁨을 선사하기 때문에 유아의 관심과 호기심을 유발한다. 문학 장르 중 동시는 본질적으로 상상을 통한 언어 예술을 통해 감수성을 전달해야 하므로 독자에게 지적 동의를 요구하는 것보다 독자로 하여금 감동과 재미를 느끼게 하는 것에 초점을 둔다(황은순 외, 2013). 또한 동시는 비유와 상징을 많이 사용하며, 함축적인 글로 이루어져 있기 때문에 유아들은 상상력을 발휘하여 숨은 의미들을 찾아가면서 동시에 포함된 과학적 개념과 원리에 호기심과 흥미를 느끼게 된다. 실제로 이러한 문학 작품들을 활용하여 과학 활동을 실행한 결과 유아의 과학적 문제 해결력과 과학적 흥미를 증진시키는 데 효과가 있었다(최은경, 2001). 따라서 문학 활동을 통한 접근 방법은 유아의 흥미와 호기심을 유발하여 자연스럽게 과학적 탐구 활동으로 연결시킬 수 있는 바람직한 교수학습 방법이라고 할 수 있다.

③ 의미 있는 맥락 속에서 과학적 개념을 이해한다.

문학 작품은 유아의 주변에서 흔히 접할 수 있을 만한 상황 속에서 과학적 개념이나 과정을 전달하고 있다. 문학 작품을 통한 과학적 경험은 간접적이기는 하지만 유아들은 감정 이입을 함으로써 실질적인 것으로 받아들이게 된다.

『숨 쉬는 항아리』(2005)에서는 옹기와 발효에 대해 소개하고 있다. 냉장고가 없던 시절 음식을 발효시켜 저장하기 위해 진흙으로 옹기를 만들었는데, 옹기는 다른 그릇과는 달리 공기구멍이 있어서 공기가 자유롭게 드나들고, 음식에 섞여 있는 불순물을 밖으로 빼낼 수 있었다고 한다. 다소 어려운 과학적 원리를 다루고 있지만 항아리를 의인화시켜 이야기로 쉽게 풀어서 내용을 소개하고 있기 때문에 유아들도 흥미를 가지고 자연스럽게 과학적 개념을 이해할 수 있다. 문학 작품을 통해 유아들은 추상적이고 어려운 과학적 개념을 쉽게 이해하고, 흥미를 확장시켜 과학을 즐거운 것으로 인식할 수 있기 때문에 유아의 과학적 탐구 능력을 증진시키고, 긍정적인 태도를 형성하는 데 효과가 있다(이정화·배소정, 2003).

④ 과학적 어휘를 자연스럽게 익힐 수 있다.

유아에게 새로운 과학적 어휘를 소개할 때 그 의미를 말로 설명하기보다는 과학적 어휘가 어떻게 사용되었는지를 구체적으로 경험하게 하는 것이 가장 효과적일 것이다. 문학 작품은 과학적 어휘가 사용되어지는 구체적인 상황을 제시하고 있으므로 유아들에게 이해하기 어려운 추상적인 어휘들을 자연스럽게 습득할 수 있게 하며 오래 기억하도록 도와 교육의 효과를 높일 수 있다.

특히 유아를 대상으로 하는 그림책은 이야기와 어울리는 그림이나 사진을 함께 수록하고 있기 때문에 유아들이 과학적 어휘를 이해하는 데 훨씬 도움이 된다. 『물 이야기』(1996)는 물과 관련된 어휘들(예: 빗방울, 이슬, 얼음, 눈송이, 냇물, 강물, 폭포, 물보라, 호수, 연못, 바다, 홍수 등)을 자연스럽게 이야기로 연결해 소개하고 있으며, 아름다운 삽화가 제시되어 있어서 유아의 물에 대한 이해를 증진시키고 흥미를 유발한다. 아동 문학의 또 다른 장르인 동시는 재미있는 어휘들을 리드미컬하게 구성하여 표현하고 있기 때문에 유아들은 의도하지 않아도 자연스럽게 동시를 낭송하면서 과학적 어휘를 더 잘 기억하게 된다. 따라서 풍부한 과학적 어휘를 자연스럽게 제공하고 있는 문학 작품을 통한 과학교육은 의미 있는 교수학습 방법이라 할 수 있다.

⑤ 다른 영역 활동과의 통합 교육이 수월하다.

유아들과 함께 문학 작품을 감상하는 것은 단순히 유아에게 문학적 경험만을 제공하는 것이 아니라 그와 관련된 과학 활동으로 이끌 수 있는 토대를 마련하는 것이며(Barrow & Salesi, 1982), 과학뿐만 아니라 언어, 조형, 동작, 음악 등과 같은 다른 교과 영역의 활동으로 안내하기도 한다.

문학 작품 속의 세계는 우리의 실질적인 삶이 그러하듯 수학, 과학, 언어 등이 분리되어 있는 것이 아니라 모든 영역이 통합된 경험의 형태를 띠고 있다. 따라서 문학 작품은 교사의 역량에 따라 얼마든지 다른 영역으로 확장하여 자연스럽게 교육 활동을 시행할 수 있는 기반을 제공한다. 문학 작품을 활용하여 과학과 다른 교과 영역을 통합하여 교육할 때 영유아들은 연결된 지식을 습득하게 되고, 통합적 사고를 하게 됨으로써 과학적 개념과 과정을 이해하는 데 도움이 된다.

2) 문학 활동을 통한 접근 과정

(1) 과학교육을 위한 문학 작품의 선정 기준

과학교육을 위한 문학 작품 선정은 교육의 효과에 영향을 준다. 교육적으로는 의미가 있지만 유아의 호기심과 흥미를 유발하지 않는다면 과학 활동으로 연계하기 어렵게 된다. 따라서 과학 활동을 위해 문학 작품을 선정할 때에는 다음과 같은 선정 기준을 고려하는 것이 좋다.

① 유아의 호기심, 흥미, 탐구심을 유발해야 한다.

유아과학교육은 호기심에서 출발한다. 『눈 오는 날』(1995)에서 피터는 눈놀이를 하다가 내일 또 놀려고 눈 뭉치를 외투 주머니에 넣고 집으로 간다. 잠자기 전에 주머니에 손을 넣어보지만 이미 눈은 녹아 있었다. 유아들은 "눈은 왜 추워야 올까?", "눈을 녹지 않게 집으로 가져오려면 어떻게 해야 할까?" 등의 호기심 어린 질문으로 탐구 활동을 시작할 수 있다. 따라서 문학 작품 속에 유아의 흥미와 호기심을 불러일으키는 과학적 문제 상황이 제시된다면 유아는 적극적으로 탐구 활동에 참여하면서 과학적 개념과 원리를 이해하게 될 것이다.

② 유아의 경험과 관련된 과학적 상황을 제공해야 한다.

인간은 자신이 처한 사회적 맥락 안에서 새로운 지식을 습득하고 개념을 확장해 간다. 유아들은 새로운 개념을 접할 때 단순하게 있는 그대로 받아들이는 것이 아니라, 자신이 알고 있는 지식이나 경험과 연결시켜서 그 개념을 수정하거나 보완하여 받아들인다.

따라서 문학 작품에 유아들에게 친숙한 경험과 관련된 과학적 상황이 제시된다면 유아들은 자신이 지니고 있는 인지적 토대를 기반으로 하여 새로운 과학적 개념과 원리를 더 쉽게 받아들일 것이다.

③ 창의적 사고를 가능하게 해야 한다.

급속히 변화되고 다원화되어 가는 사회에 잘 적응하기 위해서는 새로운 환경이나 문제에 당면했을 때 스스로 해결할 수 있는 능력이 요구된다. 특히 유아기는 창의성 발달이 가장 활발하게 이루어질 수 있는 시기이므로 기초적인 지식을 토대로 유연하고 창의적인 사고 능력을 기르는 데에 중점을 두어야 한다(보건복지부·교육과학기술부, 2013).

문학 작품에서 제시하고 있는 과학적 문제 상황을 하나의 방법만으로 해결하는 것보다 다양한 방법으로 해결할 수 있는 것이 창의적 사고뿐만 아니라 과학적 탐구 능력을 증진시키는 데에도 도움이 된다. 그리고 유아들은 창의적 사고를 통해 문제를 해결할 때 그 활동에 더 흥미를 가지고 몰입하는 경향이 있기 때문에 교육의 효과를 높일 수 있다.

④ 정부가 정확해야 한다.

과학과 관련된 문학 작품 중에 과학 동화 시리즈는 과학적 개념을 전달하기 위한 목적으로 제작되었기 때문에 대개 검수를 하게 된다. 과학교육의 의도가 있는 것은 아니기 때문에 검수를 거치지 않은 과학과 관련된 문학 작품들도 많이 있다. 때때로 문학 작품에서 제시하고 있는 과학적 개념이나 원리가 정확하지 않은 경우도 있기 때문에 교사는 과학교육 활동을 계획하기에 앞서 정확성에 대해 검토하는 작업이 필요하다. 그림책의 경우 이야기 내용뿐만 아니라 삽화도 유아에게는 강한 전달력을 지니고 있으므로 검토 대상에 포함시켜야 한다.

⑤ 문학성과 예술성이 있어야 한다.

아동 문학의 구성 요소에는 문학성과 예술성이 있다. 문학성은 글에 관한 것이고, 예술성은 그림에 관한 것이다. 문학 활동을 통한 접근 방법은 과학을 중심으로 소개하고 있으나 유아교육은 전인교육을 목적으로 하고 있기 때문에 문학적 가치가 있는 문학 작품을 선정해야 한다.

따라서 과학적 개념을 전달하기 위해 자연스럽지 않게 이야기를 구성하고 있거나, 글의 내용에만 치중하여 삽화의 심미적 가치가 낮은 문학 작품은 제외하는 것이 좋다. 문학 작품의 본질적 가치인 문학성과 예술성을 충족시키면서 자연스럽게 과학 활동과 연계할 수 있는 작품을 선정하는 것이 바람직하다.

⑥ 다양한 통합 활동이 가능해야 한다.

4차 산업혁명 시대에는 학문 간의 통합을 통해 새로운 지식을 창출하는 능력이 필요하다. 이에 우리나라 누리과정에서도 누리과정 5개 영역의 전체 또는 일부가 서로 연계되고 통합적으로 운영하는 것이 바람직하다고 제시하고 있다. 유아들은 지식을 영역별로 분리하지 않고 통합적으로 받아들인다.

따라서 시대적 상황과 유아의 발달적 특징을 반영하여 문학 작품을 통해 과학 영역 내에서도 통합이 가능하며 과학 이외의 다른 교과와의 통합이 가능하여 유아에게 의미 있는 다양한 교육 활동을 할 수 있는 문학 작품을 선정하는 것이 좋다.

(2) 문학 활동을 통한 접근의 교수학습 방법

문학 활동을 통한 접근 방법은 과학 개념과 문학 작품 중 어느 것을 먼저 선정하느냐에 따라 교수학습 방법이 달라진다. 유아에게 교육해야 할 과학 개념을 먼저 선정할 경우 그 개념이 포함된 문학 작품을 찾아서 과학 활동을 계획한다. 그리고 문학 작품을 선정하여 수업을 진행할 경우 문학 작품 속에서 과학적 개념과 원리를 찾아 과학 활동으로 연계한다. 문학 활동을 통한 구체적인 교수학습 방법은 다음과 같다.

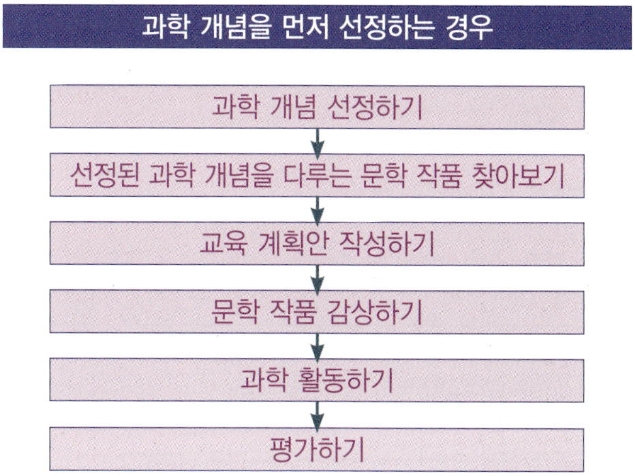

[그림 12-2] 과학 개념을 먼저 선정하는 문학적 접근의 교수학습 단계

과학 개념을 먼저 선정할 경우 생명과학, 물리과학, 지구과학 영역 내에 있는 개념 중 유아의 연령과 흥미, 누리과정 등을 고려한다. 각 생활 주제별로 교육 계획안을 검토하여 유아가 생명과학, 물리과학, 지구과학의 다양한 개념을 경험할 수 있도록 한다. 이렇게 과학 개념이 선정된 다음에는 그 개념을 다루고 있는 문학 작품을 찾아본다. 예를 들어 '빛의 굴절'에 대해 유아와 탐구하려고 한다면 시인 문삼석의 '무지개'라는 동시를 감상하고, 무지개에 대해 탐색할 수 있다. 다음은 과학 영역에 따른 문학 작품 중 그림책과 동시의 예시이다.

〈표 12-2〉 과학 영역에 따른 그림책

과학 영역	문학 작품(그림책)
생명과학적 탐구	• 『나무』(옐라 마리 글·그림, 시공주니어) • 『갯벌이 좋아요』(유애로 글·그림, 보림) • 『우리 몸의 구멍』(허은미 글·이혜리 그림, 길벗어린이) • 『퉁명스러운 무당벌레』(에릭 칼 글·그림, 몬테소리) • 『엄마, 안녕』(유키 모이라 글·후쿠다 유키히로 사진, 웅진주니어) • 『모두 행복한 날』(루스 크라우스 글·마르크 시몽 그림, 시공주니어)
물리과학적 탐구	• 『굴러라 바퀴야』(조명제 글·문철 그림, 보림) • 『누구 그림자일까?』(최숙희 글·그림, 보림) • 『쪽빛을 찾아서』(유애로 글·그림, 보림) • 『도르래』(캐롤라인 러시 글·마이크 고든 그림, 길벗어린이) • 『오늘은 우리 집 김장하는 날』(채인선 글·방정화 그림, 보림) • 『깊은 밤 부엌에서』(모리스 샌닥 글·그림, 시공주니어)
지구과학적 탐구	• 『물은 어디서 왔을까』(신동경 글·남주현 그림, 길벗어린이) • 『바람이 불었어』(팻 허친즈 글·그림, 시공주니어) • 『세상을 담은 그림, 지도』(김향금 글·최숙희 그림, 보림) • 『돌멩이』(마리안나 코포 글·그림, 키즈엠) • 『구름나라』(존 버닝햄 글·그림, 비룡소) • 『살아 있는 땅』(엘레오노레 슈미트 글·그림, 비룡소)

〈표 12-3〉 과학 영역에 따른 동시

과학 영역	문학 작품(동시)	
생명과학적 탐구	• '나비' 김용택 • '꽃씨 안이 궁금해' 유경환 • '딸꾹질' 최혜영	• '새싹 모자' 신현득 • '달팽이' 권태응 • '사이 좋은 친구' 성현주
물리과학적 탐구	• '온도계' 김봉석 • '그림자' 제해만 • '봉투와 풀' 문삼석	• '망원경을 씌어 봐' 문삼석 • '콜라' 신민규 • '자석' 이용숙
지구과학적 탐구	• '자갈돌' 신현득 • '무지개' 문삼석 • '물방울의 하늘 여행' 성현주	• '밀물과 썰물' 유미희 • '공기' 옥성수

필요한 자료와 구체적인 과학 교육 계획안을 작성한다. 과학 교육 계획안을 작성하기 위에 유아의 연령, 그룹의 형태(소그룹, 대그룹), 문학 작품 전달 매체(융

판, OHP, 프로젝터, 비디오, 자석 판 등), 교수학습 방법(이야기 나누기, 실험, 요리 활동, 조형 활동, 음악 활동, 극놀이, 신체 활동 등) 등을 결정한다. 필요한 교구와 교재를 준비하고 문학 작품을 감상한 후 과학탐구 활동을 실행하고 평가한다. 과학 활동을 마친 후에도 유아가 지속적인 관심을 보이는 과학적 개념이 있다면 심화·확장하여 과학 활동을 이어갈 수 있다.

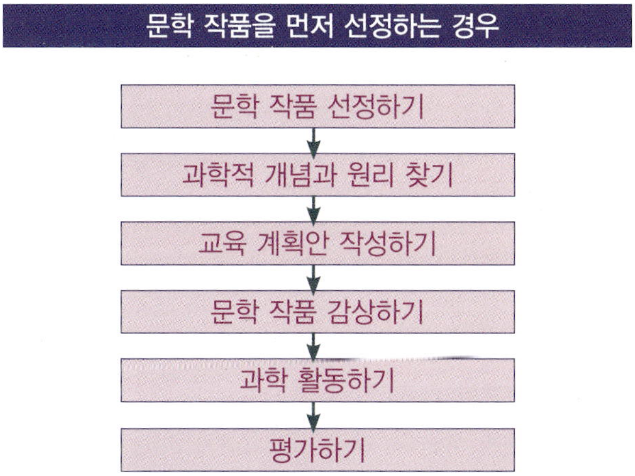

[그림 12-3] 문학 작품을 먼저 선정하는 문학적 접근의 교수학습 단계

유아교육 기관에서는 대체로 생활 주제를 중심으로 영역별 교육 활동을 실행한다. '봄'이 생활 주제라면 '봄'과 관련된 도서가 언어 영역에 비치되고, '봄'과 관련된 동시 감상 활동을 하게 된다. 교사는 '여름'과 관련된 문학 작품 속에 어떤 과학적 개념과 원리가 있는지 검토한다. 유아의 발달 수준에 적절하며 흥미로운 과학 활동의 아이디어가 있다면 교육 계획안을 작성하고 필요한 교구와 교재를 준비한다. 적절한 매체를 통해 문학 작품을 감상하고, 이와 연계된 과학 활동을 진행한 후 평가하면서 마무리한다. 예를 들어 '봄'이 생활 주제이고, 『아기 너구리네 봄맞이』(2001)를 감상했다면 너구리가 겨울잠을 자는 이유를 예측해 보고 조사한 후 결과를 비교해 볼 수 있다.

(3) 문학 활동을 통한 접근의 구체적 과학 활동 예시

다음은 문학 활동을 통한 접근의 구체적 과학 활동의 예시이다. 활동명, 대상 연령, 누리과정 관련 요소, 활동 목표, 준비물, 활동 내용(도입, 전개, 마무리)과 참고 사항 순으로 제시하였다.

문학 활동 1 | 색깔이 섞이면 달라져요

- **대상 연령:** 3세
- **누리과정 관련 요소**
  - 자연탐구 영역 〉 탐구하는 태도 기르기 〉 호기심을 유지하고 확장하기
  - 자연탐구 영역 〉 과학적 탐구하기 〉 물체와 물질 알아보기
  - 의사소통 영역 〉 듣기 〉 동요, 동시, 동화 듣고 이해하기
- **활동 목표**
  - 주변 사물에 호기심을 갖는다.
  - 색의 혼합에 관심을 갖는다.
  - 즐겁게 동화를 듣는다.
- **준비물:** 『빨강도깨비 파랑도깨비 노랑도깨비』(2011) 동화책, 셀로판지

- **활동 내용**

도입

1. 좋아하는 색깔에 대해 이야기 나눈다.
   - 어떤 색깔을 좋아하니?
2. 책 소개를 한다.
   - 너희들이 말한 색깔 중에 빨간색, 파란색, 노란색을 가지고 있는 도깨비들이 있대. 도깨비들이 어떤 이야기를 하는지 동화를 들어 보자.

전개

1. 동화를 들려준다.
2. 동화에 대한 감상을 이야기 나눈다.
   - 동화를 들어 보았는데 어떤 부분이 기억이 나니?
3. 색깔 도깨비들이 끌어안았을 때 어떤 색이 되었는지 이야기 나눈다.
   - 빨강 도깨비하고 노랑 도깨비가 끌어안았을 때 어떤 색이 되었니?
   - 빨강 도깨비하고 파랑 도깨비가 끌어안았을 때 어떤 색이 되었니?
   - 파랑 도깨비하고 노랑 도깨비가 끌어안았을 때 어떤 색이 되었니?
   - 빨강, 노랑, 파랑 도깨비가 모두 끌어안았을 때 어떤 색이 되었니?
4. 셀로판지를 탐색한다.
   - 빨간색을 비춰 보자. 어떻게 보이니?
   - 노란색을 비춰 보자. 어떻게 보이니?
   - 파란색을 비춰 보자. 어떻게 보이니?

5. 셀로판지로 색의 혼합을 탐색한다.
   - 빨간색과 노란색을 겹쳐 보자. 어떤 색깔이 되었니?
   - 빨간색과 파란색을 겹쳐 보자. 어떤 색깔이 되었니?
   - 노란색과 파란색을 겹쳐 보자. 어떤 색깔이 되었니?

마무리

1. 색의 혼합 활동에 대한 평가를 한다.
   - 셀로판지로 색깔에 대해 알아보았는데 어떠했니?
2. 다음에는 어떤 색깔로 탐구하고 싶은지 이야기 나눈다.
   - 다음에는 어떤 색깔로 놀이를 해 볼까?

● 참고

- 유아들이 더 잘 조작할 수 있도록 하기 위해 셀로판지에 테두리를 붙여서 제공하는 것도 좋다.

문학 활동 2 | 뼈에 대해 알아보아요

- **대상 연령:** 5세
- **누리과정 관련 요소**
  - 자연탐구 영역 〉탐구하는 태도 기르기 〉탐구 과정 즐기기
  - 자연탐구 영역 〉과학적 탐구하기 〉생명체와 자연환경 알아보기
  - 의사소통 영역 〉듣기 〉동요, 동시, 동화 듣고 이해하기
- **활동 목표**
  - 뼈에 대해 탐구하는 과정에 즐겁게 참여한다.
  - 뼈의 종류와 기능에 대해 안다.
  - 즐겁게 동화를 듣는다.
- **준비물:** 『뼈』(2001) 동화책, 인체의 뼈 그림

- **활동 내용**

도입

1. 뼈와 관련된 경험을 이야기 나눈다.
   - 선생님은 뼈를 다쳐서 깁스를 한 적이 있어요. 너희들 중에도 그런 경험을 해 본 친구가 있니?
   - 뼈를 다쳤을 때 어떠했니?

전개

1. 동화를 들려준다.
2. 동화에 대한 감상을 이야기 나눈다.
   - 동화를 들어 보았는데 어떠했니?
   - 어떤 부분이 기억이 나니?
3. 우리 몸에 있는 뼈를 탐색해 본다.

- 우리 몸에 뼈가 어디에 있을까?
- 손으로 만져 보자.
- 딱딱한 것이 느껴지니?
- 우리 몸에서 굽혀지는 부분을 찾아보자. 어디니?

4. 뼈가 필요한 이유에 대해 이야기 나눈다.
   - 뼈는 왜 필요할까?
   - 뼈가 없다면 어떻게 될까?
   - 뼈가 없다면 어떻게 움직일까?
5. 뼈의 종류에 대해 이야기 나눈다.
   - 뼈의 이름 중에 알고 있는 것이 있니?
   - (인체 뼈 그림을 제시하며) 뼈에는 ㅇㅇ뼈가 있단다.
6. 뼈가 없다면 어떻게 움직일 수 있을지 이야기 나눈다.
   - 뼈가 없다면 우리는 어떻게 걸을 수 있을까?
   - 뼈가 없는 것처럼 걸어 보자.
   - 뼈가 없는 것처럼 움직여 보니 어떠했니?

마무리

1. 뼈에 대해 알아본 소감에 대해 이야기 나눈다.
   - 뼈에 대해 알아보았는데 어떠했니?
   - 어떤 것이 가장 기억에 남았니?
2. 뼈의 필요성에 대해 다시 한 번 이야기 나눈다.
   - 뼈는 왜 필요할까?

● **참고**

- 무척추동물과 척추동물의 개념으로 확장하여 과학 탐색 활동을 진행할 수 있다.

문학 활동 3 | 지구를 지키기 위해 할 일

- **대상 연령:** 5세
- **누리과정 관련 요소**
  - 자연탐구 영역 〉탐구하는 태도 기르기 〉호기심을 유지하고 확장하기
  - 자연탐구 영역 〉과학적 탐구하기 〉생명체와 자연환경 알아보기
  - 의사소통 영역 〉듣기 〉동요, 동시, 동화 듣고 이해하기
  - 예술경험 영역 〉예술적 표현하기 〉미술 활동으로 표현하기
- **활동 목표**
  - 궁금한 점을 알아보는 탐구 활동에 즐겁게 참여한다.
  - 생명체가 살기 좋은 환경을 위해 할 일을 안다.
  - 즐겁게 동화를 듣는다.
  - 협동적인 미술 활동에 즐겁게 참여한다.
- **준비물:** 『고사리손 환경책』(2009) 동화책, 환경 오염 관련 사진, 도화지, 그리기 도구

- **활동 내용**

도입

1. 환경 오염에 대해 이야기 나눈다.
   - (환경 오염 관련 사진을 제시하며) 지구가 병들어 가고 있대.
   - 환경 오염이라는 말을 들어 보았니?
   - 환경 오염이 심해지면 우리는 삶이 불편해질 거야.

전개

1. 동화를 들려준다.

2. 동화에 대한 감상을 이야기 나눈다.
   - 동화를 들어 보았는데 어떠했니?
3. 지구를 지키기 위해 할 일에 대해 이야기 나눈다.
   - 책 속에서 지구를 위해 어떤 일들을 했니?
   - 우리가 할 수 있는 일들은 무엇일까?
4. 지구를 지키기 위해 할 일을 다른 친구들에게 알릴 수 있는 포스터를 만들어 본다.
   - 친구들에게 어떤 내용을 알리고 싶은지 생각해 보자.
   - 그룹으로 나누어 포스터를 제작한다.
5. 포스터를 게시한다.
   - 포스터를 어디에 붙이면 좋을까?
   - 포스터를 게시한다.

마무리

1. 활동한 소감에 대해 이야기 나눈다.
   - 지구를 위해 우리가 할 수 있는 일도 알아보았고, 포스터도 만들었는데 어떠했니?
   - 어떤 것이 가장 재미있었니?
2. 더 홍보할 수 있는 방법에 대해 이야기 나눈다.
   - 친구들이 포스터를 더 잘 보게 하려면 어떻게 해야 할까?

● **참고**

- 포스터를 게시하기 전에 다른 반에 가서 내용을 소개할 수 있다.

문학 활동 4 | 구름을 관찰해요

- **대상 연령:** 3세
- **누리과정 관련 요소**
  - 자연탐구 영역 〉탐구하는 태도 기르기 〉호기심을 유지하고 확장하기
  - 자연탐구 영역 〉과학적 탐구하기 〉자연 현상 알아보기
  - 의사소통 영역 〉듣기 〉동요, 동시, 동화 듣고 이해하기
- **활동 목표**
  - 구름에 대해 호기심을 갖는다.
  - 구름의 형태와 현상에 관심을 갖는다.
  - 즐겁게 동시를 감상한다.
- **준비물:** 황원영의 '구름' 동시 판 자료, 다양한 구름 사진, 카메라

- **활동 내용**

도입

1. 구름에 대한 경험에 대해 이야기 나눈다.
   - 구름을 본 적이 있니?
   - 어디에서 보았니?
   - 어떤 모양이었니?
   - 어떤 색깔이었니?

전개

1. (동시 판을 제시하며) 동시를 낭송한다.
2. 동시에 대한 감상을 이야기 나눈다.
   - 동시를 들어 보았는데 어떠했니?
   - 어떤 부분이 가장 기억에 남니?

구름

– 황원영 –

구름이 하늘에서 재주를 부립니다.
"어머니, 저것 봐요. 구름이 흰곰 같애."

바람이 가만가만 구름을 떠밉니다.
"어머니, 저것 봐요. 구름이 강물 같애."

(중략)

3. 구름의 형태와 색에 대해 이야기 나눈다.
   - (구름 사진을 제시하며) 어떤 모양처럼 보이니?
   - 어떤 색이니?
4. 실외로 나가 구름을 관찰한다.
   - 어떤 구름이 보이니?
   - 교사는 구름 사진을 찍는다.
5. 교실로 돌아와 관찰한 구름에 대해 이야기 나눈다.
   - 어떤 모양의 구름을 보았니?
   - 어떤 색깔이었니?

마무리

1. 구름을 관찰한 소감에 대해 이야기 나눈다.
   - 구름을 관찰해 보았는데 어떠했니?

• 참고

- 여러 번 관찰을 한 후 다양한 구름에 대해 이야기를 해 볼 수 있다.

문학 활동 5 | 비눗방울놀이를 해요

- **대상 연령:** 3세
- **누리과정 관련 요소**
  - 자연탐구 영역 〉 탐구하는 태도 기르기 〉 호기심을 유지하고 확장하기
  - 자연탐구 영역 〉 과학적 탐구하기 〉 물체와 물질 알아보기
  - 의사소통 영역 〉 듣기 〉 동요, 동시, 동화 듣고 이해하기
- **활동 목표**
  - 비눗방울에 호기심을 갖는다.
  - 비눗방울이 만들어지는 현상에 관심을 갖는다.
  - 즐겁게 동시를 감상한다.
- **준비물:** 강현호의 '비눗방울' 동시 판 자료, 비눗방울

- **활동 내용**

도입

1. 비눗방울에 대한 경험을 서로 이야기 나눈다.
   - 비눗방울을 만들어 본 적이 있니?
   - 어떤 모양이니?

전개

1. (동시 판을 제시하며) 동시를 낭송한다.
2. 동시에 대한 감상을 이야기 나눈다.
   - 동시를 들어 보았는데 어떠했니?
   - 어떤 부분이 가장 기억에 남니?

비눗방울

– 강현호 –

비눗방울 날아라 바람 타고 동동동
구름까지 올라라 둥실둥실 두둥실

(중략)

3. 실외로 나가 비눗방울을 불어 본다.
4. 교실로 와서 비눗방울에 대해 이야기 나눈다.
   - 비눗방울을 잘 만들려면 어떻게 해야 하니?
   - 모양은 어떠했니?
   - 크기는 어떠했니?
   - 색깔은 어떠했니?
   - 큰 비눗방울을 만들려면 어떻게 해야 하니?

마무리

1. 비눗방울 활동에 대한 소감에 대해 이야기 나눈다.
   - 비눗방울을 불어 보았는데 어떠했니?
   - 어떤 것이 가장 재미있었니?

• **참고**

- 활동 시 다양한 종류의 비눗방울 만들기 도구를 활용한다.

4. 미술 활동을 통한 접근

1) 미술 활동을 통한 접근의 교육적 의의

인간은 아름다운 것을 보고 듣고 느끼는 경험을 통해 아름다움을 추구하고 이에 대한 기쁨을 알아 간다. 또한 인간은 이러한 아름다움을 표현하고자 하는 기본적 욕구가 있을 뿐 아니라 아름다움을 다른 사람과 공유하고 소통하고자 하는 예술적 존재이기 때문에(보건복지부·교육과학기술부, 2013), 예술적 자질을 길러 줄 수 있도록 어린 시절부터 적절한 예술 경험을 제공할 필요가 있다.

예술적 자질을 지닌 유아들은 자신의 생각과 느낌을 표현하는데 언어보다 미술을 더 친숙하게 생각하는 경향이 있다. 자신의 경험을 논리적으로 명확하게 설명하는 것은 어렵지만, 창의적인 미술 작품으로 만드는 것은 더 쉽다고 인식하기 때문이다. 또한 유아들은 미술 작품을 만들면서 내재되어 있는 표현 욕구를 충족시켜 만족감과 성취감, 자신감을 느끼면서 긍정적인 자아 개념을 형성하고(오종숙, 2003), 자신의 개성을 표현함으로써 창의력을 발달시킨다. 유아가 만든 작품을 다른 사람과 공유하며 의사소통 능력이 발달되고, 공간적 능력이 반영된 인지 능력, 문제 해결 능력이 증진된다. 이와 같이 미술 교과는 어떤 교과보다도 개인의 발달에 기초가 되며 유아의 모든 감각을 일깨워 다른 교과와의 통합된 학습이 가능하게 한다(김정규 외, 2004).

실제로 유아가 미술 작품을 만들어 가는 과정은 과학탐구 활동과 많이 닮아 있다. 유아들은 미술 작품을 만들기 위해 먼저 자연과 사물을 관찰하며 탐색하고, 작품을 만드는 과정에서 끊임없이 어떤 자료로 어떻게 표현할지를 결정하면서 창의적으로 문제를 해결해 나간다. 과학탐구 활동 역시 관찰을 통해 사물을 탐색하며, 과학적 문제 상황을 해결하기 위해 다양한 시도를 함으로써 창의적인 사고를 하게 된다. 미술과 과학은 탐색을 통해 창의적으로 문제를 해결하는 비슷한 과정을 거치게 되는 것이다.

따라서 미술 활동을 통해 과학적 탐구 활동을 하는 것이 가능하며, 이를 통해 유아의 예술적 자질뿐만 아니라 유아의 과학적 탐구 능력도 증진시킬 수 있다. 무엇보다 미술 활동을 하며 유아들은 즐거움과 기쁨을 느끼기 때문에 미술 활동을 통한 과학적 접근 방법은 유아에게 자연스럽게 동기를 유발시키고 긍정적인 태도로 과학적 개념과 원리를 이해하고 확장할 수 있는 교수학습 방법이 된다. 유아교육 기관에서 과학 활동은 소홀히 여기는 반면 미술은 빈번하게 이루어지는 교육 활동 중 하나이다. 미술을 통해 과학교육을 한다면 영역 간의 균형을 맞추어 전인교육을 하는 데에도 기여할 것이다. 미술 활동을 통한 접근의 구체적인 교육적 의의는 다음과 같다.

① 다양한 감각을 자극하여 탐구 능력을 발달시킨다.

유아들은 감각 기관을 직접 활용하여 주변을 탐색하고 세상을 이해한다. 감각운동기와 전조작기의 유아들은 사물의 특성을 이해하는 데 있어 설명을 통해 듣는 것보다 사물을 직접 보고, 만지고, 맛보고, 소리를 들어 보고, 냄새를 맡아 보면서 더 명확하게 이해할 수 있다. 그래서 유아교육을 할 때 유아가 활동에 참여하며 구체적 자료를 직접 조작할 수 있도록 교육 환경을 마련하는 것이 바람직하다.

미술 활동을 통한 접근은 유아가 미술 도구와 재료를 직접 조작하고 시각적 이미지를 구체적으로 형성화하면서 유아의 감각을 활용하여 과학탐구 활동을 할 수 있기 때문에 유아의 발달에 적합하다. 보렐로(Borrello, 1986)는 통합적 미술교육 프로그램을 유아에게 적용한 결과 미술뿐 아니라 과학 영역에 긍정적인 영향을 미쳤으며, 유아가 다양한 미술 활동을 하는 가운데 재료를 탐색하면서 관찰하고 실험해 보는 과정은 과학적인 원리를 이해하는 데 토대가 된다고 하였다. 따라서 미술 활동을 통해 다양한 감각을 자극하여 과학 활동을 하는 것은 유아의 발달에 적합하며 탐구 능력을 증진시키는 데에도 도움이 된다.

② 창의적인 사고를 통해 과학적 문제 해결력을 기를 수 있다.

창의성은 타인과 다르게 다양하고 독특하게 생각하고 표현하는 능력과 이러한 능력을 뒷받침해 주는 창의적 성향이 합해진 것이다. 이는 주변 세계에 관심을 가지고 자신만의 방법으로 탐색하는 과정을 통해 형성된다(보건복지부·교육과학기술부, 2013).

미술 활동에서 창의성은 중요한 요소이다. 유아들은 다양한 미술 활동을 통해 확산적 사고에 의한 새로운 아이디어를 산출하고 새로운 유형의 사고를 신장시키며(김정규 외, 2004), 계획, 실행, 재작업의 과정을 통해 문제 해결 능력을 기른다(이영자 외, 2005). 따라서 미술 활동을 통한 접근 방법으로 과학 활동을 할 경우 유아들은 미술 작품을 제작하기 위해 계획하고, 수정하며 창의적으로 문제를 해결하면서 미술뿐만 아니라 과학에서의 교육적 가치를 높일 수 있다.

③ 과학에 대한 개념을 스스로 명료화하고 수정할 수 있다.

미술 작품은 유아가 생각한 이미지를 시각적으로 구체화시킨 것이기 때문에 무엇이 잘못되었는지를 쉽게 분석할 수 있다. 유아는 잘못된 것을 스스로 찾아 수정함으로써 자신이 가지고 있는 개념을 더 명확하게 이해할 수 있다. 또한 과학 활동을 통해 이해한 과학적 개념을 미술 작품으로 표상함으로써 자신이 이해한 개념을 명료화할 수 있다.

예를 들어 나비를 그리던 유아가 나비의 날개가 두 개인지, 네 개인지, 나비는 얼굴이 있는지, 더듬이가 있는지 혼동되었다. 그래서 과학책과 인터넷 자료를 찾아보며 나비의 생김새에 대해 더 명확하게 알게 되었다. 여기에서 더 나아가 나비의 다양한 종류, 서식지, 먹이 등에 대해 관심을 갖게 된다면 더 깊이 있는 과학적 탐구로 연결하여 과학 활동이 이루어질 수 있다. 그리고 그림을 그릴 때 하늘의 색을 크레파스에 있는 하늘색으로 항상 색칠하던 유아가 하늘을 탐색하는 과학 활동을 통해 하늘의 색이 한 가지가 아니라는 사실을 인지하게 되었다. 이 유아는 이제 하늘을 색칠할 때 하늘색과 보라색, 남색, 파란색을 섞어 칠하기도 하고, 빨간색, 분홍색, 주황색을 섞어 칠하기도 하면서 자신이 습득한 과학적 개념을 더 명료화하였다. 이렇게 미술을 통한 접근은 유아가 과학적 개념을 더 명확하게 이해하는 데 도움이 된다.

④ 정서를 발달시켜 과학에 대한 긍정적인 태도 형성에 도움이 된다.

언어적으로 자세히 설명하는 것에 어려움이 많은 유아들은 미술 활동을 통하여 복잡한 생각이나 다루기 힘든 주제들을 더 쉽게 표현함으로써 만족감을 얻고(이영자 외, 2005), 창의적인 표현 활동을 통해 즐거움과 기쁨을 느끼고, 자신만의 작품을 완성하였을 때 성취감과 자신감이 생기며, 나아가 긍정적인 자아 개념을 형성하는 데에도 도움이 된다. 또한 유아들은 예술가들의 훌륭한 미술 작품을 감상하면서 미적 감각을 기르고, 감정이 순화되어 정서를 풍요롭게 한다.

이러한 미술 활동은 유아에게 내재적 동기를 유발하게 하여 열정을 가지고 적극적으로 교육 활동에 참여하게 한다. 따라서 미술과 연계하여 과학 활동을 할 경우 미술 활동을 하며 얻을 수 있는 즐거움, 만족감, 자신감 등의 긍정적인 정서가 과학으로 연결되어 긍정적인 과학적 태도 형성에 도움이 된다.

⑤ 미술 작품을 분석하여 유아의 과학에 대한 수준을 이해하고 평가할 수 있다.

유아 미술의 인지적 이론은 유아의 미술 표현에 인지적 발달 수준이 반영되며 동시에 이에 의존한다는 입장으로, 유아들은 자신이 알지 못하거나 개념화할 수 없는 것을 그림으로 표현할 수 없다고 본다. 미술은 유아들이 자신이 표현하고자 하는 대상에 대해 경험하고 이에 대한 개념이 형성되었을 때 비로소 표현할 수 있는 것이다(이영자 외, 2005).

유아의 미술 작품을 분석하여 유아가 이해한 과학적 개념은 무엇인지, 그것을 어떻게 미술 작품에 반영하였는지, 과학에 대한 태도는 어떠한지 등에 대한 정보를 얻을 수 있기 때문에 그림 검사를 이용한 평가 도구를 개발하여 활용하기도 한다. 물론 유아의 미술 표현은 여러 변인에 의해 영향을 받을 수 있기 때문에 하나의 미술 작품만으로 유아의 과학탐구 능력과 태도를 정확하게 파악할 수는 없지만, 교사는 다음 교육 활동을 계획할 때 미술 작품 평가 내용을 참고 자료로 활용할 수 있다.

2) 미술 활동을 통한 접근 과정

(1) 미술 활동을 통한 접근의 교수학습 방법

미술 활동을 통한 접근 방법은 두 가지 측면으로 살펴볼 수 있다. 먼저 과학적 개념을 이해하고 미술로 표상하는 방법과 미술과 과학을 통합한 활동을 하면서 과학적 개념을 탐색해 보는 것이다. 자세한 내용은 다음과 같다.

① 과학적 개념을 미술로 표상하는 방법

과학적 개념을 미술로 표상하는 방법은 먼저 유아들과 함께 과학적 개념을 탐색하게 된다. 탐색한 후 미술 작품으로 자신이 이해한 개념을 표상하는 방법이다. 유아들은 미술 작품을 제작하면서 자신이 이해한 개념을 적용하며 더 확장시킬 수 있다. 교사는 유아의 미술 작품을 평가하면서 유아의 과학적 개념 이해 정도를 파악하는 것이 가능하다.

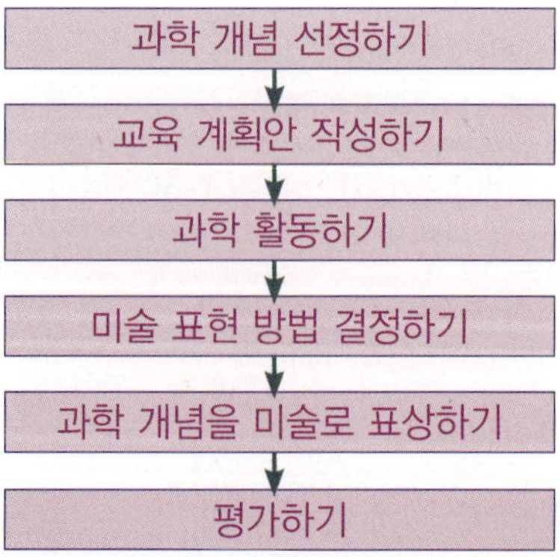

[그림 12-4] 과학적 개념을 미술로 표상하는 방법의 교수학습 단계

교사는 먼저 유아들과 어떤 과학적 개념을 탐색할 것인지 결정한다. 생명과학, 지구과학, 물리과학 영역에서 유아의 발달적 수준과 흥미, 생활 주제, 시기적 특성(계절, 날씨 등) 등을 고려하여 과학적 개념과 교수학습 방법(실험, 관찰, 조사 등)을 선정하고 교육 계획안을 작성한다. 필요한 교구와 교재를 준비하여 과학 활동을 실시한다. 과학 활동을 통해 이해한 과학적 개념을 미술로 표상하는데 여건에 따라 며칠에 나누어 활동할 수 있다. 유아들이 과학 활동을 할 때 흥미와 호기심, 집중 시간 등이 어떠했는지, 미술로 표상하는 활동 시간은 어떠했는지 등을 검토하여 일정을 계획한다.

유아가 이해한 과학적 개념을 미술로 표상하기에 앞서 적절한 미술 표현 방법을 선정한다. 평면으로 그림을 그릴 수도 있고 입체적으로 무엇을 제작할 수도 있다. 예를 들어 그림자의 특성에 대해 과학 탐색 활동을 한 후 그림자를 그려 보는 것이다. 대개 유아들은 그림을 그릴 때 그림자를 표현하지 않는데 과학적 개념을 적용하여 그림자가 있는 그림을 그려 보게 한다. 그림자가 있으려면 우선 빛이 있어야 하고, 빛이 비치는 반대 방향으로 그림자가 생긴다는 것을 알아야 한다. 빛과 사물의 거리에 따라 그림자의 크기가 달라지고 그림자와 사물이 분리되지 않게 그려야 한다. 유아들은 그림을 그리며 자신이 이해한 개념을 재점검하고 적용시킴으로써 그림자에 대한 지식이 더 명료해지며 더 오래 기억된다. 마지막으로 탐구 활동과 미술 활동에 대한 평가를 하고 마무리한다.

② 미술과 과학을 통합하는 방법

과학적 개념을 미술로 표상하는 방법은 과학에 좀 더 중점을 두게 되고, 미술과 과학을 통합하여 과학적 개념을 이해하는 방법은 과학과 미술의 비중을 비등하게 두어 교육 목표를 설정한다. 유아들은 미술 활동을 하면서 자연스럽게 과학적 개념과 원리를 이해하게 된다.

과학 개념, 미술 활동 선정하기
↓
교육 계획안 작성하기
↓
과학적 개념이 포함된 미술 활동하기
↓
평가하기

[그림 12-5] 미술과 과학을 통합하는 방법의 교수학습 단계

미술과 과학을 통합하여 수업을 계획할 경우 먼저 교육해야 할 과학 개념을 선정한다. 그리고 그 과학 개념을 탐색할 수 있는 미술 활동을 선정한다. 미술 활동을 위해 필요한 재료를 준비하고 과학적 개념이 포함된 미술 활동을 실시한다. 교사는 미술 활동으로만 끝나지 않도록 그 과정 속에서 과학적 개념을 탐색할 수 있도록 상호 작용해야 한다.

예를 들어 소금물 그림을 그릴 때 소금물에 물감을 섞어 바로 그림을 그리는 것이 아니라 교사는 소금물로 그림을 그리면 어떻게 될지 예측하는 질문을 한다. 흑지에 크레파스로 스케치하고 칠하고 싶은 부분을 칠한다. 나머지 부분을 다양한 색깔의 소금물로 채색한다. 완성된 후 미술 작품을 감상하면서 그림에 무엇이 보이는지, 예측한 대로 되었는지, 왜 소금 결정이 보이는지 등에 대해 이야기 나누며 용액과 증발에 대한 개념을 탐색할 수 있도록 한다. 교육 활동을 마치고 마지막으로 활동에 대한 평가를 한다.

다음은 과학 영역별로 미술 활동과 관련된 과학 활동을 장혜순 등(2005)의 연구와 고현(2005)의 연구를 참고로 하여 구성한 것이다.

〈표 12-4〉 과학 영역별 미술 활동

과학 영역	미술 활동
물리과학적 탐구	• 물감 불기 그림 그리기 • 모빌 만들기 • 자동차와 경사로 만들어 굴려 보기 • 그림자 그리기 • 크레파스 다림질 그림 그리기 • 크레파스 녹여 그림 그리기 • 섬유 염색하기 • 마블링하기 • 물감 섞어 그림 그리기 • 스펀지 판화하기 • 화선지 물들이기
생명과학적 탐구	• 나뭇잎 베끼기 • 점토로 동물 만들기 • 씨앗으로 꾸미기 • 꽃 만들기 • 손도장 찍기 • 얼굴 그리기
지구과학적 탐구	• 모래 그림 그리기 • 모래시계 만들기 • 소금물로 그림 그리기 • 흙, 모래, 돌로 콜라주 하기 • 하늘 모습 그리기 • 계절에 따른 풍경 그리기

(2) 미술 활동을 통한 접근의 구체적 과학 활동 예시

다음은 미술 활동을 통한 접근의 구체적 과학 활동의 예시이다. 활동명, 대상 연령, 누리과정 관련 요소, 활동 목표, 준비물, 활동 내용(도입, 전개, 마무리)과 참고 사항 순으로 제시하였다.

미술 활동 1 | 모빌 만들기

- **대상 연령:** 5세
- **누리과정 관련 요소**
  - 자연탐구 영역 〉 탐구하는 태도 기르기 〉 탐구 기술 활용하기
  - 자연탐구 영역 〉 과학적 탐구하기 〉 물체와 물질 알아보기
  - 예술경험 영역 〉 예술적 표현하기 〉 미술 활동으로 표현하기
- **활동 목표**
  - 과학적 탐구 기술을 활용해 본다.
  - 힘의 균형에 대해 안다.
  - 자신의 생각을 표현하여 모빌을 만든다.
- **준비물:** 종이, 그리기 도구, 가위, 테이프, 끈, 막대, 펀치, 모빌

- **활동 내용**

도입

1. 모빌에 대해 이야기 나눈다.
   - (모빌을 제시하며) 이런 것을 본 적이 있니?
   - 어떻게 움직이는 걸까?

전개

1. 그룹을 나누고 어떤 주제의 모빌을 만들고 싶은지 이야기 나눈다.
   - 어떤 모빌을 만들고 싶니?
   - 그룹별로 어떤 모빌을 만들고 싶은지 의논해 보자.
2. 모빌을 만들기 위해 필요한 재료와 방법을 소개한다.
   - 우선 종이에 그림을 그려 보자.
   - 너희들이 원하는 종이와 그리기 도구를 사용해 보자.
3. 모빌을 만들기 위한 그림을 다 그린 후 모양대로 자른다.

4. 자른 그림에 펀치를 뚫어 끈을 연결한다.
   - 그림에 펀치로 구멍을 뚫어 보자.
   - 그 구멍에 끈을 넣어 묶어 보자.
5. 모빌이 어떻게 연결되어 있는지 그룹별로 관찰한다.
   - 모빌이 어떻게 연결되어 있니?
   - 기울어지지 않게 균형을 맞추려면 먼저 무엇을 해야 할까?
   - 그다음에는 어디를 연결해야 할까?
6. 긴 막대와 끈을 연결하여 모빌을 완성한다.
   - 끈을 막대에 묶어 보자.
   - 그다음에 어디를 연결해야 할까?
   - 기울어지지 않도록 균형을 맞추어 만들어 보자.
7. 그룹별로 완성된 모빌을 소개한다.
   - 완성한 모빌을 소개해 보자.
   - 제목은 무엇이니?
8. 모빌의 균형을 맞추기 위해 어떻게 해야 하는지 이야기 나눈다.
   - 모빌의 균형을 맞추기 위해 어떻게 했니?
   - 어떻게 해야 균형을 잘 맞출 수 있었니?

마무리

1. 모빌을 만들어 본 소감에 대한 평가를 한다.
   - 모빌을 만들어 보았는데 어떠했니?
   - 어떤 것이 재미있었고, 어떤 점이 어려웠니?

• 참고

- 유아들이 막대에 끈을 묶는 것을 어려워할 수도 있으므로 미리 끈을 묶어서 제공하여 유아가 끈의 위치만 바꿀 수 있도록 할 수 있다.

미술 활동 2 | 마블링 그림

- **대상 연령:** 5세
- **누리과정 관련 요소**
  - 자연탐구 영역 〉 탐구하는 태도 기르기 〉 탐구 과정 즐기기
  - 자연탐구 영역 〉 과학적 탐구하기 〉 물체와 물질 알아보기
  - 예술경험 영역 〉 예술적 표현하기 〉 미술 활동으로 표현하기
- **활동 목표**
  - 탐구 과정에 즐겁게 참여한다.
  - 물과 기름의 성질에 대해 안다.
  - 협동적인 미술 활동에 즐겁게 참여한다.
- **준비물:** 마블링 물감, 물, 투명하고 넓적한 용기, 도화지, 나무젓가락, 마블링 그림 작품 사진, 기름, 투명하고 길쭉한 용기

- **활동 내용**

도입

1. (마블링 그림 작품을 보여 주며) 마블링 그림에 대해 이야기 나눈다.
   - 이런 그림을 본 적이 있니? 무엇으로 그린 것 같니?

전개

1. 마블링 그림에 대해 소개한다.
   - '마블링'이라고 하는 물감으로 우리도 멋진 작품을 만들어 볼 거야.
2. 미술 재료를 소개한다.
   - (미술 재료를 하나씩 제시하며) 마블링 그림을 그리려면 도화지와 마블링 물감, 물, 넓은 그릇, 나무젓가락이 필요하단다.
3. 마블링 그림 그리는 방법을 소개한다.
   - 먼저 넓은 그릇에 물을 담고 원하는 색의 물감을 짜서 물에 넣을 거야.

- 물감이 퍼지면 그대로 두어도 좋고, 나무젓가락으로 조금만 저어 주어도 된단다. 그런데 너무 많이 저으면 멋진 무늬들이 사라지니까 조금만 젓자.
- 도화지를 물 위에 살짝 내려놓고, 도화지가 다 적셔지면 꺼내 보자.

4. 마블링 그림을 완성한다.
   - 순서대로 마블링 그림을 완성해 보자.
5. 완성된 그림에 제목을 붙인다.
   - 우리가 완성한 그림에 제목을 붙여 보자.
6. 완성된 그림을 전시한다.
7. 마블링 그림을 그리는 원리에 대해 이야기 나눈다.
   - 마블링 물감이 어떻게 도화지에 묻는 것일까?
   - 그림물감하고 마블링 물감하고 무엇이 다를까?
   - 그림물감은 물에 섞이지만 마블링 물감은 기름이 들어 있어 안 섞인단다.
   - (투명하고 길쭉한 용기를 제시하며) 여기에 물을 넣어 보자. 그리고 기름을 넣어서 흔들어 보자.
   - 기름과 물이 어떻게 되었니?
   - 물하고 마블링 물감은 섞일까?
   - 마블링 물감은 물에 넣으면 물에 섞이지 않고 둥둥 떠 있게 된단다.
   - 거기에 도화지를 얹으면 어떻게 되겠니?

마무리

1. 마블링 그림을 그린 소감에 대해 이야기 나눈다.
   - 마블링 그림을 그려 보았는데 어떠했니?
   - 어떤 것이 가장 기억에 남니?

● **참고**

- 마블링 물감은 기름이 섞여 있어 옷에 이염되면 잘 안 지워질 수 있으므로 주의한다.

미술 활동 3 | 물들여 보아요

- **대상 연령:** 5세
- **누리과정 관련 요소**
  - 자연탐구 영역 〉탐구하는 태도 기르기 〉탐구 기술 활용하기
  - 자연탐구 영역 〉과학적 탐구하기 〉물체와 물질 알아보기
  - 예술경험 영역 〉예술적 표현하기 〉미술 활동으로 표현하기
- **활동 목표**
  - 탐구 기술을 활용하여 탐색한다.
  - 염색에 대해 알아본다.
  - 염색 도구를 사용하여 염색한다.
- **준비물:** 천, 염색 물감, 그림물감, 물, 투명한 용기, 염색 작품 사진, 염색된 천, 나무젓가락

- **활동 내용**

도입

1. 염색에 대해 이야기 나눈다.
   - (염색 작품 사진을 제시하며) 무엇인 것 같니?
   - (염색한 천을 제시하며) 직접 보니까 어떠하니?
   - 한 명씩 염색한 천을 만져 보면서 관찰해 보자.

전개

1. 염색을 하기 위해 필요한 재료를 소개한다.
   - (염색 물감을 제시하며) 이것은 무엇일까?
   - 천을 물들일 수 있는 염색하는 물감이란다.
   - 그림물감하고 무엇이 다를까?
   - 그림물감하고 염색 물감하고 천에 물들이면 어떻게 될지 물들여 보자.

2. 그림물감과 염색 물감으로 물들이면 어떻게 될지 예측해 본다.
   - 그림물감하고 염색 물감하고 물들이면 어떻게 될까?
   - 교사는 유아들이 예측한 응답을 적어 놓는다.
3. 그림물감과 염색 물감으로 염색한다.
   - 용기에 물을 담아 보자.
   - 그림물감이라고 적혀 있는 통에는 그림물감을 풀어 보자.
   - 염색 물감이라고 적혀 있는 통에는 염색 물감을 풀어 보자.
   - 동그라미 천을 그림물감에 적셔 보자.
   - 네모 천은 염색 물감에 적셔 보자.
4. 염색 후 건조시킨다.
5. 완성된 작품을 감상한다.
   - 친구들의 작품이 어떠니?
6. 염색한 천이 어떻게 되었는지 비교하고 추론한다.
   - 그림물감으로 물들인 천은 어떻게 되었니?
   - 염색 물감으로 물들인 천은 어떻게 되었니?
   - 예상한 대로 되었니?
   - 왜 이런 결과가 나왔을까?

마무리

1. 염색하기 활동의 소감에 대해 이야기 나눈다.
   - 염색을 해 보았는데 어떠했니?
   - 어떤 것이 기억에 남니?

• 참고

- 염색 물감으로 이염되면 잘 지워지지 않으므로 주의한다.
- 유아의 관심을 확장하여 천연염료를 이용하여 염색 활동을 해 볼 수 있다.

미술 활동 4 | 화석 만들기

- **대상 연령:** 4세
- **누리과정 관련 요소**
  - 자연탐구 영역 〉 탐구하는 태도 기르기 〉 탐구 과정 즐기기
  - 자연탐구 영역 〉 과학적 탐구하기 〉 자연 현상 알아보기
  - 예술경험 영역 〉 예술적 표현하기 〉 미술 활동으로 표현하기
- **활동 목표**
  - 탐구 과정에 관심을 가지고 참여한다.
  - 화석의 의미와 생성 과정을 안다.
  - 자신의 생각을 미술로 표현한다.
- **준비물:** 화석 사진, 화석의 유래와 관련된 그림 자료, 점토, 동물과 식물 모형, 물감, 붓, 물통, 접시

- **활동 내용**

도입

1. 화석에 대한 경험과 지식에 대해 이야기 나눈다.
   - (화석 사진을 제시하며) 이것은 무엇일까?
   - 어디에서 보았니?
   - 어떤 모양이었니?
   - 이름을 알고 있니?

전개

1. 화석이 생긴 이유에 대해 이야기 나눈다.
   - 화석은 왜 생긴 것일까?
   - (화석의 유래와 관련된 그림 자료를 제시하며) 옛날에 살았던 동물이나 식물의 흔적이 돌이나 지층에 남아 있는 것을 화석이라고 한단다. 뼈나 몸

체뿐만 아니라 발자국, 배설물, 조개가 판 구멍 등의 흔적도 화석이 될 수 있단다.

2. 화석을 만들기 위한 재료를 소개한다.
   - 점토를 이용해서 화석을 만들어 보자.
   - 여기 있는 동물이나 식물 중에서 마음에 드는 것으로 만들어 보자.
3. 점토에 동물이나 식물 모형을 찍어 낸다.
   - 어떤 동물이나 식물로 화석을 만들고 싶니?
   - 점토에 꾹 눌러 보자.
4. 점토를 건조시킨 후 지층의 색 계열로 색칠한다.
   - 물감으로 색을 칠해 보자.
5. 완성된 화석을 감상한다.
   - 다른 친구들은 어떤 동물이나 식물로 화석을 만들었니?
   - 어떤 점이 마음에 드니?

마무리

1. 화석을 만들어 본 소감에 대해 이야기 나눈다.
   - 화석을 만들어 보았는데 어떠했니?
   - 어떤 점이 재미있었니?
2. 새롭게 알게 된 점에 대해 이야기 나눈다.
   - 새롭게 알게 된 것은 무엇이니?

• **참고**

- 유아의 관심이 지속된다면 과학 영역이나 미술 영역에 재료를 준비해서 다른 것으로도 화석을 만들어 볼 수 있게 한다.

미술 활동 5 | 자석 그림 그리기

- **대상 연령:** 3세
- **누리과정 관련 요소**
  - 자연탐구 영역 〉 탐구하는 태도 기르기 〉 호기심을 유지하고 확장하기
  - 자연탐구 영역 〉 과학적 탐구하기 〉 물체와 물질 알아보기
  - 예술경험 영역 〉 예술적 표현하기 〉 통합적으로 표현하기
- **활동 목표**
  - 자석에 호기심을 갖는다.
  - 자석의 성질에 관심을 갖는다.
  - 자석 그림 그리기 과정에 참여하여 표현 과정을 즐긴다.
- **준비물:** 철가루 판, 자석, 카메라, 자석에 붙는 물건과 붙지 않는 물건들

- **활동 내용**

도입

1. 자석에 대한 지식과 경험에 대해 이야기 나눈다.
   - (자석을 제시하며) 이런 것을 본 적이 있니?
   - 이것은 자석이라고 한단다.
   - (여러 가지 물건에 붙여 보며) 자석에 이렇게 붙는 물건도 있고, 붙지 않는 물건도 있단다.

전개

1. 자석을 탐색한다.
   - 자석에 물건을 붙여 보자.
   - 어떤 게 붙니?
   - 어떤 게 붙지 않니?

2. 철가루 판을 소개한다.
   - (철가루 판을 제시하며) 무엇일까?
   - 네모 상자 안에 검은색 가루가 보이니?
   - (철가루 판을 움직이며) 여기 이렇게 가루가 움직이지?
   - (자석으로 철가루를 움직이며) 자석을 대니까 검정 가루가 움직이네.
   - 이 가루는 무엇일까?
   - 철로 만든 가루야. 철은 자석에 붙는단다.
3. 철가루 판을 이용하여 자석 그림을 그린다.
   - 자석을 움직여서 철가루로 그림을 그려 보자.
   - 마음에 드는 그림이 완성되면 사진을 찍어 줄게.
4. 자석 그림 사진을 감상한다.
   - 친구들의 작품을 감상해 보자.
   - 무엇처럼 보이니?
   - 어떤 것이 마음에 드니?

마무리

1. 자석 그림 그리기 활동 소감에 대해 이야기 나눈다.
   - 자석 그림을 그려 보았는데 어떠했니?
   - 어떤 것이 가장 재미있었니?

• **참고**

- 유아들이 자석에 붙는 물건과 붙지 않는 물건을 탐색하는 것에 집중한다면, 자석 그림은 다음날에 그려 보아도 좋다.

5. 음악 및 동작 활동을 통한 접근

1) 음악 및 동작 활동을 통한 접근의 교육적 의의

유아는 태내에 있을 때부터 음악의 요소와 분리될 수 없는 존재로, 심장의 움직임은 리듬의 기초가 되며 계속해서 각 기관들은 소리와 움직임 등에 반응할 수 있게 되어 있다(이영자 외, 2005). 그리고 인간의 정서적 상태를 동작으로 표현하는 양상 역시 이미 태내에 있을 때부터 시작되며, 출생 후에는 내면적, 외면적 자극에 의해 일어나고 보다 다양한 동작을 통해 발산된다(홍용희 외, 2001).

음악과 동작에 대한 예술적 자질을 가지고 있는 유아에게 음악교육은 노래나 리듬을 통해 자신을 자유롭게 표현하면서 내재되어 있는 긴장과 갈등을 해소시키고 만족감을 주는 즐거운 것이 되어야 하며(이영자 외, 2005), 동작교육은 다양한 신체 활동을 통하여 일상생활에 필요한 기초 체력을 기르고 유아가 자신의 신체에 대하여 긍정적으로 인식하게 하며 자신의 몸으로 생각과 느낌을 자발적이고 창의적으로 표현함으로써 정서적 안정감을 느끼게 해야 한다(윤희경 외, 2005).

이와 같이 음악과 동작 활동을 통해 유아들은 기쁨과 즐거움을 느끼며 정서적 안정감을 느끼는데, 이러한 정서와 사고는 상호 작용하기 때문에 유아가 느끼는 정서와 세상에 대한 느낌은 유아들이 생각하고 배우는 학습 능력에 영향을 미친다(Harlan & Rivikin, 2000). 즉 음악과 동작 활동을 통해 형성된 정서적 안정감은 과학 개념과 원리를 학습하는 데에도 긍정적인 영향을 미친다. 또한 모든 유아들은 다중 양식적(multi-model) 학습 능력을 가졌으며, 대부분의 사람들은 단일 감각보다 다중 감각(multi-senses)을 통해 정보를 접했을 때 더 잘 이해하고 기억한다(Pica, 2005). 따라서 음악과 동작을 통해 시각적 자극뿐만 아니라 몸 전체가 반응할 수 있도록 다양한 감각적 자극을 제공하여 과학 활동을 할 경우 과학적 개념을 더 잘 이해하고 기억하게 된다.

특히 음악과 동작 그리고 과학은 공통점이 있다. 유아들에게 과학은 구체적이고 실체적으로 다루어져야 하며 탐색, 조사, 문제 해결, 발견의 과정이어야 하는 데 동작은 이러한 특징을 가지고 있다(김은심, 2004). 그리고 유아의 음악 활동은 음악을 탐색, 모방, 실험해 보는 단계, 음악을 식별, 조직화, 창조하는 단계, 재조직, 생산, 개념화하는 단계로 발전하는데(이영·유애열, 1985), 이러한 단계는 과학 활동을 하는 과정과 비슷하다.

따라서 음악과 동작 그리고 과학은 공통된 특성을 가지고 있으므로 음악 및 동작 활동을 통한 접근은 유아에게 자연스러운 교수학습 방법일 것이며, 이를 통해 느끼는 긍정적 정서는 과학으로 연결되어 과학 활동을 즐거운 것으로 인식하고, 다양한 감각을 활용함으로써 교육적 효과를 높일 수 있다. 음악 및 동작 활동을 통한 접근의 교육적 의의는 다음과 같다.

① 기쁨과 즐거움을 느껴 과학에 대한 긍정적인 태도 형성에 도움이 된다.

유아들은 음악을 듣고, 노래를 부르고, 악기를 연주하며 그리고 자신의 생각과 느낌을 동작으로 표현하면서 만족감과 즐거움을 느끼며 정서적으로 충만해진다. 유아는 자신의 생각과 느낌을 자발적으로 표현함으로써 표현 능력, 심미감을 기르고, 정서적 안정감을 가지게 되는 것이다(윤희경 외, 2005).

음악을 통한 개념 학습은 학습 자체를 즐거운 것으로 만들어 준다(안재신, 1997). 또한 동작 활동은 본능적이고 즐거운 것이며 긍정적인 강화물이 되어 학습 과정과 특별한 학습 내용에 대한 긍정적인 태도의 발달을 촉진시킨다(김은심, 2004). 이와 같이 음악과 동작을 통해 과학 활동을 할 경우 음악과 동작을 하며 느끼는 기쁨과 즐거움이 과학으로 연결되어 긍정적인 과학적 태도를 형성하는 데 도움이 된다.

② 감각적 인식 능력을 증진시켜 과학 활동에 집중하여 적극 참여하게 한다.

음악 활동은 리듬감을 가지고 감각적 경험과 활동을 하는 예술 영역으로 높은 수준의 지각력을 발달시킨다(안재신, 1997). 또한 동작 활동은 몸 전체를 학습 도구로 활용함으로써 전신에 있는 신경망을 활성화하기 때문에(Pica, 2005), 유아들은 신체 활동을 할 때 학습 과제에 집중하고, 완전히 학습에 빠져드는 경향이 있다(김은심, 2004). 음악 및 동작 활동은 정서와 지각을 일깨워 감각적 인식 능력을 발달시키고, 주의를 환기시켜 활동에 몰입하게 하는 효과가 있는 것이다(김춘경, 2005).

예를 들어 물이 증발하여 비로 다시 내리기까지의 과정을 언어적 설명을 통해 전달하는 것보다 유아가 물방울이 되어 증발하고, 구름이 되었다가 다시 비가 내리는 것을 몸으로 표현할 때 유아는 교육 활동에 더 집중하여 적극적으로 참여할 수 있게 된다.

③ 과학적 개념을 더 잘 기억하게 한다.

음악 및 동작 활동은 유아에게 기쁨과 즐거움을 느끼게 하여 긍정적인 정서를 불러일으킨다. 긍정적인 정서가 풍부해질수록 기억력을 증진시키는 물질인 엔도르핀(endorphin)이 생성되기 때문에(Harlan & Rivikin, 2000), 유아들은 이러한 즐거운 분위기에서 과학적 개념과 원리를 더 강력하게 오래 기억하게 된다.

또한 학습 과정에 많은 감각이 사용될수록 더 강한 인상이 남고 더 오랫동안 기억에 남는 경향이 있다(Pica, 2005). 하나의 감각만을 활용하여 지식을 습득하는 것보다 하나 이상의 감각을 함께 활용했을 때 교육적 효과가 더 크다는 의미이다. 예를 들어 유아들이 바람의 특징을 사진을 통해 시각적인 정보만 활용하여 습득하는 것보다, 바람을 유아가 직접 몸으로 느껴 보고 동작으로 표현하거나 노래를 부르며 다양한 감각을 활용할 때 바람에 대한 과학적 지식이 더 오래 기억되는 것이다.

④ 창의적 문제 해결 능력을 향상시킨다.

음악 및 동작 활동 교육은 유아들 개개인의 생각과 느낌을 존중하며, 정해진 방식으로 표현하는 것보다 창의적으로 표현하는 것에 더 가치를 둔다. 따라서 유아들은 음악 및 동작 활동을 하면서 자신의 개성을 표현하는 것에 두려움을 느끼지 않고 자신감 있게 다양한 시도를 함으로써 창의적으로 문제를 해결하는 능력을 기르게 된다.

유아들은 음악 활동을 통해 자신의 생각과 느낌을 탐색하고 자유롭게 표현함으로써 상상력과 표현력이 증진되고, 창조의 기쁨을 느끼면서 창의적인 사고력과 표현력을 기를 수 있다(전인옥·이숙희, 2003). 또한 유아들은 창의적인 동작 표현을 하면서 수렴적 기술과 발산적 기술을 사용하여 문제를 해결하는 것을 배우게 된다(김은심, 2004). 따라서 음악 및 동작을 통해 과학 활동을 할 경우 유아들은 자신의 생각을 적극적으로 표현하고 다양한 시도를 함으로써 창의적 문제 해결 능력을 향상시킬 수 있다.

⑤ 다양한 표상 능력을 기른다.

유아들은 음악과 동작을 통해 자신의 감정과 생각을 표현하는 것에 익숙하다. 언어를 사용하기 이전부터 유아들은 울음과 옹알이와 같은 음성과 베이비 사인과 같은 동작을 통해 자신의 욕구, 감정 등을 표현해 왔기 때문이다. 유아교육 기관에서 유아가 이해한 개념을 표상하는 방법으로 언어와 미술을 가장 흔하게 활용하고 있는데, 음악과 동작을 통한 표상 방법을 활용한다면 교수학습 방법이 더 다양해지기 때문에 유아들은 교육 활동에 더 즐겁게 적극적으로 참여할 것이다.

그리고 하나의 개념을 다양하게 표상하는 것은 유아의 학습과 발달에 대한 기반을 형성하는 데 도움이 된다(이은미, 2017). 유아들은 음악과 동작을 통해 과학적 개념과 원리를 표상함으로써 자신의 생각과 느낌을 다양한 방식으로 표상할 수 있다는 것을 깨닫게 되고, 이는 과학교육의 효과를 높일 수 있다.

2) 음악 및 동작 활동을 통한 접근 과정

(1) 음악 및 동작 활동을 통한 접근의 교수학습 방법

음악 및 동작 활동을 통한 접근 방법은 두 가지 방식으로 나누어 볼 수 있다. 먼저 과학적 개념을 이해하고 음악 및 동작으로 표상하는 방법과 음악 및 동작과 과학을 통합한 활동을 하면서 과학적 개념을 탐색해 보는 것이다. 자세한 내용은 다음과 같다.

① 과학적 개념을 음악 및 동작으로 표상하는 방법

과학적 개념을 음악 및 동작으로 표상하는 방법은 먼저 과학 개념을 선정하여 유아와 과학교육 활동을 한 후에 유아가 이해한 과학적 개념을 음악이나 동작 활동으로 표상하는 것이다. 이 접근 방법은 유아가 이해한 과학적 개념을 다양하게 표상함으로써 더 명확하게 인식하도록 한다. 구체적인 교수학습 단계는 다음과 같다.

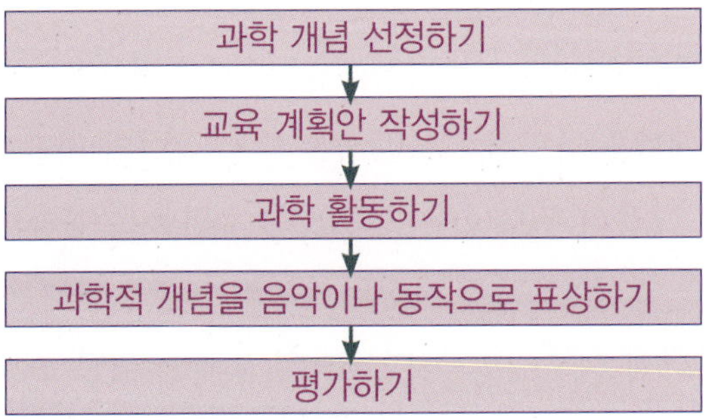

[그림 12-6] 과학적 개념을 음악 및 동작으로 표상하는 방법의 교수학습 단계

먼저 과학 영역(물리과학적 탐구, 생물과학적 탐구, 지구과학적 탐구) 중 어떤 개념을 유아들과 탐구 활동으로 전개할지 결정한다. 선정된 개념에 따라 유아의 연령적 특성과 흥미, 생활 주제, 날씨와 계절 등을 고려하여 교수학습 방법을 결정한다. 동물에 대해 수업을 할 경우 동물의 동영상이나 사진을 볼 수도 있고, 직접 동물원에 가서 관찰할 수도 있다. 바람의 개념에 대해 알아볼 경우 교실에서 바람을 일으키는 기계나 도구를 활용하거나 실외로 나가 바람을 맞으며 직접 경험을 해 볼 수도 있다. 과학 개념에 대한 교육 계획안을 구성하고 필요한 교재와 교구를 준비하여 유아들과 과학탐구 활동을 한다.

다음으로 과학 수업을 통해 유아들이 이해한 과학 개념을 음악이나 동작으로 표현해 본다. 예를 들어 알에서 나비가 되는 과정을 알아본 후, 유아들은 알, 애벌레, 번데기, 나비의 과정을 동작으로 표현하며 자신이 습득한 개념을 더 명확하게 인지할 수 있다. 또 개구리의 성장 과정에 대해 조사하고, '올챙이와 개구리(윤현진 작사·작곡)' 노래를 즐겁게 부르며 개구리의 성장 과정을 기억하게 된다. 마지막 단계로 교육 활동에 대한 평가를 한다. 교육 활동을 하며 느낀 소감이나, 재미있었던 점, 인상 깊었던 점, 새로 알게 된 점, 더 알고 싶은 내용 등에 대해 이야기 나눈다. 더 알고 싶은 내용은 다음 수업과 연계하여 계획할 수 있다.

② 음악 및 동작과 과학을 통합하는 방법

음악 및 동작과 과학을 통합하는 접근 방법은 음악 및 동작 활동을 하면서 그 안에 포함된 과학 개념을 다루는 것이다. 표면적으로는 음악 및 동작 활동을 하면서 내용에 과학적 개념을 포함시키는 방법이다. 예를 들어 '씨앗(김성균 작사·작곡)' 노래를 부르며, 씨앗에서 싹이 나고 꽃이 되는 과정을 이해하는 것이다. 구체적인 교수학습 단계는 다음과 같다.

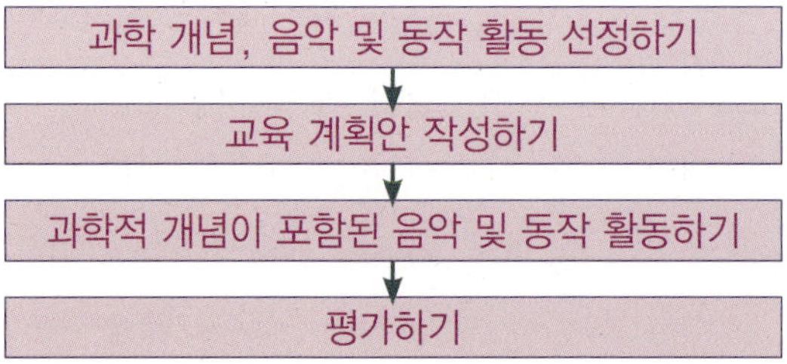

[그림 12-7] 음악 및 동작과 과학을 통합하는 방법의 교수학습 단계

먼저 과학 영역(물리과학적 탐구, 생물과학적 탐구, 지구과학적 탐구) 중 교육 활동으로 전개할 과학 개념을 선정한다. 그리고 선정된 과학 개념과 연관된 음악이나 동작 활동을 계획하는 것이다. 유아의 연령적 발달 특성, 흥미, 생활 주제, 날씨와 계절 등의 여러 가지 여건을 고려한다. 교육 계획안을 작성하고 필요한 교구와 교재를 준비하여 과학 개념이 포함된 음악 및 동작 활동을 한다. 음악 및 동작 활동을 하고 있지만 과학적 개념을 이해하는 것도 교육의 목표이기 때문에 교사는 의도적으로 과학적인 개념에 대해 상호 작용하도록 노력해야 한다. 마지막으로 교육 활동에 대한 소감이나 의견을 나누며 평가한다. 동작 활동의 경우 동작 활동을 하는 집단과 감상하는 집단으로 나누어 진행할 수 있으므로 평가의 방식을 다양하게 적용해 볼 수 있다. 평가를 두 번에 나누어 하거나, 모든 교육 활동이 마무리된 후 한 번에 실시할 수 있다. 다음은 과학 영역별로 이와 관련된 음악 및 동작 활동을 제시한 것이다.

〈표 12-5〉 과학 영역별 음악 및 동작 활동

과학 영역	음악 및 동작 활동
물리과학적 탐구	• 그림자가 되어 몸으로 표현하기 • 세탁기가 되어 몸으로 표현하기 • 자석이 되어 몸으로 표현하기 • 거울이 되어 몸으로 표현하기 • 팝콘이 튀겨지는 과정 몸으로 표현하기 • 기계, 도구와 관련된 노래 부르기 및 악기 연주하기 • 다양한 악기와 소리 탐색하기 • 주변에 있는 물건으로 악기 만들어 소리내기
생명과학적 탐구	• 좋아하는 동물 몸으로 표현하기 • 좋아하는 동물 울음소리내기 • 식물의 성장 과정 몸으로 표현하기 • 개구리의 성장 과정 몸으로 표현하기 • 민들레가 되어 몸으로 표현하기 • 꽃이 피는 모습 몸으로 표현하기 • 나무의 변화를 몸으로 표현하기 • 동물과 관련된 노래 부르기 및 악기 연주하기 • 식물과 관련된 노래 부르기 및 악기 연주하기 • 동물과 관련된 음악 감상하기 • 식물과 관련된 음악 감상하기
지구과학적 탐구	• 구름이 되어 몸으로 표현하기 • 바람이 되어 몸으로 표현하기 • 비가 오는 과정 몸으로 표현하기 • 사계절의 변화를 몸으로 표현하기 • 비, 바람, 해, 달, 별, 구름, 흙, 돌, 계절의 변화와 관련된 노래 부르기 및 악기 연주하기 • 비, 바람, 해, 달, 별, 구름, 흙, 돌, 계절의 변화와 관련된 음악 감상하기

(2) 음악 및 동작 활동을 통한 접근의 구체적 과학 활동 예시

다음은 음악 및 동작 활동을 통한 접근의 구체적 과학 활동의 예시이다. 활동명, 대상 연령, 누리과정 관련 요소, 활동 목표, 준비물, 활동 내용(도입, 전개, 마무리)과 참고 사항 순으로 제시하였다.

음악 및 동작 활동 1 | 벌의 소리를 만들어 보아요

- **대상 연령:** 5세
- **누리과정 관련 요소**
  - 자연탐구 영역 〉탐구하는 태도 기르기 〉탐구 기술 활용하기
  - 자연탐구 영역 〉과학적 탐구하기 〉물체와 물질 알아보기
  - 예술경험 영역 〉예술 감상하기 〉다양한 예술 감상하기
- **활동 목표**
  - 과학적 탐구 기술을 활용해 본다.
  - 물체마다 다른 소리에 대해 알아본다.
  - 즐겁게 음악을 감상한다.
- **준비물:** 림스키 코르사코프의 '왕벌의 비행' 음악, 벌이 움직이는 모습과 소리가 담긴 동영상, 신문지, 비닐, 호스, 벌 사진, 림스키 코르사코프 사진

- **활동 내용**

도입

1. 벌에 대해 이야기 나눈다.
   - (벌 사진을 제시하며) 벌을 본 적이 있니?
   - 벌은 어떻게 움직일까?
   - 벌은 어떤 소리를 낼까?

전개

1. 림스키 코르사코프의 '왕벌의 비행' 음악을 감상한다.
   - 벌이 움직이는 모습과 소리를 생각하면서 만든 음악이야.
   - 벌을 생각하면서 잘 들어 보자.
2. 음악에 대해 이야기 나눈다.
   - 음악을 들어 보았는데 어떠했니?

– 어떤 장면이 생각나니?

– 벌이 어떻게 날아다니는 것 같니?

– 벌이 어떤 소리를 내는 것 같니?

– 이 곡의 제목은 무엇일까?

– 이 곡의 제목은 '왕벌의 비행'이라고 해.

– (림스키 코르사코프 사진을 제시하며) 이 곡은 러시아의 작곡가 '림스키 코르사코프'라는 사람이 만들었단다.

3. 벌의 동영상을 보고 이야기 나눈다.

– 벌이 어떻게 하고 있니?

– 벌의 소리는 어떠하니?

4. 여러 가지 물건으로 벌의 소리를 만들어 본다.

– 벌의 소리를 만들어 보자.

– (신문지, 비닐, 호스를 제시하며) 여기에 있는 물건도 좋고, 교실에 있는 물건으로 만들어도 좋아.

5. 유아가 만든 벌의 소리를 발표한다.

– ○○이는 무엇으로 벌의 소리를 만들었니?

– 무엇으로 벌의 소리를 만들었는지 발표해 보자.

6. '왕벌의 비행' 음악을 들으며, 벌의 소리를 내 본다.

마무리

1. 음악을 감상하고 벌의 소리를 만들어 본 소감에 대한 평가를 한다.

– 음악도 들어 보고, 벌의 소리도 만들어 보았는데 어떠했니?

– 어떤 것이 재미있었니?

– 어떤 점이 어려웠니?

– 어떤 물건의 소리가 벌의 소리와 가장 비슷했니?

– 다음에는 또 다른 물건으로도 소리를 만들어 보자.

음악 및 동작 활동 2 | 동물을 흉내 내요

- **대상 연령:** 4세
- **누리과정 관련 요소**
  - 자연탐구 영역 〉탐구하는 태도 기르기 〉탐구 과정 즐기기
  - 자연탐구 영역 〉과학적 탐구하기 〉생명체와 자연환경 알아보기
  - 예술경험 영역 〉예술 감상하기 〉다양한 예술 감상하기
- **활동 목표**
  - 탐구 과정에 즐겁게 참여한다.
  - 동물의 특성을 알아본다.
  - 즐겁게 음악을 감상한다.
- **준비물:** 생상스의 '동물의 사육제' 음악, 동물 그림이나 사진, 생상스 사진

- **활동 내용**

도입

1. 좋아하는 동물에 대해 이야기 나눈다.
   - 어떤 동물을 좋아하니?

전개

1. 생상스의 '동물의 사육제' 음악을 감상한다.
   - 동물들의 모습을 보고 만든 음악이 있단다.
   - 어떤 동물들이 나오는 것 같은지 생각하면서 음악을 감상해 보자.
2. 음악에 대해 이야기 나눈다.
   - 음악을 들어 보았는데 어떠하니?
   - 어떤 장면이 떠오르니?
   - 어떤 동물들이 나온 것 같니?
   - 왜 그렇게 생각했니?

3. (사진이나 그림을 제시하며) 음악에 대한 정보를 소개한다.
   - 이 음악에는 사자, 암탉과 수탉, 당나귀, 거북이, 코끼리, 캥거루, 수족관, 긴 귀를 지닌 인물, 숲속의 뻐꾸기, 커다란 새장, 피아니스트, 화석, 백조가 나온단다.
   - 제목은 '동물의 사육제'라고 해. 이 곡은 '생상스'라고 하는 프랑스의 음악가가 만들었단다.
4. (동물 사진이나 그림을 제시하며) 음악에 등장한 동물들을 소개한 후 음악을 다시 듣는다.
   - (해당 동물 그림이나 사진을 제시하며) 이 부분은 ○○을 표현한 거란다.
   - ○○ 동물은 무엇을 하고 있을까?
   - 몸으로 어떻게 표현할 수 있을까?
5. 음악에 맞추어 동물을 몸으로 표현한다.
   - 음악에 나오는 동물들의 특징을 잘 생각하면서 몸으로 표현해 보자.

마무리

1. 음악을 감상하고 동물을 몸으로 표현한 활동에 대한 소감을 평가한다.
   - 음악을 들어 보고 동물을 표현해 보았는데 어떠했니?
   - 어떤 점이 재미있었니?
   - 어떤 것이 가장 기억에 남니?

● **참고**

- 음악은 전체적으로 감상하고, 유아들이 몸으로 표현할 때에는 몇몇 동물은 생략해도 좋다.

음악 및 동작 활동 3 | 물방울이 되어 보아요

- **대상 연령:** 5세
- **누리과정 관련 요소**
  - 자연탐구 영역〉탐구하는 태도 기르기〉탐구 과정 즐기기
  - 자연탐구 영역〉과학적 탐구하기〉자연 현상 알아보기
  - 예술경험 영역〉예술적 표현하기〉움직임과 춤으로 표현하기
- **활동 목표**
  - 즐겁게 탐구 과정에 참여한다.
  - 물과 관련된 자연 현상에 관심을 갖는다.
  - 물의 순환을 신체를 이용하여 표현한다.
- **준비물:** 물의 순환과 관련된 그림 자료, 그리기 도구, 도화지, 가위, 머리띠

- **활동 내용**

도입

1. 주변에 있는 물에 대해 이야기 나눈다.
   - 우리 주변에 물은 어디에 있을까?
   - 그 물은 어디에서 오는 것일까?

전개

1. 물의 순환에 대해 이야기를 들려준다.
   - (물의 순환 그림 자료를 제시하며) 따뜻한 햇빛이 강물이나 바다를 데우면 물방울들은 수증기가 되어 하늘로 올라간단다.
   - 높이 올라갈수록 공기는 차가워지고, 다시 수증기가 물방울로 바뀐단다.
   - 물방울들은 모여서 구름이 된단다.
   - 바람이 불면 구름은 여기저기 떠다니다가, 구름 속의 물방울들은 서로 부딪치고 합쳐져서 점점 커지고 무거워져.

- 물방울들이 무거워지면 비가 되어 다시 땅과 바다로 떨어진단다.
- 땅에 있는 나무와 꽃들은 떨어진 물을 먹고 더 잘 자라게 된단다.

2. 물의 순환에 대해 이야기 나눈다.
   - 이야기를 들어 보았는데 어떠니?
   - 어떤 부분이 생각이 나니?
   - 바다에 있는 물방울이 더워지면 어떻게 될 것 같니?
   - 수증기들이 하늘로 올라가면 어떻게 되니?
   - 구름 속 물방울들은 어떻게 되었니?
3. 몸으로 표현하기 위해 역할과 표현에 대해 이야기 나눈다.
   - 물에 대한 이야기를 몸으로 표현해 볼 거야. 어떤 역할들(물방울, 해, 나무, 꽃)이 있었니?
   - ○○○ 역할을 하고 싶은 사람은 손을 들어 보자.
   - 햇빛이 비추는 것은 어떻게 표현할까?
   - 물방울이 구름이 되는 것은 어떻게 표현할까?
   - 꽃과 나무가 비를 맞고 자라나는 것은 어떻게 표현할까?
4. 자신의 역할을 그림으로 그려서 머리띠로 만든다.
5. 교사는 이야기를 다시 들려주고, 유아들은 이야기에 맞추어 머리띠를 하고 몸으로 표현해 본다.

마무리

1. 활동 소감에 대해 이야기 나눈다.
   - 물방울 이야기를 몸으로 표현해 보았는데 어떠했니?
   - 어떤 점이 재미있었니?
   - 어떤 것이 기억나니?
2. 새롭게 알게 된 것에 대해 이야기 나눈다.
   - 새롭게 알게 된 것은 무엇이니?

음악 및 동작 활동 4 | 태양과 행성들

- **대상 연령:** 5세
- **누리과정 관련 요소**
  - 자연탐구 영역 〉탐구하는 태도 기르기 〉탐구 과정 즐기기
  - 자연탐구 영역 〉과학적 탐구하기 〉자연 현상 알아보기
  - 예술경험 영역 〉예술적 표현하기 〉움직임과 춤으로 표현하기
- **활동 목표**
  - 탐구 과정에 즐겁게 참여한다.
  - 태양계에 있는 행성에 대해 안다.
  - 자신의 생각을 움직임으로 표현한다.
- **준비물:** 태양계 사진, 도화지, 크레파스, 가위, 머리띠

- **활동 내용**

도입

1. 우주에 대해 이야기 나눈다.
   - 우주에는 무엇이 있을까?

전개

1. 태양계에 대해 이야기 나눈다.
   - (태양계 사진을 제시하며) 여기 가운데에 있는 것은 무엇일까?
   - 태양계는 태양을 중심으로 여러 가지 행성들이 주변을 돌고 있어.
   - 태양에서 가장 가까이 있는 행성은 수성이란다. 수성은 항상 밝은 태양 옆에 있어서 보기가 어렵대. 해가 진 직후 서쪽 하늘이나, 해가 뜨기 직전 동쪽 하늘에서만 볼 수 있단다.
   - 그 옆에 있는 행성은 금성이야. 금성은 행성들 중에 가장 밝게 보인단다. 옛날 사람들은 샛별이라고도 불렀대.

- 세 번째 행성이 지구야. 지구는 1년에 태양을 한 바퀴 회전한단다.
- 그리고 지구 주위를 회전하고 있는 달이 있어.
- 그 옆에 있는 행성은 화성이야. 화성은 붉은색의 자갈과 모래로 덮여 있어서 붉게 보여.
- 다음은 태양계에서 가장 크고 무거운 목성이야. 목성은 줄무늬가 있단다.
- 토성은 행성 중에 가장 아름다운 고리를 가지고 있어. 이 고리는 1만 개가 넘는 얇은 고리가 모여 있는 거란다.
- 천왕성은 푸른색으로 보인단다.
- 해왕성은 청록색 진주라고 해. 태양과 멀리 있어서 꽁꽁 얼어붙어 있지.

2. 몸으로 표현하기 위해 역할과 표현에 대해 이야기 나눈다.
   - 우리가 태양계의 태양과 행성들이 되어 볼 거야. 어떤 행성들이 있었니?
   - 두 팀으로 나누어서 해 볼 거야. 그래서 한 역할을 두 명씩 정하자.
   - 태양은 어떻게 해야 할까?
   - 달은 어떻게 해야 할까?
   - 다른 행성들은 어떻게 해야 할까?
3. 자신의 역할을 그림으로 그려서 머리띠로 만든다.
4. 한 팀은 동작으로 표현하고, 다른 한 팀은 감상을 한다.
5. 감상한 팀이 동작으로 표현하고, 다른 팀은 다시 감상을 한다.

마무리

1. 활동에 대해 평가한다.
   - 태양과 행성들에 대해 알아보고, 몸으로 표현했는데 어떠했니?
   - 어떤 점이 재미있었니?
   - 어떤 점이 가장 기억에 남니?
2. 새롭게 알게 된 점에 대해 이야기 나눈다.
   - 새롭게 알게 된 것은 무엇이니?

음악 및 동작 활동 5 | 바윗돌 깨트려 돌덩이

- **대상 연령:** 3세
- **누리과정 관련 요소**
  - 자연탐구 영역 〉 탐구하는 태도 기르기 〉 호기심을 유지하고 확장하기
  - 자연탐구 영역 〉 과학적 탐구하기 〉 자연 현상 알아보기
  - 예술경험 영역 〉 예술적 표현하기 〉 음악으로 표현하기
- **활동 목표**
  - 자연 세계에 호기심을 갖는다.
  - 자연물에 관심을 갖는다.
  - 즐겁게 노래를 부른다.
- **준비물:** '바윗돌 깨트려 돌덩이(윤석중 작사·전석환 작곡)' 노래의 음원이나 악보, 바위, 돌, 자갈, 모래의 사진, 노래 가사 판

- **활동 내용**

도입

1. 모래에 대해 이야기 나눈다.
   - 모래를 본 적이 있니?
   - 어디에서 보았니?
   - 모래는 어디에서 왔을까?

전개

1. '바윗돌 깨트려 돌덩이' 노래를 들려준다.

2. 노래의 가사를 소개한다.
   - 노래에서 어떤 말이 나왔니?
   - (바위, 돌, 자갈, 모래의 사진을 제시하며) 바위, 돌, 자갈, 모래가 가사에 나왔지.
   - (노래 가사 판을 제시하며) 노랫말을 들려줄게.
3. 노래를 따라 부른다.
4. 노랫말을 몸으로 표현하기 위한 계획을 세운다.
   - 우리가 모래가 된 것처럼 몸으로 표현할 거야.
   - 처음에 바위는 어떻게 해야 할까?
   - 돌덩이는 어떻게 할까?
   - 돌멩이는 어떻게 할까?
   - 자갈은 어떻게 할까?
   - 모래는 어떻게 할까?
5. 노래를 부르며 몸으로 표현해 본다.

마무리

1. 활동에 대한 소감에 대해 이야기 나눈다.
   - 노래를 부르고, 몸으로 표현해 보았는데 어떠했니?
   - 어떤 것이 가장 재미있었니?
   - 어떤 것이 가장 어려웠니?

6. 요리 활동을 통한 접근

1) 요리 활동을 통한 접근의 교육적 의의

요리와 음식은 인간에게 일상적인 것으로 유아들은 가정에서 부모가 요리하는 모습을 접할 수 있으며, 요리된 음식을 매일 먹는다. 때로는 음식의 재료를 구입하기 위해 부모와 함께 시장이나 마트에 가서 다양한 식재료와 식료품에 대한 정보를 얻고, 간단한 요리는 요리하는 과정에 참여하기도 한다. 이와 같이 요리는 유아의 삶과 직접적으로 관련이 있으면서 유아들이 많은 관심을 가지고 있는 영역이다.

요리를 통해 유아들은 요리 순서표를 읽고, 요리한 음식에 관해 상호 작용하면서 언어 발달이 증진된다. 또한 유아들은 요리를 하며 길이, 무게, 부피와 같은 측정 개념, 시간에 관한 수학 개념과 물질의 물리적, 화학적 변화에 관한 과학 개념이 발달한다. 세계 여러 나라의 음식을 접하면서 다른 나라의 문화에 대해 배우고, 음식을 나누어 먹으며 사회성을 기른다. 유아들은 요리를 만들면서 즐거움을 느끼고 완성된 요리를 먹으며 만족감과 성취감을 느끼므로 정서 발달에도 도움이 된다. 그리고 감각 기관을 활용하고, 음식 재료를 다루면서 신체 발달을 이룰 수 있다.

이와 같이 요리는 유아에게 친숙하므로 유아의 다양한 영역 발달을 통해 전인 발달이 이루어지도록 하는데, 특히 과학 영역과의 관련이 많다. 유아들은 요리 재료를 탐색하면서 색, 크기, 모양, 촉감, 맛 등 다양한 속성을 발견하게 되고, 열, 액체, 다른 물질 등의 요소에 의해 음식의 상태가 변화하는 과정을 관찰하면서 물질의 변화를 경험함으로써(조진숙, 1998), 과학 개념을 습득하고 과학적 탐구 능력과 과학적 과정 기술을 발달시킬 수 있다. 단단한 쌀을 물과 함께 익히면 밥이 되고, 밥을 으깨어 뭉치면 떡이 되는 과정을 통해 유아들은 쌀에 열을 가하면 어떻게 될지 예측하고, 밥에 대한 물의 양을 측정하며, 요리를 한 후 물질의 화학적 변화에 의해 밥이라는 다른 물질이 만들어진다는 사실을 배운다. 왜 그런 결과가 나타났는지 추론하며 과학적 과정 기술을 발달시킨다. 그리고 밥은 물리적 변화에 의해 떡이 된다는 사실을 자연스럽게 배우고, 맛있는 밥과 떡을 먹으면서 만족감과 성취감을 느낀다.

또한 요리 활동은 유아들이 많은 흥미와 관심을 보이는 영역으로 유아교육 현장에서 널리 실행되고 있기 때문에 요리를 통해 과학탐구 활동을 한다면 유아들은 자연스럽게 동기 유발이 되면서 흥미를 가지고 과학 활동에 적극적으로 참여하게 될 것이다. 요리 활동을 통한 접근 방법의 구체적인 교육적 의의는 다음과 같다.

① 오감을 활용하여 과학탐구 능력과 과정 기술을 증진시킨다.

요리 활동은 유아들이 다양한 형태와 색깔의 재료를 직접 씻고, 자르고, 조리한 후 맛보면서 시각, 촉각, 후각, 청각, 미각의 오감을 자극한다. 예를 들어 설기떡을 만드는 과정에서 유아들은 익반죽한 쌀에 식용 색소를 섞어 다양한 색을 만들어 반죽하고, 떡이 익어 가면서 나는 소리를 듣고, 완성된 떡을 맛보며 다양한 감각을 활용하게 된다.

요리를 통해 오감을 활용하여 관찰하고 구체물을 직접 조작해 보는 것은 과학적 탐구 능력과 과정 기술 발달에 토대가 된다. 모든 과학의 기초는 관찰이고, 궁극적으로 관찰은 어떤 과학적인 연구의 결과나 과정을 결정하기 때문이다(Martin, 1997). 감각을 사용하여 관찰하지 않고 과학 활동을 하는 것은 불가능하다. 따라서 요리 활동을 통해 과학 활동을 할 경우 오감을 통한 관찰 능력이 증진되고, 이렇게 쌓인 과학적 지식은 새로운 과학적 개념을 더 잘 습득하게 하여 궁극적으로는 과학탐구 능력과 과학 과정 기술을 발달시키게 된다.

② 추상적인 화학적 변화 개념을 이해하는 데 도움이 된다.

화학적 변화란 물질을 구성하는 원자들의 결합이 에너지를 받아 분해되거나 재결합하여 처음의 물질과 다른 물질을 생성하는 변화이다. 요리 활동은 물질의 화학적 성질이 변하는 과정을 교육하는 데 가장 적합한 교수학습 방법 중 하나이다. 유아들은 친숙한 요리 활동을 통해 분자, 원자, 이온의 변화라는 추상적인 개념을 자신의 감각을 활용하여 구체적인 것으로 쉽게 이해하는 데 도움이 되기 때문이다.

예를 들어 날달걀을 삶으면 흰자와 노른자가 단단해지는 달걀 단백질의 변성 과정, 딱딱한 쌀이 열과 수분에 의해 익는 전분의 호화 과정, 쿠키를 만들 때 베이킹파우더가 열에 의해 분해되어 이산화탄소가 생기면서 쿠키가 부풀게 되는 과정을 통해 물질의 화학적 변화 개념을 이해하게 된다(정연희, 2003). 이와 같이 요리를 통한 접근 방법은 과학 개념 중 가장 추상적인 화학적 변화 개념을 유아들이 친근하면서도 쉽게 이해하는 데 도움이 된다.

③ 성취감과 자신감, 만족감을 기르며 과학에 대한 긍정적인 태도를 형성한다.

유아들은 요리하는 것에 흥미를 느끼며 즐거워한다. 요리가 유아에게 친숙하고, 요리를 하며 유아들은 오감을 직접 활용할 수 있기 때문이다. 그리고 맛있는 음식을 먹고 싶다는 기본적인 욕구를 충족시켜 준다는 점도 유아들에게 큰 매력으로 다가갈 것이다.

어떤 요리가 만들고 싶은지 유아들은 토의를 통해 결정할 수 있다. 교사와 함께 마트에 가서 요리 재료를 구입하고, 교실로 가져와 씻는다. 껍질을 까고, 칼로 썰고, 으깨고, 반죽하는 등 유아는 요리 활동에 직접 참여한다. 상을 차리고 완성된 요리를 먹는다. 요리의 계획에서 완성에 이르기까지 전 과정에 참여하면서 유아들은 만족감과 성취감, 자신감이 생기게 된다. 이러한 긍정적인 정서는 요리 활동에 적극적으로 참여하고 싶은 열정을 불러일으키고, 이 열정은 과학 영역으로 연결되어 유아들에게 과학에 대한 긍정적인 태도를 형성하게 한다.

④ 교육 활동에 학부모의 참여를 증진시킨다.

요리 활동은 일상적인 것이기 때문에 부모에게도 친숙한 활동이다. 유아들은 부모에게 유아교육 기관에서 활동한 것 중 요리 활동에 대해 많은 이야기를 하며, 이는 기관과 가정과의 연계를 용이하게 한다(Hildebrand, 1981).

유아교육 기관에서 요리 활동을 하면 가정에서 다시 요리해 보고 싶은 유아들이 있다. 교사는 가정 통신문에 요리 방법을 비롯한 요리 활동에 대한 정보를 제공하여 유아들이 가정에서도 부모와 함께 요리 활동을 하며 과학적 개념을 확장시킬 수 있도록 한다. 더 적극적인 참여 방법은 부모가 유아교육 기관에 와서 요리 활동을 돕는 것이다. 일일 교사로 유아에게 요리를 가르쳐 줄 수도 있고, 담임교사가 하는 요리 활동을 보조하여 도울 수도 있다. 이렇게 다양한 방법으로 요리 활동에 참여하면서 부모들은 유아교육 기관에서 이루어지고 있는 교육 활동에 관심을 가질 수 있고, 기관과 가정이 일관되게 교육을 함으로써 유아의 과학적 소양을 기르는 데에도 도움이 된다.

2) 요리 활동을 통한 접근 과정

(1) 요리 활동을 통한 접근의 교수학습 방법

요리 활동을 통한 접근을 실행할 때 요리의 주제를 정하고, 요리를 하면서 습득할 수 있는 과학적 개념과 과학적 과정 기술, 과학적 태도를 선정한다. 그리고 교육 계획안을 작성하고 필요한 교구와 교재, 음식 재료들을 준비하고, 요리 활동을 한 후 평가한다. 자세한 교수학습 단계와 그에 대한 설명은 다음과 같다.

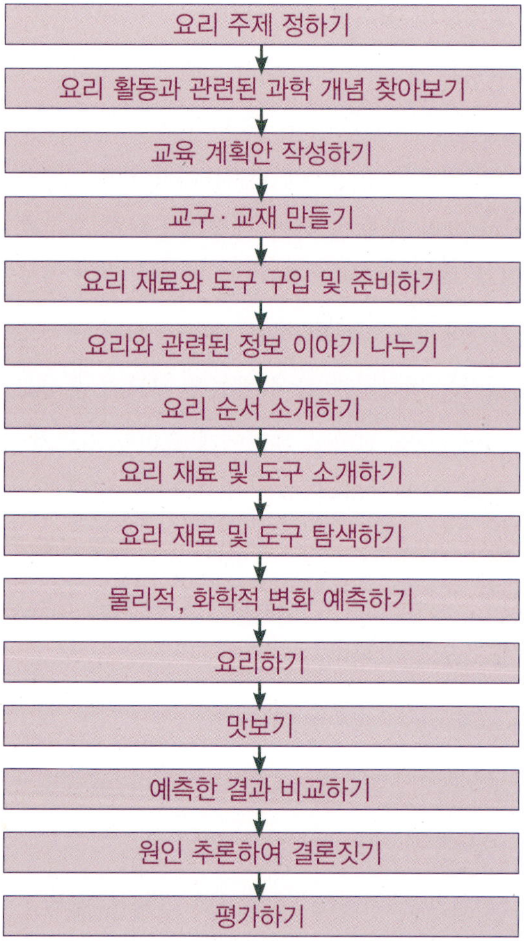

[그림 12-8] 요리 활동을 통한 접근의 교수학습 단계

요리의 종류를 선정할 때 먼저 생활 주제와 유아의 연령을 고려한다. 생활 주제가 '세계 여러 나라'일 경우 세계 여러 나라의 음식을 정하는 것이 바람직하다. 요리 활동은 유아가 직접 조작하며 진행되기 때문에 유아의 연령에 따른 발달적 특성을 반드시 반영해야 한다. 너무 어린 유아가 정교한 모양으로 반죽을 하고, 음식 재료를 가지런히 자를 수는 없기 때문이다. 또한 요리의 재료는 계절과 시기에 따라 구하기 어려운 것도 있으므로 구할 수 있는 재료의 음식을 선정한다. 특별한 절기와 가까운 시기에 요리 활동을 할 경우 동지에는 팥죽, 추석에는 송편과 같이 절기에 따라 먹는 특별한 음식을 선정할 수도 있다. 유아의 흥미를 고려하여 유아들이 특별한 관심을 보이는 요리, 현장 학습 시 수확한 곡식이나 열매 등이 있을 때 그 재료를 활용한 요리를 선정하는 것도 좋은 방법이다.

선정된 요리 활동을 하며 어떤 과학적 개념과 과정 기술, 태도를 습득할 수 있는지 검토한다. 예를 들어 계란찜을 만들 경우 계란에 열을 가하면 응고된다는 원리를 알 수 있고, 계란을 관찰하고, 계란이 열을 가하면 어떻게 될지 예측해 보면서 과학 활동에 흥미와 호기심을 느낄 수 있다. 과학 영역별 요리 활동과 관련된 개념은 다음과 같다.

〈표 12-6〉 과학 영역별 요리 활동과 관련된 개념

과학 영역	요리 활동과 관련된 개념
물리과학적 탐구	• 물은 온도에 따라 특성 및 형태가 다르다. • 설탕이나 소금은 찬물보다 따뜻한 물에 더 잘 녹는다. • 감자와 고구마는 열에 의해 익는다. • 계란에 열을 가하면 단단해진다. • 과일 껍질을 말리면 쭈그러지면서 작아진다. • 섞이는 물질과 섞이지 않는 물질이 있다(예: 물과 기름). • 베이킹파우더는 밀가루 반죽을 부풀게 한다. • 물보다 밀도가 낮은 물질은 물에 뜬다. • 숟가락을 따뜻한 물에 담가 두면 잠시 후 따뜻해진다. • 요리 도구 및 기계를 사용한다.
생물과학적 탐구	• 요리 재료를 손질하면서 식물과 동물의 특징을 이해한다. • 음식에 따른 저장 방법을 이해한다. • 음식물은 인간에게 에너지를 준다.
지구과학적 탐구	• 물을 끓이면 수증기가 생기고 냄비에 물방울이 맺힌다는 것을 관찰하며, 이슬, 안개, 구름의 생성 원리를 이해한다.

과학 개념과 원리, 과학적 과정 기술, 과학적 태도를 고려하여 교육 계획안을 작성한다. 활동명, 그룹의 형태, 준비물, 교육 목표와 방법을 중심으로 기술한다. 요리 활동을 대부분 대그룹으로 운영하는 경우가 많으나, 소그룹으로 진행할 경우 유아들의 상호 작용이 더 활발하게 이루어지고 요리 활동에 적극적으로 참여할 수 있으므로 다양한 형태의 그룹으로 요리 활동을 진행하는 것이 좋다. 교육 계획안이 작성되면 교사는 미리 요리를 해 보는 것이 좋다. 교사가 잘 알고 있는 요리라고 하더라도 여건에 따라 다른 결과가 나올 수 있기 때문이다.

교육 계획안에 제시된 활동을 진행하기 위해 필요한 교구와 교재를 준비한다. 유아들에게 요리 활동을 하기 전에 손 씻기, 위생 장갑 끼기, 앞치마와 머릿수건 하기 등을 지도하여 위생적으로 요리 활동이 진행되도록 한다. 요리의 이름과 사진, 요리와 관련된 유래나 정보를 알고 있다면 소개하고, 요리 순서표는 요리를 하는 순서대로 사진이나 그림 아래에 단순하고 짧은 문장으로 제시한다. 다음으로 요리의 재료와 도구를 소개한다. 요리 도구는 유아가 안전하게 사용할 수 있도록 환경을 마련하고, 칼을 사용할 경우 날카롭지 않은 날이 무딘 칼이나 플라스틱 톱니 칼을 준비한다. 유아들이 요리 재료와 도구를 관찰하고 조작하면서 충분히 탐색하도록 한다.

탐색이 끝난 후 요리를 통해 재료들의 색깔, 맛, 모양 등이 어떻게 변화할지 예측해 본다. 특히 열을 가하여 요리를 할 경우 식재료들이 화학적 반응을 일으켜 다른 물질로 변화하는데, 유아들은 이런 현상에 강한 흥미를 느낀다. 연령에 따라 단순하게 또는 더 심층적으로 예측할 수 있다. 안전하게 요리 활동을 하기 위해 요리를 하면서 지켜야 할 규칙에 대해 이야기 나눈다. 요리 순서표를 보면서 차례대로 요리를 하고 즐겁게 먹는다.

다음으로 요리하기 전에 예측했던 사실과 요리 후 결과를 비교한다. 맛, 색깔, 모양 등이 어떻게 달라졌는지 탐색하고, 왜 이런 결과가 발생했는지 그 원인을 추론해 본다. 요리의 종류와 유아의 연령에 따라 비교하며 분석하는 단계는 생략할 수도 있다. 마지막으로 정리를 한 후 요리를 통한 과학 활동에 대한 평가를 한다.

(2) 요리 활동을 통한 접근의 구체적 과학 활동 예시

다음은 요리 활동을 통한 접근의 구체적 과학 활동의 예시이다. 활동명, 대상 연령, 누리과정 관련 요소, 활동 목표, 준비물, 활동 내용(도입, 전개, 마무리)과 참고 사항 순으로 제시하였다.

요리 활동 1 | 고구마 요리

- **대상 연령:** 5세
- **누리과정 관련 요소**
  - 자연탐구 영역 〉탐구하는 태도 기르기 〉탐구 기술 활용하기
  - 자연탐구 영역 〉과학적 탐구하기 〉물체와 물질 알아보기
- **활동 목표**
  - 과학탐구 기술을 활용한다.
  - 고구마를 여러 가지 특성으로 변화시켜 본다.
- **준비물:** 고구마, 찜통, 접시, 포크, 앞치마, 머릿수건, 칼, 요리 순서표, 고구마 사진, 식용유, 튀김용 팬

- **활동 내용**

도입

1. 고구마와 관련된 경험에 대해 이야기 나눈다.
   - (고구마 사진을 제시하며) 이것은 무엇이니?
   - 고구마를 본 적이 있니?
   - 고구마를 먹어 본 적이 있니?
   - 맛이 어떠했니?

전개

1. 고구마 요리를 소개한다.
   - 고구마를 두 가지 방법으로 만들어 볼 거야.
   - 한 팀은 찐 고구마를 만들고, 또 한 팀은 튀긴 고구마를 만들어 볼 거야.
2. (요리 순서표를 제시하며) 고구마 요리의 순서를 소개한다.
3. 고구마 요리의 재료와 도구를 소개한다.
4. 고구마 요리의 재료와 도구를 탐색한다.
   - 고구마를 만져 보자. 어떠하니?
   - 찜통과 튀김용 팬을 살펴보자.
5. 고구마 요리를 하면 고구마가 어떻게 될지 예측해 본다.
   - 고구마를 찌면 어떻게 될까?
   - 찌면 색깔은 어떨까? 맛은 어떨까? 단단함은 어떻게 될까?
   - 고구마를 튀기면 어떻게 될까?
   - 튀기면 색깔은 어떨까? 맛은 어떨까? 단단함은 어떻게 될까?
6. 고구마 요리를 한다.
   - 한 팀은 찜통에 넣고 찐다.
   - 다른 한 팀은 팬에 기름을 붓고, 고구마를 넣어 튀긴다.
7. 고구마 요리를 먹어 본다.
   - 맛이 어떠니?
   - 찐 고구마와 튀긴 고구마는 어떻게 다르니?

8. 요리를 하기 전과 후의 고구마를 비교한다.
   - 고구마 요리를 하기 전에 고구마가 어떻게 될 것이라고 생각했었니?
   - 고구마 요리를 한 후에 어떻게 달라졌니?
   - 예상한 것이 맞았니?
   - 어떤 점이 차이가 나니?
9. 결과에 대한 원인을 추론해 본다.
   - 고구마가 왜 변했을까?

마무리

1. 고구마 요리를 해 본 소감에 대해 이야기 나눈다.
   - 고구마 요리를 해 보았는데 어떠했니?
   - 어떤 것이 재미있었니?
   - 어떤 점이 어려웠니?
2. 새롭게 알게 된 점이 있는지 이야기 나눈다.
   - 새롭게 알게 된 것은 무엇이니?

요리 활동 2 | 리코타 치즈 만들기

- **대상 연령:** 5세
- **누리과정 관련 요소**
  - 자연탐구 영역 〉 탐구하는 태도 기르기 〉 탐구 과정 즐기기
  - 자연탐구 영역 〉 과학적 탐구하기 〉 물체와 물질 알아보기
  - 사회관계 영역 〉 사회에 관심 갖기 〉 세계와 여러 문화에 관심 가지기
- **활동 목표**
  - 탐구 과정에 즐겁게 참여한다.
  - 치즈 만드는 과정을 알아본다.
  - 다른 나라(이탈리아) 음식에 관심을 갖는다.
- **준비물:** 우유, 그릇, 냄비, 열을 가할 수 있는 기계, 체, 리코타 치즈 사진, 요리 순서표, 레몬즙

- **활동 내용**

도입

1. 치즈에 대해 이야기 나눈다.
   - 치즈를 먹어 본 적이 있니? 맛이 어떠했니?

전개

1. 리코타 치즈 요리를 소개한다.
   - (리코타 치즈 사진을 제시하며) 치즈는 다양한 종류가 있는데, 그중에서 오늘은 리코타 치즈를 만들어 볼 거야. 어떻게 생겼니? 색깔이 어떠니?
   - 리코타 치즈는 이탈리아에서 처음 만들었단다. '리코타'라는 말은 이탈리아 말로 '두 번 데웠다.'라는 뜻이야.
2. (요리 순서표를 제시하며) 리코타 치즈 요리의 순서를 소개한다.
3. 리코타 치즈 요리의 재료와 도구를 소개한다.

4. 리코타 치즈 요리의 재료와 도구를 탐색한다.
   - 우유와 레몬즙을 조금씩 맛볼까? 어떠니?
   - 체를 살펴보자.
5. 요리를 하면 우유가 어떻게 될지 예측해 본다.
   - 우유와 레몬즙이 섞이면 어떻게 될까?
   - 색깔은 어떨까? 맛은 어떨까? 단단함은 어떻게 될까?
6. 리코타 치즈 요리를 한다.
   - 우유를 약한 불에 데우고, 우유가 끓어오르기 시작할 때 레몬즙은 넣는다.
   - 하얀 덩어리가 생기면 불을 끄고, 체에 걸러 낸 후 식힌다.
7. 리코타 치즈 요리를 먹어 본다.
   - 맛이 어떠니?
8. 요리하기 전의 우유와 리코타 치즈를 비교한다.
   - 우유와 레몬즙이 섞이면 어떻게 될 것이라고 생각했었니?
   - 우유가 어떻게 달라졌니? 예상한 것이 맞았니?
9. 결과에 대한 원인을 추론한다.
   - 우유가 왜 변했을까?

마무리

1. 리코타 치즈 요리를 해 본 소감에 대해 이야기 나눈다.
   - 리코타 치즈를 만들어 보았는데 어떠했니?
   - 어떤 것이 재미있고, 어떤 점이 어려웠니?
2. 새롭게 알게 된 점이 있는지 이야기 나눈다.
   - 새롭게 알게 된 것은 무엇이니?

• 참고

- 리코타 치즈는 우유 속에 있는 카제인(casein) 단백질이 효소나 산에 의해 응고되는 성질을 이용해 만든 것임을 알려 준다.

요리 활동 3 | 과일 화채 만들기

- **대상 연령:** 4세
- **누리과정 관련 요소**
  - 자연탐구 영역 〉탐구하는 태도 기르기 〉탐구 과정 즐기기
  - 자연탐구 영역 〉과학적 탐구하기 〉물체와 물질 알아보기
  - 사회관계 영역 〉사회에 관심 갖기 〉우리나라에 관심 갖고 이해하기
- **활동 목표**
  - 탐구 기술을 활용하여 탐색한다.
  - 요리 과정에 관심을 가지고 참여한다.
  - 우리나라 전통 음식(화채)에 관심을 갖는다.
- **준비물:** 여러 종류의 과일(수박, 참외, 방울토마토, 바나나, 키위 등), 도마, 플라스틱 칼, 설탕과 꿀, 숟가락, 그릇, 요리 순서표, 과일 화채 사진

- **활동 내용**

도입

1. 좋아하는 과일로 만든 요리에 대해 이야기 나눈다.
   - 어떤 과일을 좋아하니?
   - 과일로 만든 요리를 먹어 본 적이 있니?
   - 어떤 요리를 먹어 보았니?

전개

1. 과일 화채를 소개한다.
   - (과일 화채 사진을 제시하며) 과일 화채를 만들어 볼 거야.
   - 과일 화채는 차게 해서 마시는 우리나라의 전통 음식이란다.
   - 옛날에는 꽃과 과일로 만들어서 마셨대. 그래서 '화채'라는 이름을 붙였어. '화'가 꽃이라는 뜻이란다.

2. (요리 순서표를 제시하며) 과일 화채의 요리 순서를 소개한다.
3. 과일 화채 요리의 재료와 도구를 소개한다.
4. 과일 화채 요리의 재료와 도구를 탐색한다.
   - 과일을 관찰해 보자. 색깔이 어때? 만져 보니까 어떠니?
   - 과일을 자르면 속은 어떤 모습일까?
   - 조금씩 먹어 보자. 맛은 어떠니?
5. 과일 화채 요리를 하면 어떻게 될지 예측해 본다.
   - 과일 화채는 어떤 맛이 날까?
6. 과일 화채 요리를 한다.
   - 과일의 껍질을 벗긴다(키위와 참외는 교사가, 바나나는 유아가 벗긴다).
   - 과일을 적당한 크기로 자른다.
   - 물에 설탕과 꿀을 섞는다.
   - 과일 담긴 그릇에 설탕, 꿀물을 넣는다.
7. 과일 화채 요리를 먹어 본다.
   - 맛이 어떠니?
8. 요리하기 전과 후의 과일의 맛을 비교한다.
   - 화채를 하기 전에 먹어 본 과일과 과일 화채의 과일이 어떻게 다르니?
9. 결과에 대한 원인을 추론한다.
   - 과일의 맛이 왜 다를까?

마무리

1. 과일 화채 요리를 해 본 소감에 대해 이야기 나눈다.
   - 과일 화채 요리를 해 보았는데 어떠했니?
   - 어떤 것이 재미있었니? 어떤 것이 어려웠니?

- **참고**
   - 과일은 시기에 따라 구하기 쉬운 것으로 대체해도 좋다.

요리 활동 4 | 송편 만들기

- **대상 연령:** 5세
- **누리과정 관련 요소**
  - 자연탐구 영역 〉탐구하는 태도 기르기 〉탐구 기술 활용하기
  - 자연탐구 영역 〉과학적 탐구하기 〉물체와 물질 알아보기
  - 사회관계 영역 〉사회에 관심 갖기 〉우리나라에 관심 갖고 이해하기
- **활동 목표**
  - 탐구 과정에 관심을 가지고 참여한다.
  - 쌀가루를 여러 가지 특성으로 변화시켜 본다.
  - 추석 명절 음식(송편)에 관심을 갖는다.
- **준비물:** 쌀가루, 뜨거운 물, 콩, 건포도, 소금, 참기름, 찜통, 그릇, 송편 사진

- **활동 내용**

도입

1. 추석과 송편에 대한 경험을 이야기 나눈다.
   - 추석에는 무엇을 하니?
   - 송편을 먹어 본 적이 있니?

전개

1. 송편 요리를 소개한다.
   - (송편 사진을 제시하며) 오늘은 송편을 만들어 볼 거야.
   - 송편 모양은 어떠하니?
   - 송편의 색은 어떠하니?
   - 송편 속에는 무엇이 들어 있을까?
   - 송편은 무엇으로 만들까?

- 송편은 추석에 먹는 음식이야. 추석은 가을에 있는데 가을이면 농사했던 곡식과 과일을 수확한단다. 감사한 마음을 담아 처음 수확한 쌀과 곡식으로 송편을 만들었어. 그 송편을 차례상에 올리고 차례를 지냈단다.

2. (요리 순서표를 제시하며) 송편 요리의 순서를 소개한다.
3. 송편 요리의 재료와 도구를 소개한다.
4. 송편 요리의 재료와 도구를 탐색한다.
   - 쌀가루를 만져 보자. 느낌이 어떠니?
   - 콩을 살펴보자. 느낌이 어떠니?
   - 건포도를 살펴보자. 느낌이 어떠니?
   - 찜통도 살펴보자.
5. 쌀가루를 뜨거운 물에 반죽하면 어떻게 될지 예측해 본다.
   - 쌀가루에 뜨거운 물을 부어 반죽하면 어떻게 될까?
   - 색깔은 어떨까? 맛은 어떨까? 단단함은 어떻게 될까?
6. 쌀가루를 반죽한다.
7. 쌀가루를 반죽하기 전과 후를 비교하고 원인을 추론한다.
   - 쌀가루를 반죽하니까 어떻게 되었니?
   - 예상한 대로 되었니? 어떤 차이가 있니?
   - 왜 쌀가루가 뜨거운 물에 뭉쳐졌을까?
8. 고물을 넣고 송편을 빚는다.
9. 송편을 찜통에 찌면 어떻게 될지 예측해 본다.
   - 송편을 찜통에 찌면 어떻게 될까?
   - 단단함은 어떠할까?
   - 색은 어떠할까?
   - 맛은 어떨까?
10. 송편을 찌고, 찜통에서 꺼낸 후 참기름을 조금 떨어뜨리고 찬물에 헹군다.
11. 송편을 먹어 본다.

12. 송편을 찌기 전과 후를 비교하고 결과에 대한 원인을 추론한다.
   - 송편을 찌니까 어떻게 되었니?
   - 예상한 것과 어떻게 다르니?
   - 왜 송편이 더 단단해졌을까?

마무리

1. 송편 요리를 해 본 소감에 대해 이야기 나눈다.
   - 송편 요리를 해 보았는데 어떠했니?
   - 어떤 것이 재미있었니?
   - 어떤 점이 어려웠니?
2. 새롭게 알게 된 점이 있는지 이야기 나눈다.
   - 새롭게 알게 된 것은 무엇이니?

● **참고**

- 송편 요리를 해 보면서 추석에 대한 유아들의 관심이 지속된다면 추석에 하는 놀이(예: 강강술래, 가마싸움, 풍물놀이 등)에 대해 수업을 확장해 진행할 수 있다.

요리 활동 5 | 감자전 만들기

- **대상 연령:** 5세
- **누리과정 관련 요소**
  - 자연탐구 영역 〉탐구하는 태도 기르기 〉탐구 기술 활용하기
  - 자연탐구 영역 〉과학적 탐구하기 〉물체와 물질 알아보기
- **활동 목표**
  - 과학탐구 기술을 활용한다.
  - 감자를 여러 가지 특성으로 변화시켜 본다.
- **준비물:** 감자, 강판, 그릇, 프라이팬, 열을 가할 수 있는 기계, 식용유, 감자 사진, 감자전 사진, 요리 순서표, 면포

- **활동 내용**

도입

1. 감자 요리와 관련된 경험에 대해 이야기 나눈다.
   - (감자 사진을 제시하며) 이것은 무엇이니?
   - 감자를 본 적이 있니?
   - 감자를 먹어 본 적이 있니? 맛이 어떠했니?

전개

1. 감자전 요리를 소개한다.
   - (감자전 사진을 제시하며) 감자로 감자전을 만들어 볼 거야. 감자전은 강원도 지방에서 많이 먹는 우리나라 음식이야. 특정한 지역에서 먹었던 음식을 향토 음식이라고 한단다.
2. (요리 순서표를 제시하며) 감자전 요리의 순서를 소개한다.
3. 감자전 요리의 재료와 도구를 소개한다.
4. 감자전 요리의 재료와 도구를 탐색한다.

- 감자를 살펴보자. 어떠하니?
- 강판을 조심해서 살펴보자. 어떠하니?

5. 감자를 갈고, 젖은 면포에 감싸 물기를 짠다.
6. 물을 가만히 두었다가 녹말이 가라앉으면, 웃물을 버린다.
   - 감자 물을 놔두면 어떻게 될까?
   - (시간이 지나고) 감자 물을 놔두었더니 어떻게 되었니?
   - 이것을 녹말이라고 한단다.
7. 녹말과 물기를 짠 감자를 섞어 기름에 부친다.
8. 감자전 요리를 먹어 본다.
   - 맛이 어떠하니?
9. 요리하기 전과 후의 감자를 비교하고, 결과에 대해 추론한다.
   - 요리를 한 후에 감자가 어떻게 달라졌니? 왜 달라졌을까?
   - 녹말은 어떤 역할을 할까?

마무리

1. 감자전 요리를 해 본 소감에 대해 이야기 나눈다.
   - 감자전 요리를 해 보았는데 어떠했니?
   - 어떤 것이 재미있었니?
   - 어떤 점이 어려웠니?
2. 새롭게 알게 된 점이 있는지 이야기 나눈다.
   - 새롭게 알게 된 것은 무엇이니?

• **참고**

- 녹말에 뜨거운 물을 붓거나 물을 부어 가열하면 녹말 입자는 팽창하여 점성이 강한 액체, 즉 풀이 된다. 이 현상을 호화(糊化)라고 한다. 이러한 점성이 있는 녹말에 의해 감자가 뭉쳐져 전을 만들 수 있었다고 알려 준다.

참고 문헌

강경희(2016). 포트폴리오 활용이 예비 과학교사의 반성적 사고에 미치는 영향에 관한 내러티브 탐구. 한국과학교육학회지, 36(2), 221-229.

고선옥·김경신·임경례·한성민(2018). 아동과학교육. 경기: 공동체.

고 현(2005). 미술 활동이 유아의 과학적 탐구 능력 및 과학 활동 참여도에 미치는 영향. 원광대학교 교육대학원 석사학위논문.

곽향림(2006). 초등과학교육과의 연계를 위한 유아과학교육 내용에 관한 연구. 유아교육학논집, 10(3), 211-236.

교육과학기술부(2008). 유치원 교육 과정 해설 Ⅲ. 서울: 대한교과서주식회사.

교육과학기술부(2010). 창의인재와 선진과학기술로 여는 미래 대한민국. 2011년 업무 보고. 서울: 교육과학기술부.

교육과학기술부(2012). 융합인재교육(STEAM) 실행방향 정립을 위한 기초연구. 서울: 교육과학기술부.

교육과학기술부(2012). 5세 누리과정 교사용 지도서. 제6권 생활 도구.

교육과학기술부(2013). 3세 누리과정 교사용 지도서. 제6권 생활 도구.

교육과학기술부(2013). 4세 누리과정 교사용 지도서. 제6권 생활 도구.

교육과학기술부·보건복지부(2012). 3~5세 연령별 누리과정 운영을 위한 교사 연수 자료집. 육아정책연구소.

교육과학기술부·보건복지부(2012). 3~5세 연령별 누리과정 해설서.

교육과학기술부·보건복지부(2013). 3~5세 연령별 누리과정 교사용 지침서.

교육부(1998). 유치원 교육과정 해설.

권영례(2011). 유아과학교육. 서울: 학지사.

권용주·남정희·이기영·이효녕·최경희(2013). 과학교육: 사고에서 학습까지. 도서출판 북스힐.

권정생(2001). 아기 너구리네 봄맞이(송진헌 그림). 길벗 어린이.

글 공작소(2017). 달라서 더 아름다운 우주의 별들. 경기: 아름다운 사람들.

김남연·조형숙(2012). 미술과 통합한 유아과학교육 프로그램의 개발 및 적용효과. 유아교육학논집, 16(6), 73-102.

김선아(2012). 동화를 활용한 유아과학연극 프로그램 개발 및 적용 효과. 중앙대학교 대학원 박사학위논문.

김선양(2000). 지구 모양에 대한 4, 5, 6세 아동의 표상에 관한 연구. 동덕여자대학교 대학원 석사학위 논문.

김세희(2001). 유아 문학교육. 서울: 양서원.

김승희(2015). 유아-과학교육. 서울: 학지사.

김영식(2018). 4차 산업혁명시대 교육의 미래. 서울: 학지사.

김은심(2004). 유아동작교육의 이론과 실제. 서울: 창지사.

김정규·이광자·정갑순·조정숙·방인옥·김은희(2004). 창의적인 유아미술활동. 서울: 동문사.

김형재·송민서·박진희·홍순옥(2016). 유아과학교육. 서울: 공동체.

김진수(2013). 공과 대학에서 융합교육을 위한 STEAM 교육. 공학교육연구, 제20권(제1호), pp. 49-50.

김현자·서명원·박경난·박근주(2008). 영유아 수·과학교육의 이론과 실제. 서울: 창지사.

김현자·서명원·박경난·박근주(2009). 영유아 수·과학교육의 이론과 실제. 서울: 창지사.

김현자·서명원·박경난·박근주(2012). 영유아 수·과학교육의 이론과 실제. 서울: 창지사.

김현자·이상희·이영·김반재·이현주(2018). 영유아놀이지도. 서울: 동문사.

김혜금·임양미·김혜경(2016). 표준보육과정·누리과정에 기초한 놀이중심 영유아 과학교육. 서울: 학지사.

나가사와 마사코(2018). 나무는 변신쟁이. 서울: 비룡소.

다카하시 유지(2018). 머릿속이 궁금해. 서울: 대교소빅스.

롭 로이드 존스(2015). 요리조리 열어보는 우주. 서울: 어스본 코리아.

멜라니 월시(2009). 고사리손 환경책. 웅진주니어.

민용성(2005). 통합교육 과정의 구성 방식에 관한 일고. 학습자중심교과교육연구, 10, 61-80.

박근주(2014). 유아의 자기조절력과 놀이성, 어머니-유아 간 조화적합성이 유아의 자기결정력에 미치는 영향: 유아의 자아존중감 매개효과를 중심으로.

경희대학교 박사학위논문.
박은성(2013). 미술, 과학 융합교육 프로그램이 유아의 창의성 발달에 미치는 효과. 명지대학교 교육대학원 석사학위논문.
박은혜(1996). 반성적 사고와 유아 교사교육. 유아교육연구, 16(1), 175-192.
방인옥·박찬옥·이기현·김은희(1999). 유아교육과정. 서울: 정민사.
박찬옥·김낙홍·구수연·이옥임·노희연·이선영·이예숙(2015). 보육과정. 서울: 정민사.
보건복지부·교육과학기술부(2013). 3~5세 연령별 누리과정 해설서. 중앙보육정보센터.
보건복지부·육아정책연구소(2013). 제3차 어린이집 표준보육과정 교사용 지침서. 중앙육아종합지원센터.
보건복지부·중앙보육정보센터(2013). 어린이집 표준보육과정 및 0~2세 영아보육 프로그램의 이해.
서영민(2014). 자연물 주제중심통합 유아 숲체험 교육 프로그램의 개발 및 적용 효과. 중앙대학교 대학원 박사학위논문.
서울대학교 교육연구소(2011). 교육학용어사전. 하우동설.
서혜정·박애경(2018). 유아과학교육. 경기: 공동체.
성현란·이현진·김혜리·박영신·박선미·유연옥·손영숙(2011). 인지 발달. 서울: 학지사.
쓰카모토 야스시(2018). 오늘 해님이 안 나온다면. 경기: 뜨인돌.
신은수·안경숙·유윤영·김은정(1995). 생활환경 중심의 유아과학교육. 서울: 양서원.
신은수·안경숙·김은정·안부금(2006). 생활과 환경중심의 영유아과학교육. 서울: 양서원.
심성경·이희자·이선경·김경희·이효숙·박주희(2000). 유아음악교육 이론과 실제. 서울: 양서원.
안부금(2002). 구성주의 이론에 기초한 유아과학교육 교사 연수 프로그램의 개발과 효과에 관한 연구. 덕성여자대학교 대학원 박사학위논문.
안재신(1997). 유아음악교육. 서울: 교육과학사.
앙겔 들로누아(2017). 코딱지 백 접시만 주세요. 서울: 풀빛.
에즈라 잭 키츠(1995). 눈 오는 날. 비룡소.
엄애란(2016). 탐구중심 소그룹 과학영역 활동이 유아의 과학적 탐구능력과 친사회성에 미치는 영향. 중앙대학교 교육대학원 석사학위논문.
여성가족부(2007). 4세 보육프로그램. 육아정책개발센터.
오종숙(2003). 유아미술교육의 이론과 실제. 서울: 양서원.
유윤영(2001). 유아의 생물학적 이론 구성에 기초한 교육 활동이 생물개념 형성에 미치는 효과. 덕성여자대학교 대학원 석사학위논문.
윤구병(2000). 아기 물방울의 여행. 보리.
윤구병(2011). 빨강도깨비, 파랑도깨비, 노랑도깨비(김효순 그림). 휴먼어린이.
윤희경·임미혜·김애옥·이분려·장미아·고영희(2005). 현장중심 교수-학습 방법. 서울: 창지사.
이경민(2004). 유아과학교육. 정민사.
이경민(2013). 유아과학교육의 방향과 과제. 교육논총 33(1), 161-189.
이경섭(1991). 유아교육 과정 유형별 연구. 서울: 교육과학사.
이기현(2013). 자연과 상호 작용을 위한 유아과학교육. 서울: 정민사.
이동헌(2016). 포포야 떨어지지 마. 서울: 이수.
이수경(1995). 국민학교 저학년 교육을 위한 미술적 접근 프로그램 개발연구. 서울여자대학교 대학원 박사학위논문.
이순형·김혜라·권미경·서주현·전가일·김유미·임여정·김은영·심도현(2011). 유아과학교육. 서울: 학지사.
이순형·권혜진·권기남·김혜라·최나야·김지현·김은영·안혜령·조우미(2015). 영유아 과학지도. 서울: 교문사.
이영·유애열(1985). 유아를 위한 음악활동의 이론과 실제. 융성출판.
이영만(2001). 통합교육과정. 서울: 학지사.
이영자·이기숙·이정욱(2005). 유아 교수·학습 방법. 서울: 창지사.
이은미(2017). 통합적 표상 접근의 유아 다문화 교육프로그램 개발 및 적용. 중앙대학교 대학원 박사학위논문.
이은정(2018). 바깥놀이 기반 STEAM교육 프로그램이 유아의 과학적 탐구능력, 창의적 신체표현 및 의사소통 능력에 미치는 효과. 광주여자대학교 대학원 박사학위논문.
이정화·배소정(2003). 문학을 통한 과학 활동이 유아의 과학적 탐구능력 및 태도향상에 미치는 효과. 미래유아교육학회지, 10(1), 61-83.

장혜순·정은정·윤신숙(2005). 물리적 지식활동을 통한 유아과학교육. 서울: 양서원.

전명남·정정희(2002). 통합적 유아과학교육 과정의 접근방식. 한국콘텐트학회 논문지, 2(2). 10-16.

전인옥·이숙희(2003). 유아음악교육. 한국방송통신대학교 출판부.

정명숙(2014). 솔솔 김은 왜 날까?. 서울: 한국가우스.

정병락(2005). 숨 쉬는 항아리(박완숙 그림). 보림.

정설아(2016). 철컥철컥 마술 쇼. 서울: 스마일 북스.

정연희(2003). 요리 활동을 통한 유아과학교육. 서울: 정민사.

조명환(2017). 꼴찌 박사. 두란노 서원.

조부경·고영미·남옥자(2012). 예비 교사와 현직교사를 위한 유아과학교육(제3판). 서울: 양서원.

조부경·고영미·남인석(2017). 유아과학교육. 서울: 양서원.

조진숙(1998). 요리 활동이 유아의 과학개념에 미치는 영향. 중앙대학교 대학원 석사학위논문.

조향숙(2012), 현장적용사례를 통한 융합인재교육(STEAM)의 이해. 한국교육개발원.

조형숙·김선월·김지혜·김민정·김남연(2010). 유아과학교육. 서울: 학지사.

조형숙·김선월·김지혜·김민정·김남연(2014). 삶의 가치와 아름다운 가치를 찾아가는 유아과학교육. 서울: 학지사.

주현정·남기원(2017). 유아교육 기관에서의 과학교육 운영 실태: 누리과정 시행 이후 과학교육 운영을 중심으로. 유아교육학논집, 21(6), 391-416.

조형숙·박혜훈·유효인(2017). 유아과학교육에 대한 유아 교사의 인식 및 요구: 누리과정 운영을 위한 과학교육을 중심으로. 유아교육학논집, 21(2), 5-30.

조효임·장기범·이경언·윤재상·이용재(1999). 오르프 음악교육. 서울: 학문사.

최인숙(2000). 유아과학교육. 서울: 학지사.

최인숙(2001). 과학 주제 중심 통합 교육이 유아의 창의성에 미치는 영향. 열린유아교육연구, 6(3), 1-26.

최은경(2001). 문학을 통한 과학 활동이 유아의 과학적 문제 해결력 및 과학적 흥미에 미치는 영향. 중앙대학교 교육대학원 석사학위논문.
케이티 데이니스(2019). 동물은 어떻게 말해요?. 서울: 어스본 코리아.
프랭크 애시(1996). 물 이야기. 보림.
한유미(2013). 유아과학교육. 서울: 창지사.
한유미(2017). 유아과학교육. 서울: 창지사.
한유미(2018). 유아과학교육. 서울: 창지사.
헤럴드경제(2019. 04. 04.). 대기 오염, 남아시아 아이들 기대 수명 평균 20개월 단축.
호리우치 세이치(2001). 뼈. 한림출판사.
홍용희·이한영·최혜로·원영신(2001). 유아를 위한 동작교육의 이론과 실제. 서울: 다음세대.
황인순·김현경·이보영·오미경·이지영(2013). 유아문학교육. 서울: 공동체.
황의명·조형숙(2001). 유아과학교육. 서울: 정민사.
황의명·조형숙·서동미(2009). 유아수학교육. 서울: 정민사.

네이버 지식백과(https://terms.naver.com/entry.nhn?docId=612373&cid=42126&categoryId=42126). 과학교육(科學教育).
두산백과(https://terms.naver.com/entry.nhn?docId=1155318&cid=40942&categoryId=32251).
천재교육 백과사전(https://koc.chunjae.co.kr/Dic/dicDetail.do?idx=18475).
천재교육 백과사전(https://koc.chunjae.co.kr/main.do/).
천재교육 백과사전(http://100.daum.net/encyclopedia/view/24XXXXX49250).
한국수자원공사 홈페이지(www.kwater.or.kr).

Alan Cross, & Jon Board(2015). 과학을 가르치기 위한 창의적인 방법들(김동렬 역). 서울: 창지사.
Antonio M. Battro, Kurt W. Fischer, & Pierre J. Lena(2009). 마음, 뇌, 교육의 연결고리를 찾아서(김유미 역). 서울: 학지사.
Barrow, L. H., & Salesi, R. A.(1982). Integrating science activities through

literature web. *School Science and Mathematics, 132*(1), 65–70.

Borden, M. L.(1993). The preschool teacher's use of children's books to introduce and enhance the teaching of mathematical concepts. Unpublished doctoral.

Borrello, E.(1986). Art+Curriculum+The basis of the education. Doctoral dissertation. M. A.: University of Massachusetts.

Bredekamp, S., & Rosegrant, T.(1995) *Reaching potentials: Transforming early childhood curriculum and assessment.* Washington, DC: NAEYC. Dissertation., Temple University. USA.

Chaille, C., & Britain, L.(1997). *The Young Children as Scientist: A Constructivist Approach to Early Childhood Science Education*(2nd Edition). NY: Longman.

Christopher Day(2004). 열정으로 가르치기(박은혜·이진화·위수경·조혜선 역). 도서출판 파란마음.

Forgaty(1991). The mindful school : how to integrate the curricula. Arlington heights: IRI/Skylight.

Forman, G., & Kaden, K.(1987). Research on science education for young children. In C. Seefeldt(Ed.), *The early childhood curriculum: A review of current research.* New York: Teachers College Press.

Forston, L. R., & Reiff, J. C.(1995). *Early Childhood Curriculum: Open Structure for Integrative Learning.* Needham Heights, MA: Allyn & Bacon.

Freyberg, P., & Osborn, R.(1985). *Learning in Science: The implications of children's Science.* Portsmonth, NH: Heinemann.

Harlan, J. D., & Rivkin, M. S.(2000). 창의성을 길러주기 위한 유아과학교육의 이론과 실제(전명남·이혜주·정정희 역). 서울: 창지사.

Harlan, J. D., & Rivkin, M. S.(2004). *Science Experiences for the Early Childhood Years: An Integrated Affective Approach*(8th Ed.). NJ: Upper Saddle River.

Henderson, J., & Hawthrone, R.(2000). *Transformative curriculm leadership.* Edglewood Cliffs, NJ: Prentice Hall, Inc.

Hildebrand, V.(1981). *Introduction to early childhood education.* Michigan State University. N. T. : Macmillan Publishing Co.

Holt, B. G.(1993). *Science with young children.* Washington; NAEYC.

Howes, A. C., & Jones, L.(1998). *Engaging children in science.* Upper Saddle River, New Jersey: Prentice-Hall, Inc.

Huntly, M. A.(1998). Design and implementation of a framework for defining integrated mathematics and science education. *School Science and Mathematics, 98,* 320-327.

Jennings, C. M., Jennings, J. E., Richy, J., & Dixon-krauss, L.(1992). Increasing interest and achievement in mathematics through children's literature. *Early Childhood Research Quarterly, 7*(2), 263-276.

Klaus Schwab(2016). 클라우스 슈밥의 4차 산업혁명(송경진 역). 새로운 현재.

Koch, J.(2005). *Science stories; Science methods for elementary and middle school teachers*(3rd ed). Boston, MA; Houghton Mifflin Company.

Koch, J.(1999). *Science stories: Teachers and children as science learners.* Boston: Houghton Mifflin Company.

Martin, D. J.(1997). *Elementary science methods: A constructivist approach.* Albany, NJ: Delmar.

Murphy, S. J.(1999). Learning math through stories. *School Library Jorrnal, 45*(3), 122-124.

Pica, R.(2005). 유아를 위한 동작교육(김은심 역). 서울: 정민사.

Reynold, A.(1992). What is competent beginning teaching? : A review of the literature. *Review of Educational Research, 62*(1), 1-35.

Spodek, B., Saracho, O. N., & Davis, M. D.(1987). *Foundation of Early Childhood Education: Teaching Three, Four, and Five year Old Children.* Englewood Cliffs, NJ: Prentice Hall.

Stronge, J. H.(2002). *Qualities of Effective Teachers.* Alexandra, VA: Association for Supervision and Curriculum Development.

Wellman, H. M., & Gelman, S. A.(1992). Cognitive development: foundation theories of core domains. *Annual Review of Psychology, 43,* 337-375.

Yakman, G.(2010). STEAM: A Framework for Teaching Across the Disciplines.

저자 소개

- **김현자**

– 숙명여자대학교 아동복지학과 문학 박사

– 두원공과대학교 유아교육과 교수

- **박근주**

– 경희대학교 아동가족학과 이학 박사

– 경희대학교 아동학과 겸임 교수

– 한국아동교육계발원 아이숲 원장

- **박경난**

– 숭앙대학교 유아교육학과 박사 과정 수료

– 강남대학교 평생교육원 강사

– 휴넷 사회복지평생교육원 강사

- **이지영**

– 덕성여자대학교 유아교육학과 교육학 박사

– 서영대학교 유아교육과 교수

유아과학교육

초판 1쇄 인쇄 2019년 8월 1일
초판 1쇄 발행 2019년 8월 5일

지 은 이 | 김현자 · 박근주 · 박경난 · 이지영
펴 낸 이 | 김기섭
편 집 인 | 이윤희
펴 낸 곳 | 창지사 www.changjisa.com
08589 서울시 금천구 가산디지털 1로 83 파트너스타워 1차 9층
전화 (02)719-2211~3
팩스 (02)701-9386
등 록 | 1977년 4월 28일 · 제1-421호

© 김현자 외, 2019
- 이 책 내용의 전부 또는 일부를 재사용하려면 반드시 저작권자와 창지사 양측의 동의를 받아야 합니다.
- 저자와 협의하여 인지는 생략합니다.
- 출판물 불법 복사, 불법 북스캔은 저작권 위반으로 처벌받을 수 있습니다. 불법제본으로 처벌될 경우(전과기록됨) 취업 불이익이나 해외유학과 이민 등 비자발급이 거부되는 불이익이 발생할 수 있습니다.

ISBN 978-89-426-1219-2 (93370)

값 20,000원

이 도서의 국립중앙도서관 출판예정도서목록(CIP)은 서지정보유통지원시스템 홈페이지(http://seoji.nl.go.kr)와 국가자료공동목록시스템(http://www.nl.go.kr/kolisnet)에서 이용하실 수 있습니다(CIP제어번호 : CIP2019028851).